本丛书得到何东先生独资赞助

This series of books is financially supported exclusively by Mr. Eric Hotung.

20世纪中国文物考古发现与研究丛书

古代石窟

李裕群　／著

文物出版社

一　云冈石窟第 20 窟露天大佛

二　文殊山前山千佛洞窟顶飞天

三　炳灵寺第169窟西秦壁画释迦说法中的飞天

四　武山拉稍寺摩崖释迦大佛及菩萨

五 大足宝顶山广大宝楼阁和六道轮回图

六 大足宝顶山地狱变

20世纪中国文物考古发现与研究丛书

序 / 张文彬

俗称"锄头考古学"的田野考古学的诞生以及中国考古学学科体系的基本完善，由此而引起的古物鉴玩观赏著录向科学的文物学的转变，是20世纪中国学术与文化界的大事。它从材料与方法两个方面彻底刷新了持续了数千年之久的中国古代史学传统，不但为中国学术界和文化界开拓出更加广阔的研究天地，也为一切关心中华民族悠久历史和灿烂文明的人们不断地提供了可贵的精神滋养和力量源泉。

仰古、述古、探古，进而考古，向来为我国传统文化中一个明显的学术特点。先秦时期诸子百家发其端，汉代司马迁撰写《史记》，北魏郦道元作注《水经》。他们对相关的遗迹遗物，尽可能地做到亲自考察和调查，既能辨史又可补史。这种寻根追源的治学态度，为后世学术上的探古、考古树立了榜样。此后，山河间的访古和书斋式的究古相继开展，特别是对古器物的研究，成了唐、宋时期的文化时尚。不少学者热衷于青铜铭文、碑刻、陶文、印章等古文字的考释，进而有了对器物的辨伪鉴定、时代判断、分类命名等，逐渐兴起了一门新的学问——金石学，涌现出许多著名的古器物鉴赏家和收藏家。只是囿于当时的历史条件，金石学家们无法了解所见文物的出土地点和情况，也难以涉及史前时代漫长的演进历程，因而长期以来始终脱离不了考证文字和证经补史的窠臼。即使如此，他们的艰辛努力和取得的成绩，还是为推动我国传统文化的发展起到了积极作用，并且在事实上也为中国考古学和中国文物学的起步铺设了最早的一段道路。

20世纪初，近代考古学由西方传入。中国学者继承金石学的研究成果，学习并运用西方考古学方法，开始从事田野考古，通过历史物质文化遗存，探寻和认识古代社会，揭示人类社会发展规律。早在1926年，中国学者就自行主持山西南部汾河流域的调查和夏县西阴村史前遗址的发掘。随后，我国学者同美国研究机构合作，有计划地发掘周口店遗址，发现了北京猿人。从1928年起至1937年，连续十五次发掘安阳殷墟遗址，取得了较大收获，引起了国内外学术界的重视。自20世纪50年代以后，随着国家大规模经济建设的进行，田野考古勘探、调查和科学发掘工作在全国范围内蓬勃有序地开展，许多重要的典型遗址和墓地被揭露出来，重大发现举世瞩目。它们脉络清晰，层位分明，文化相连，不仅弥补了某些地域上的空白，而且衔接了年代上的缺环，为研究中国古代史、文化史、科学史以及其他学科领域，提供了珍贵、丰富的实物资料，极大地影响着人文社会科学诸多学科专业的研究与发展。这段时间被学术界称为中国考古学的黄金时代。在马列主义理论指导下，具有中国特色的考古学理论体系和方法论逐渐形成。有关研究成果不仅极大地改变和丰富了人们对中国文明起源、中国古史发展等重大问题的认识，同时也扩展了中国文物的研究领域和研究方式。可以说，考古学的发展与进步，直接影响到文物学的形成与发展，而且影响到全社会对文化遗产重要作用的认识以及世界学术界对中国古代文明的重新认识。

从20世纪80年代开始，文物界就中国文物学的创立，逐渐取得共识，在共同探讨的基础上，初步形成了学科体系。不少学者发表了有关论文，出版了专著，就文物的历史价值、科学价值、艺术价值以及在社会主义的物质文明与精神文明建设中如何对文物进行有效保护、合理利用发表意见。这些研究成果已获得学术界的赞同。

在这世纪之交和千年更替之际，对中国考古学和中国文物事业作一次世纪性的回顾和反思，给予科学的总结，是许多学者正在思考和研究的问题。如果能通过梳理20世纪以来重大发现和研究成果，透视学科自身成长的历程，从而展望未来发展的方向，以激励后来者继续攀登科学高峰，无疑是一件很有意义的事。为此，经过酝酿、商讨和广泛征求意见，我们约请一批学者（其中有相当多的中青年学者）就自己的专长选择一个专题，独立成篇，由文物出版社编辑出版一套《20世纪中国文物考古发现与研究丛书》，并以此作为向新世纪的献礼。

从某种意义上说，《20世纪中国文物考古发现与研究丛书》是一套学科发展史和学术研究史丛书。其内容包括对20世纪考古与文物工作概况的综合阐述；对一些重要的考古学文化和古代区域文化研究情况的叙述；对文物考古的专题研究；对重要的文物考古发现、发掘及研究的个例纪实。

此套丛书的内容面广，而且彼此关联。考虑到各选题在某些内容上难免会有重叠或复述，因此在编撰之初，我们要求各选题之间互有侧重，彼此补充，以期为读者了解 20 世纪中国考古学和文物学的发展提供更多的视角。

我国的文物与考古工作，虽在 20 世纪得到了迅速发展，但仍有许多重大学术问题需要进一步探索。我们主持编辑这套丛书，除了强调材料真实，考释有据，写作态度严谨求实外，也不回避以往在工作或研究上曾经产生的纰漏差错和不足之处，以便为今后的工作和研究提供借鉴。虽然我们尽了很大努力，但限于水平，各篇仍很难整齐划一。由于组稿和作者方面的困难和变化，一些计划之中的题目也未能成书。这些不周之处，敬请专家、学者和广大读者批评指正。

在丛书编印过程中，我们得到了文物、考古界的广泛支持。何东先生在出版经费上给予了热情帮助。在此，一并深表感谢。

2000 年 6 月于北京

目　　录

插 图 目 录

前言

（一）佛教的传入

众所周知，佛教是世界三大宗教之一。它起源于古代印度，创始人是释迦族的悉达多·乔达摩，释迦牟尼则是佛教徒对他的尊称，意思是释迦族的圣人。释迦牟尼是古代北印度迦毗罗卫国（今尼泊尔南部提罗拉科特附近）国王净饭王的太子，母亲摩耶夫人是邻国拘利国的公主。摩耶夫人在回拘利国的途中，于蓝毗尼（尼泊尔鲁明代）生下释迦太子。按通常的说法，释迦牟尼生活的年代大约在公元前 6 世纪至前 5 世纪间，相当于中国的春秋时代。据佛经记载，释迦牟尼二十九岁那年离开皇宫，出家修行，寻求解脱之道。三十五岁经过苦修和静思冥索终于在菩提伽耶的菩提树下觉悟成道，创造出一套比较完整的思想学说体系。释迦牟尼成道后被称为佛陀。为了宣扬其学说，他首先到迦尸国都城婆罗奈的鹿野苑向曾跟随他苦修的憍陈如等五人宣讲佛法，使他们皈依佛陀，从而建立了最初的僧团。以后释迦牟尼率领弟子周游古印度诸列国，进行了长达四十五年的传教活动，最后在拘尸那迦城附近希拉尼耶伐底河边的娑罗树林间涅槃，终年八十岁。佛教最初只流行于中印度恒河流域一带，到公元前 3 世纪孔雀王朝阿育王时期，被奉为国教，并派遣传教师到周边国家进行传教活动，佛教的影响迅速扩大。大约到了公元 1 世纪初，即中国的两汉之际，伴随着丝绸之路的畅通和中印文化的相互交流，佛教亦传入中国中原地区。相传东汉明帝时，天竺僧人摄摩腾、竺法兰白马驮经，千里迢迢来到洛阳。汉明帝在洛阳城西门外建立精舍安置他们，这就是中国历史上的第一所寺院——洛阳白马寺。佛教传入以来，人们对于外来宗教的了解、认识和接受经历了一个漫长的过程。大体上，佛教经历了从早期依附于中国传统的道家、方术和神仙，到逐步脱离依附关系而走向独立发展的历程。以后佛教在中国这块广袤的沃土里生根发芽，开花结果，才逐渐走上了中国化的道路。

不过，佛教传入内地初始，作为佛教徒顶礼膜拜的偶像——佛像还没有出现。大约到了东汉晚期，才开始在墓葬中出现与佛教艺术造型有关的遗物，如四川出土的东汉摇钱树上的佛像[1]和墓室中的壁画或画像石[2]。至三国两晋时期，这一类遗物仍比较多地出现在墓葬中，如湖北鄂州孙吴永安四年（261 年）墓内出土的青瓷佛像[3]。此外，在出土的三国至六朝铜镜、魂瓶或谷仓罐等器物上也常常可以看到佛、飞天等形象或者图案。有的甚至将佛的形象用于马具饰件、酒樽附件、香熏支足和唾壶装饰上。这种近似于亵渎的作法是与早期佛教尚处于神仙思想和早期道教附庸状态相吻合的[4]。由于早期佛教还没有作为一种独立的宗教而存在，因此它往往是作为外来神仙的一种而受到民间的信仰，表现在墓葬及随葬器物中，亦仅仅是作为神祇的一种出现的，而不是后来佛教信徒所供奉礼拜的佛教偶像。到东晋南北朝时期，佛教得到了统治者的大力提倡和扶持，走上了独立发展的道路，僧俗信徒日益增多，寺院及寺院经济获得了很大的发展。作为佛教徒顶礼膜拜的偶像——佛像当然不能像以前那样作为装饰图案随意使用在各类器物上。因此，东晋以后这一类器物的消失是同佛教发展有着密切关系的。这一点已为考古发现的资料所证实。所以，在佛教传入的初始阶段，是不可能出现佛教信徒专门为了礼拜、供养、禅修而开凿的石窟寺的。

（二）石窟寺的发展历程

所谓石窟寺，简单地说来就是开凿在河畔崖间的佛教寺院。当然在晚期个别地区亦出现了一些释、道合开的石窟寺以及道教模仿佛教而单独开凿的石窟寺，甚至还出现了儒家开凿的石窟寺。但数量极少，无法与佛教信徒开凿的石窟寺院相比拟，因此不是中国石窟寺发展变化的主流。

石窟寺在形式上虽然与地面寺院有所不同，但规模较大的石窟寺大都具有与一般寺院相同的功能。这在石窟寺不同使用功能的洞窟形制上是可以明显反映出来的。比如塔庙窟（中心塔柱窟），即在洞窟中设置佛塔或塔柱的洞窟，与寺院内的佛塔相类似，佛教信徒可以右旋绕塔礼拜供养；又如窟内雕塑龛像的佛殿窟和设置佛坛的佛坛窟，如同寺院大殿和殿内中心设佛坛一样，佛教徒们可以进入窟内，瞻礼膜拜佛祖偶像；再如僧房窟和禅窟与寺院内的僧舍和禅堂一样，供僧侣生活起居和禅修之用。不同功能的洞窟组合在一起，构成一个单元，相当于一座寺院；多个单元组合一起，可能意味着寺院内的不同院落或多个寺院。所以说，石窟寺本身就是一座寺院，是僧俗信徒礼拜、供养、起居和禅修的场所。

佛教石窟寺的开凿地点一般选择远离城市喧嚣、依山傍水、环境幽静的地方。开凿石窟的目的与佛教徒的修禅有着非常密切的关系。禅定是佛教徒的一种修行方式。僧人习禅，要进行禅思，需要有安静的环境。这在佛经上有着明确的记载。如《禅秘要法经》中说："出定之时，应于静处，若在冢间，若在树下，若阿练若处。"说明修禅定的人应当住在郊外山林静处。《付法藏因缘传》则更加明确地说明僧人应在石窟中坐禅。经文是这样说的："山岩空谷间，坐禅而宪定，风寒诸勤苦，悉能忍受之。"并说："南天竺国有二比丘，心意柔和，深乐善法。素闻尊者达摩蜜多比丘坐禅第一，即共相将往诣其所。于其住处有三重窟。尔时二人进至上窟，见向比丘已于中坐。"由此可见，在僻静的山谷中开凿石窟是符合禅修需要的。按佛经的要求，修禅首先必须观像，也就是要谛观佛的种种相好，这样静虑入定之后会出现种种见佛的幻境，达到心神与佛交融的境地。因此，许多石窟中又雕凿了配合观像需要的佛教偶像。

　　开凿石窟除了与僧人习禅有关外，还有一点就是僧俗信徒为了修功德，祈福田，以便求得佛祖的保佑。十六国北朝时期，佛教界的末法思想十分流行，认为释迦佛入灭之后一千五百年，魔道兴盛，竞破塔寺，杀害比丘，佛教进入了黑暗的末法时期。在末法即将来临的时候，保护佛经佛像就成为护法的重要措施之一。地面的塔寺容易遭到毁灭，而石窟坚固耐久，不易毁坏。因此，选择开凿石窟来保存经像也是一条比较好的途径。中原北方地区的石窟寺就是在这样的历史背景下开凿的。例如云冈石窟是北魏太武帝毁灭佛法十余年之后，于公元460年由凉州禅僧昙曜主持开凿的。一方面可以习禅和做功德，另一方面将佛像雕刻成北魏皇帝的模样，宣称皇帝就是当今的释迦如来，这显然是利用帝王之尊而达到护法的目的。

石窟寺的开凿起源于古代印度。据说古代印度最早的石窟寺并不是佛教徒开凿的，释迦牟尼创立佛教以后，佛教徒借用了这种寺院的形式，并逐渐使之流行起来。根据以往的研究成果，在印度开凿石窟主要是因为那里气候炎热，酷暑难当，而岩窟具有冬温夏凉，适宜静居的特点。再者早期洞窟开凿于僻静的山林间，环境幽静，适宜修行。从经济角度看，石窟寺的开凿比起修建地面寺院来说能够节省资金，而且坚固耐久。随着佛教势力的扩展，佛教文化广泛传播，石窟寺及其建筑雕塑艺术通过闻名于世的丝绸之路，由西向东逐渐传播到中国内地。新疆地区即古代的西域，在佛教东渐过程中起到了重要的桥梁作用。西域诸国大都信奉佛教，如于阗、龟兹诸国都是当时佛教最盛的国家。以库车为中心的古龟兹国是西域诸国中的一个大国，其地东邻焉耆，西接疏勒，控制丝绸之路北道中段。最迟在公元 2 世纪龟兹地区即有僧人东来中原进行传教活动。大约到公元 3、4 世纪龟兹已成为葱岭以东的一个佛教中心，僧人众多，塔寺林立。石窟寺的开凿亦大约开始于这一时期。因而以库车、拜城为中心的古龟兹地区是新疆地区石窟寺最为集中的一个区域。不仅开凿年代早、延续时间长，而且具有浓郁的地方特色。

到了两晋南北朝时期，佛教从逐步发展走向了繁荣。西域古龟兹地区开凿石窟寺的风气逐渐向东施展它的影响，约在 4 世纪后期至 5 世纪初，以凉州（今甘肃武威市）为中心的河西地区亦开始了石窟寺的开凿。如敦煌莫高窟就有前秦建元二年（366 年）沙门乐僔创凿洞窟的记载。虽然这些早期遗迹现已难觅踪迹，但反映了河西地区石窟寺开凿的新开端。现存十六国时期的石窟寺有北凉沮渠蒙逊所凿的武威天梯山石窟，河西走廊以东有西秦时期开凿的永靖炳灵寺石窟。此外还有一些同时期或稍晚的石窟寺，共同构成了河西地区石窟寺的独特风貌。被称为"凉州模式"。5世纪前期，北魏灭北凉，统一了中原北方地区，凉州佛教遂即输入魏都平城（今山西大同市），使其成为中原地区政治、经济、文化和佛教的中心，这样平城地区就聚集了全国的人力、物力和百工巧匠，从而为平城石窟寺的开凿创造了条件。北魏文成帝和平初复法时，即在平城西武州山开凿了著名的云冈石窟。大型洞窟的开凿一直持续到北魏迁都洛阳，在此期间，这里始终是中原北方地区石窟寺开凿的中心。云冈石窟对中原北方地区石窟寺的开凿，无论是洞窟形制，还是造像样式和造像题材都有很大的影响。从西面的敦煌一直到东部的义县万佛堂都可以追寻到云冈造像样式的踪迹。因而学术界称之为"云冈模式"。5世纪末，北魏孝文帝迁都洛阳，在洛阳城南伊阙开凿了龙门石窟，由此带动了洛阳地区石窟寺的开凿，随之形成了以洛阳为中心的石窟寺群。6世纪前期，洛阳北魏统治集团土崩瓦解，取而代之的是东魏、西魏两个互相对峙的封建王朝，北朝的统治中心分别转移到了邺城和长安。随着中原局势的动荡，故都洛阳大规模的石窟开凿工程被迫中断，洛阳大量的人力、物力转而流入邺城，使得石窟寺的开凿又选择了新的区域。在东部地区，从此形成了以邺城为中心的太行山东麓一线的石窟群和以陪都太原为中心的石窟群。西部地区与前者相反，各石窟寺并没有受到政治动荡的影响。因而，石窟寺的开凿主要是在原有地点继续进行，如天水麦积山、敦煌莫高窟等。在北朝盛凿石窟的影响下，南朝齐梁时期亦开凿了规模较小的石窟寺。6世纪后期至8世纪，是隋唐统一王朝的鼎盛时期，石窟寺的开凿地点较前有所增加，如长安附近在北朝时期并无石窟寺，而这一时期则新开凿了彬县大佛寺、麟游慈善寺等。在洛阳龙门石窟、太原天龙山石窟、固原须弥山石窟和敦煌莫高窟也都有大规模的开凿活动。8世纪中期以后，唐王朝经历了安史之乱，中原版荡，经济和文化遭受了极大的破坏，中原北方地区开窟造像的热潮受到严重打击，从此一蹶不振。这时石窟寺的开凿中心便转移到了政治、经济相对稳定，文化比较发达的四川地区。五代时期，北方朝代更替频繁，各个政权都对佛教采取了严格的政策限制。尤其是五代后周世宗显德二年（955年）采取的更为强有力的灭法措施，令北方佛教愈加衰落。与此相对照，南方各割据政权历时都比较长久，加之帝王崇信佛教，使佛教有了一定的发展，石窟寺的开凿仍较普遍，如四川、浙江等地区都有数量较多的石窟寺。到宋、辽、西夏、金、元时期，各朝统治者都对佛教采取了扶持政策，使其较五代有了明显的发展，石窟开凿活动也有一定的恢复。如陕西延安地区、浙江杭州地区、云南大理地区、西藏阿里地区都有规模较大的石窟摩崖造像的雕造。有的地区甚至到明清时期还有小规模的石窟寺开凿活动。

（三）石窟寺的区域特色

中国的石窟寺大致可以分为四个区域，即新疆地区、中原北方地区、南方地区以及西藏地区[5]。这四个区域石窟寺的开凿都是根据当地自然环境和地质条件状况，就地取材，因地制宜进行的。各区时代有早有晚，各有自己发展变化的规律，但彼此又相互影响、相互吸收。

新疆地区的石窟寺主要集中在三个区域：一、古龟兹地区。以新疆库车、拜城为中心，现存主要石窟地点有拜城克孜尔石窟、库车库木吐喇石窟、森木塞姆千佛洞和克孜尔尕哈石窟等等，这是新疆地区石窟寺最为集中的一个区域。二、古焉耆地区。在新疆焉耆回族自治县七格星一带。三、吐鲁番地区。在新疆吐鲁番附近，主要石窟寺地点有吐峪沟和伯孜克里克石窟。其中克孜尔石窟开凿年代最早，大约从 3 世纪开始，一直延续到 13 世纪。古焉耆和吐鲁番地区石窟寺开凿年代略晚，大约从 5 世纪开始，最晚的洞窟可能延续到 13 世纪。新疆地区的石窟寺具有浓郁的地方特色。洞窟的构造一般采用泥塑和壁画相结合的制作方法，有的石窟甚至还采用土坯垒砌洞窟的形式。洞窟形制多塔庙窟、大像窟、僧房窟、禅窟，以及以塔庙窟、大像窟为中心的不同形制洞窟组成的洞窟组合。也有少量的禅窟群。塑画题材在 6 世纪以前主要流行小乘佛教的释迦、交脚弥勒和表现释迦的本生、佛传、因缘故事。绘画技法为西域流行的晕染法。6 世纪以后，出现大乘佛教题材的千佛、阿弥陀佛等净土题材。绘画技法受到中原文化的影响。

中原北方地区石窟寺数量较多，分布很广，是中国石窟寺的主要部分。按自然区域，可分为四小区：一、河西区。主要位于甘肃黄河以西河西走廊的敦煌、酒泉、张掖、武威附近。敦煌附近以莫高窟规模最大，延续时间最长。现存洞窟的开凿年代从 5 世纪一直延续到 14 世纪。莫高窟以东的重要石窟寺地点还有西千佛洞、安西榆林窟。酒泉附近主要有文殊山石窟、玉门昌马石窟。张掖附近主要有马蹄寺和金塔寺石窟寺。武威附近有天梯山石窟。这些石窟寺地点亦大多开凿于 5 至 6

世纪。河西地区的石窟寺一般以泥塑和壁画相结合的方法修造，有的洞窟也采用石胎泥塑的方法。洞窟形制主要流行中心柱窟和佛殿窟，有少量禅窟、僧房窟和大像窟。塑画题材多释迦、交脚弥勒、倚坐佛、三佛、七佛、释迦多宝、千佛，以及本生、因缘、佛传故事。6 世纪以后敦煌莫高窟流行各种经变画，8 世纪以后密教题材开始流行。绘画技法，5 至 6 世纪初受西域晕染法的影响，6 世纪中叶前后受中原绘画技法的影响。二、甘宁黄河以东区。主要有甘肃永靖炳灵寺石窟、天水麦积山石窟、庆阳南北石窟寺、泾川王母宫石窟，宁夏固原须弥山石窟等。炳灵寺和麦积山石窟以泥塑或石胎泥塑与壁画相结合的方法为主，也有纯为石雕者。开凿年代约为 5 世纪初。其中炳灵寺石窟第 169 窟第 6 龛无量寿佛有公元 420 年题记，是中国现存最早有明确纪年的龛像。南北石窟寺、王母宫石窟和须弥山石窟皆为石刻，开凿年代略晚些，大约为 5 世纪末或 6 世纪初。洞窟形制多佛殿窟，也有利用天然洞穴进行雕造者，还有少量中心柱窟和禅窟群。6 世纪中期以后，麦积山出现大量的仿木式窟檐建筑样式。麦积山和须弥山还出现窟内仿木式框架结构形式的洞窟。造像题材流行无量寿佛、维摩文殊、三佛、七佛和千佛等。6 世纪中期壁画中出现西方净土变、涅槃变等。三、陕西区。以西安附近及陕北地区最为集中，石窟寺的规模一般较小。主要有彬县大佛寺、麟游慈善寺石窟、药县药王山石窟、宜君福地石窟、黄陵万佛寺石窟、延安万佛洞石窟、子长钟山石窟、志丹城台石窟等。多为石雕。陕西地区石窟寺的开凿年代较晚，个别龛像可早到 6 世纪，7 世纪时石窟的开凿地点增多，11 至 13 世纪时陕北地区的开窟风气较盛。洞窟形制流行大像窟、佛殿窟与佛坛窟等。造像题材为无量寿佛、释迦、弥勒佛、三佛、千佛等，也有佛道合开的洞窟。四、晋豫及其以东区。这是石窟寺开凿的中心地区，以皇家经营开凿的石窟寺为主流，主要有 5 至 6 世纪开凿的大同云冈石窟、鹿野苑石窟、洛阳龙门石窟、巩县石窟寺，6 至 7 世纪开凿的邺城响堂山石窟、太原天龙山石窟等。受主流石窟影响而开凿的有 5 至 6 世纪开凿的河北张家口下花园石窟，辽宁义县万佛堂石窟，河南渑池鸿庆寺石窟、水泉石窟、洛阳吉利万佛洞石窟、安阳宝山石窟、小南海石窟，山东驼山石窟、云门石窟。这一地区的石窟均以精美的石刻作品闻名于世。洞窟形制多大像窟、中心柱窟和佛殿窟以及成组的双窟，也有少量的禅窟或禅窟群。年代较晚的洞窟出现佛坛窟和摩崖大像。洞窟外观较多地模拟佛寺建筑，云冈、响堂山、天龙山都有仿木式窟檐建筑样式，响堂山石窟还在窟檐之上设置覆钵式顶，构成独特的塔形窟。山东地区多为摩崖龛像。5 世纪至 6 世纪前期，造像题材主要流行释迦、释迦多宝、三世佛、七佛、交脚弥勒菩萨、交脚佛、维摩文殊以及连环画式的佛传、本生故事画。6 世纪中期开始流行西方无量寿佛、西方净土变、倚坐弥勒佛、思惟菩萨以及卢舍那、阿弥陀佛、弥勒佛或释迦、阿弥陀和弥勒佛为组合的三佛题材。邺城地区石窟内还刊刻佛经。7 至 8 世纪，反映各佛教宗派信仰的题材较为流行，如反映净土信仰的阿弥陀佛、弥勒佛、药师佛、观世音菩萨，反映华严信仰的卢舍那佛及华严三圣，此外，密宗供奉的大日如来、十一面观音、多臂观音，三阶教所奉的地藏菩萨像也比较多见。

南方地区（主要指长江流域及其以南地区）的分布地点较广，其中以江南、四川和云南较为集中。年代较早的是 5 至 6

世纪开凿的南京栖霞山石窟、浙江新昌大佛，6世纪开凿的四川川北的广元皇泽寺和千佛崖石窟，7世纪开凿的巴中西龛等石窟。8世纪以后四川石窟寺的开凿由北向南扩展，梓潼、大足、安岳、资中等地都有大量发现。此外还有9至11世纪开凿的云南剑川石窟、10至14世纪开凿的杭州西湖周围石窟等。与中原北方石窟不同的是，南方石窟主要以摩崖龛像为主，开凿洞窟较少。栖霞山无量寿佛窟和新昌大佛原都前接木构殿阁。川北广元皇泽寺和千佛崖石窟有少量的中心柱窟、佛殿窟和佛殿窟内中央设佛坛的佛坛窟。摩崖龛一般流行双重或三重龛形，有的为屋形龛。各地的造像题材各具特色。栖霞山石窟主要流行无量寿佛、释迦多宝和三佛等题材。四川地区流行阿弥陀佛、倚坐弥勒、菩提瑞像、观世音菩萨像和天龙八部等题材。西方净土变题材也较为流行。8世纪中期以后密宗题材广为流行，主要有毗卢遮那佛，药师琉璃光佛和药师经变题材、圣观音、如意轮观音、四臂观音、十一面观音、救苦观世音等。另外北方毗沙门天王和地藏菩萨像也是四川石窟中较为流行的题材，同时还出现了刻经洞窟。杭州西湖周围有较多的天然洞穴，许多龛像就是利用这些溶洞雕造的。吴越国和两宋时期开凿的龛像主要流行阿弥陀佛西方三圣，另有弥勒佛、文殊、普贤、地藏菩萨像、罗汉群像和手持长柄钺的天王像。入元以后流行毗卢遮那佛、无量寿佛、文殊菩萨、各种佛母、麻曷葛剌佛等藏密题材。云南剑川石窟流行弥勒佛、阿弥陀佛、释迦佛、华严三圣、观音菩萨、毗沙门天王和大黑天神、八大明王以及最具地方特色的帝王窟、阿嵯耶观音、梵僧观音。

西藏地区是中国晚期石窟寺的主要区域之一，分布区域较广，日喀则、拉萨、山南、林芝、昌都地区以摩崖造像为主。

西部阿里地区主要开凿石窟寺。现存年代最早的是拉萨查拉路甫石窟。该窟为一中心柱窟，四面单层开龛式。由吐蕃松赞干布的藏妃茹雍主持开凿。阿里地区石窟寺主要集中在扎达县古格故城附近的东嘎村和皮央村附近。石窟开凿于11至16世纪，主要窟形有佛殿窟、佛坛窟、僧房窟、仓库窟和禅窟等。窟中塑像一般都已不存，但保存了大量色彩鲜艳的壁画。四壁多分层绘制，主要位置都绘有各种藏密佛像、菩萨像、曼荼罗、护法神像以及各宗派的高僧像。阿里地区的石窟寺明显受到外来文化的影响，如壁画的晕染法、对兽纹和环形联珠纹，都是西域及河西一带所流行的。

（四）石窟寺考古学的研究对象与方法

中国石窟寺考古是中国考古学的一个重要分支和组成部分。石窟寺考古学是运用考古学方法来研究石窟寺遗迹的一门学科，是通过对其遗迹和遗物的研究来揭示宗教历史发展轨迹的，属于历史考古学的范畴。考古学最基本的方法是地层学和类型学，这在石窟寺考古的调查和研究中亦广泛应用。如地层学，在石窟调查中首先必须注意各种遗迹现象，如洞窟间或窟内各造像龛之间的打破关系，壁画的重层叠压关系以及窟前遗址的地层叠压打破关系，以便确定各洞窟开凿的年代次序，或者确定某个洞窟内不同龛像的先后开凿关系，即考古学中的相对年代。又如类型学，可以按照洞窟使用功能的不同进行分类，每类洞窟按形制的差异分出型和式，从中排比出洞窟形制发展变化的序列来；此外，还可以进行洞窟组合、造像特点和题材内容的分类排比，从而排比出整个石窟寺发展变化的序列。石窟寺的绝对年代则以有关古代文献的记载以及有明确开凿纪年或有年代可考的石窟造像作为标尺和判断年代的依据，有条件的还可以运用现代科学技术碳十四的手段来确定。然而地层学和类型学仅仅是我们研究石窟寺的手段，是研究工作的基础和起点，而非终极目标。我们的最终目的是通过石窟寺的发展变化来探究和解决中国历史，包括佛教史上的各种问题。

（五）石窟寺的发现与研究概况

宗教活动是中国古代人们精神生活中的一个重要组成部分，人们进行宗教活动所遗留下来的遗迹和遗物包括石窟、造像、寺院、佛塔、法器、经卷等。其中保留下来的石窟寺数量最多。与一般意义的地下考古发现不同的是：石窟寺大多保存在地面上，有的甚至一直被人们沿用着。较为重要的石窟寺则见诸古代文献和地方志中，也散见于古人的游记等记述中。近代学者往往根据文献记载的线索就找到了石窟寺。因此大多数石窟寺考古的重新发现主要是针对学术界而言的，是学术调查成果的再现。

石窟寺的调查和研究工作起步较早，大约从 20 世纪初即已开始。在半殖民地半封建的旧中国时代，这些工作大多是由西方列强的探险家和一些学者打着科学考察的幌子进行的。调查的重点主要围绕着西北和华北地区，时间主要集中在 20 世纪 30 年代以前。如英国的斯坦因从 1900 到 1916 年，三次在新疆和敦煌莫高窟等地探险和考察。1902 至 1914 年，德国柏林民俗博物馆曾四次组织普鲁士皇家考察队，先后由格伦威德尔和勒柯克率领到新疆进行考察。1902 年，日本的伊东忠太对云冈石窟进行了考察。由大谷光瑞组织的日本大谷探险队于1903、1909、1913年三次到新疆考察石窟。1906至1908年，法国的伯希和考察了新疆和敦煌石窟。沙畹从1907年开始，陆续调查了云冈、龙门、巩县和山东济南石窟造像。1910年，俄国的奥登堡组织的中亚探险队对新疆进行了考察。1914年，法国的色伽兰等考察了四川广元、巴中一带的石窟寺。1918至1924年，常盘大定、关野贞调查了中原北方和南方地区的石窟寺和佛教寺院。1918至1921年，瑞典的喜龙仁多次到中原北方地区考察石窟和造像。1924和1926年，美国的华尔纳两次到西北考察，主要考察了敦煌莫高窟和安西榆林窟。在调查的基础上，国外学者对新疆克孜尔石窟的洞窟形制和多种壁画风格的艺术源流、敦煌壁画的艺术特点、云冈石窟造像样式的渊源以及中原地区佛教造像时代与区域特色做了不少研究工作。虽然20世纪初期的调查为我们保存了许多珍贵的历史图片和文字资料，但他们的工作大多是伴随着对石窟文物野蛮的掠夺和肢解而进行的，使许多石窟寺及其附属文物遭受了空前的浩劫和残酷的破坏，其中最典型的是对敦煌藏经洞发现的大量文书、写经、绢画等珍贵文物的巧取豪夺，对新疆、敦煌等石窟壁画和塑像的揭取偷盗，对云冈、龙门、响堂山、天龙山石窟造像的盗割肢解，使得大量珍贵文物流入国外的博物馆、私人收藏家和古董商手中。30至40年代，水野清一、长广敏雄等对龙门石窟和响堂山石窟做了详细调查，特别是1938至1944年在云冈进行了实测、记录和部分洞窟窟前遗址的考古发掘，50年代陆续发表了十六卷本《云冈石窟》考古报告，这是20世纪50年代前期这一研究领域的代表作。

　　大约从30年代左右起，中国的学术机构和学者们也开始了石窟寺的调查和研究工作。如西北科学考察团对新疆石窟的考察，北平研究院对邺城地区石窟的调查，中国营造学社对龙门、巩县和响堂山石窟的记录，向达对南京栖霞山石窟的考察都是这一时期比较突出的工作。40年代也有学者对新疆、甘肃、四川、云南、广西和江苏等地石窟寺做过考察，发现了天水麦积山等重要的石窟寺。特别是对敦煌莫高窟的调查、实测和临摹取得了可喜的成绩，并于1944年在敦煌莫高窟建立了中国第一个石窟保护与研究的专门机构。

中华人民共和国成立以后，在党和政府的关怀下，文物考古事业获得了新生，全国各重要石窟寺大都被列为全国重点文物保护单位或省级重点文物保护单位，并且设立了专门的文物研究和保护机构。从50年代初开始，文物部门全面开展了文物普查和宣传工作。1950年，中央人民政府文化部文物局组织了雁北文物勘察团和东北考古团，对大同云冈石窟和辽宁义县万佛堂石窟做了考察。1951至1953年，文化部等有关部门又先后组织了敦煌石窟勘察团、麦积山石窟勘察团、炳灵寺石窟考察团进行了详细的调查、测绘、摄影和部分洞窟壁画的临摹工作。随着对西北地区主要石窟寺调查的展开，文物工作者先后在内蒙古、山西、河北、河南、山东、四川、云南、江苏、浙江等地进行了大量调查工作。如阎文儒从1961至1965年三次率领石窟调查组对各地的重要石窟寺做了全面系统地调查，记录了大量的石窟调查资料，成果颇丰。又如陈明达先后考察了敦煌、巩县和四川等地石窟。敦煌文物研究所考察了西千佛洞和河西走廊的石窟。新疆文物调查组调查和部分清理了克孜尔石窟。这些都是50至60年代比较重要的调查工作。50至60年代的全面勘察，重新发现了许多湮没已久的石窟寺地点。比较重要的有甘肃永靖炳灵寺、武威天梯山等河西走廊的早期石窟，固原须弥山石窟、庆阳北石窟寺以及陕西地区的石窟寺等。这些发现为研究石窟寺的分区与分期提供了新材料。但总的来说，虽然 50 至 60 年代的调查工作做了不少，但从考古学角度看，这些工作仍然显得比较粗疏，记录亦不够完备，缺少洞窟平面、剖面、连络平面和立面图。一些洞窟的遗迹现象未能引起足够重视。

50 至 60 年代也是中国石窟寺考古的草创时期。建国以后，随着石窟寺考古工作的全面展开，以前纯粹从美术史和佛教史角度来研究的方法已明显感到不足，在此基础上难于对石窟寺的各种遗迹现象以及发展演变规律做出比较科学合理的解释，研究工作受到一定的局限。石窟寺是历史的产物，是人类通过活动遗留下来的实物，它随着历史的发展而不断变化。那么如何研究和揭示石窟寺发展变化的规律？中国学者在石窟寺考古实践和探索中逐渐认识到需要有新的研究手段。50 年代初，考古学家夏鼐虽然并不从事石窟寺研究，但他谈到了考古学如何在敦煌石窟研究中的应用问题[6]。1956 年，宿白首次运用考古类型学方法对敦煌最早的纪年洞窟第 285 窟壁画做了分类排比，并以此为标尺，对敦煌北魏洞窟做了详细的比较研究，提出了北魏洞窟的分期问题[7]。1957 年和 1961 年，宿白率北京大学考古专业学生分别到响堂山和敦煌石窟实习，指导学生用考古学方法进行石窟的实测和记录工作。这是两次石窟寺考古的实践。1962 年，宿白在敦煌文物研究所做了《敦煌七讲》学术专题报告，正式提出了中国石窟寺考古学的问题，并对石窟寺考古学的基本问题和研究方法进行了阐述，开创性地将考古学方法引入对石窟寺的调查和研究中，从而使石窟寺正式纳入中国考古学的研究范畴，创立了中国石窟寺考古学，开创了中国石窟寺考古的新时代[8]。

除了石窟寺考古学研究之外，学者们从各个学科、不同角度对石窟寺做了比较深入的研究，呈现出百花齐放的局面，取得了可喜成果。如梁思成对敦煌石窟中反映的古代建筑做了专题研究，也对中国雕塑艺术史做了探讨[9]。刘慧达对北魏石窟中的三佛题材和三佛窟的演变做了分析探讨，同时研讨了北魏石窟与禅修的关系和北魏石窟的性质问题[10]。谢稚柳、潘絜兹等对敦煌的佛教艺术做了探讨[11]。阎文儒对敦煌莫高窟的洞窟形制和塑像的发展演变做了分析研究[12]。史岩对麦积山雕塑不同的风格和流布情况做了分析探讨[13]。另外还有许多学者对石窟寺做了较多的研究。

70 年代以来，中国石窟寺考古进入了发展和繁荣时期。首先更加注意对石窟寺窟前遗址的发掘工作。由于窟前遗址往往与洞窟关系密切，是研究洞窟崖面的变化和复原洞窟外观最为直接的材料，因而窟前遗址的发掘在中国石窟寺考古中是必不可少的。早在 60 年代，敦煌文物研究所为了配合南区洞窟危崖加固工程，对窟前遗址进行了大规模的发掘。"文化大革命"中发掘工作中断，1979 至 1980 年又做了发掘工作。发现了一批五代至元朝的窟前殿堂遗址和一些新的洞窟。这些殿堂遗址与洞窟的开凿或重修有密切关系，是研究莫高窟营造史和复原早期洞窟外观的重要资料。又如 70 和 90 年代，云冈石窟保管所就云冈石窟的窟前遗址做了部分清理发掘工作，最重要的是第 3 窟发掘的遗迹揭示了石窟的开凿程序与方式等前所未知的情况，对于研究像云冈这样大的石窟工程的开凿次序和操作方式具有重要意义。1989 至 1990 年，新疆文物部门对克孜尔石窟谷西区部分洞窟窟前遗址进行发掘清理，新发现了一批洞窟。这对于研究窟崖原貌以及洞窟形制、组合、分期均有重要的价值。

其次，这一时期石窟寺的勘察主要转向过去工作做得比较少，又是晚期石窟寺最集中的四川、西藏等地区。如中国社会科学院世界宗教研究所对四川广元、巴中地区石窟寺的调查，西藏文物管理委员会和四川大学对西藏地区石窟寺的调查都是比较重要的工作。随着文物普查工作的深入进行，新的石窟寺地点亦有发现。比较重要的有大同鹿野苑石窟、太原西山大佛和童子寺大佛，西藏拉萨查拉路甫石窟、阿里东嘎皮央石窟，四川安岳卧佛沟刻经洞窟等。

第三，用考古学的方法对石窟寺进行调查实测和综合研究取得了重大的进展，获得了丰硕成果。如 1979 至 1980 年北京大学考古学系对克孜尔石窟谷西区部分洞窟做了实测和详细记录。80 年代以来，北京大学考古学系又陆续在宁夏固原须弥山石窟[14]、河北邯郸南响堂石窟、河西走廊的早期石窟进行了测绘和调查，同时对龙门石窟、麦积山石窟的部分洞窟也做了测绘和调查工作，取得了一定的成果。在石窟寺考古综合研究方面，考古学方法被广泛应用于石窟寺研究中，有一大批研究成果问世，从而使石窟寺考古学的研究达到了一个新高潮。石窟寺的分期与年代是石窟寺考古学首先要解决的问题，也是进行多学科研究的基础。但分期与年代的探讨并不是最终目的，而是通过分期与年代来解决社会历史、佛教史乃至于美术史上的问题。在这一方面，宿白先生贡献最大，成绩斐然。如对云冈石窟的研究，宿白先后撰写了《云冈石窟分期试论》、《平城实力的集聚和"云冈模式"的形成与发展》等文章。前者根据对云冈石窟的全面考察，将云冈石窟分为三期。后者将云冈石窟的三个发展阶段与北魏历史发展结合起来，证实云冈的分期正是北魏历史的具体表现。并且提出了"云冈模式"的概念，强调了云冈石窟在中国石窟寺研究中的特殊地位。在全面考察研究中国石窟寺的基础上，宿白在《中国石窟寺考古》一文中对中国石窟寺的分区与分期做了阐述，指出中国石窟寺可以分为新疆、中原北方、南方和西藏四个地区，每区石窟寺各具特色，但又互相影响。各地石窟寺尽管都有地方特色，但都不同程度地受到全国政治中心或文化中心所盛行的内容的影响。这篇纲领性文章为我们今后的石窟寺考古研究提出了新的课题[15]。这一阶段还有许多重要的石窟寺考古论文发表，如樊锦诗、马世长、刘玉权、关友惠等分别对敦煌石窟北朝、隋唐和西夏洞窟做了分期与年代的探讨。温玉成和丁明夷分别从龙门北朝和唐代纪年小龛的类型入手，对龙门北朝和唐代洞窟的分期与年代做了科学的推断。另外还有许多学者对麦积山、炳灵寺、须弥山、天龙山等重要石窟寺做了考古学的分期与断代研究。这样基本上完成了主要石窟寺考古学的分期研究工作，为进一步做多学科的综合研究提供了年代学依据。虽然，70 年代以来，石窟寺考古取得了长足的进展，但也应当看到石窟寺考古仍然有许多课题需要我们去做，如石窟寺的分区研究、各区域间石窟寺的关系、区域内石窟寺间的关系以及中外石窟寺的比较都需要我们去做具体而深入的研究。

70 年代以来，有关石窟寺的图书大量出版，尤其是文物出版社和日本平凡社通力合作出版的十七卷本《中国石窟》丛书，以及文物出版社和人民美术出版社出版的《中国美术全集》有关石窟方面的书为我们提供了丰富的石窟资料。但因为石窟寺考古的综合研究是以石窟寺考古报告为基础的，而这一方面并不尽如人意。到目前为止，石窟寺考古报告仅出版了《新疆克孜尔石窟考古报告》一本，显然远远不能满足研究者的需要。这是我们今后需要努力的方向。

注　释

[1] 东汉时期的摇钱树在四川地区已发现不少实例，如绵阳何家山 1 号东汉崖墓和忠县涂井蜀汉墓所出随葬品中就有。参见绵阳博物馆何志国《四川绵阳何家山 1 号东汉崖墓清理简报》，《文物》1991 年第 3 期。赵殿增、袁曙光《四川忠县三国铜佛像及研究》，《东南文化》1991 年第 5 期。

[2] 如内蒙古和林格尔壁画墓、山东沂南画像石墓中均有表现与佛教艺术有关的图像。

[3] 参见湖北省文物考古研究所、鄂州市博物馆《湖北鄂州市塘角头六朝墓》，《考古》1996 年第 11 期。

[4] 参见杨泓《跋鄂州孙吴墓出土陶佛像》，《考古》1996 年第 11 期。

[5] 关于石窟寺分区，参见宿白《中国石窟寺考古》，《中国石窟寺研究》，文物出版社 1996 年版。

[6] 夏鼐《漫谈敦煌千佛洞和考古学》，《文物参考资料》1951 年第 2 卷第 5 期。

[7] 宿白《参观敦煌莫高窟第 285 号窟札记》，《文物参考资料》1956 年第 5 期。

[8] 徐苹芳《中国石窟寺考古学的创建历程——读宿白先生〈中国石窟寺研究〉》，《文物》1998 年第 2 期。

[9] 梁思成《敦煌壁画中所见的中国古代建筑》，《文物参考资料》1951 年第 2 卷第 5 期。

[10] 刘慧达《北魏石窟中的"三佛"》，《考古学报》1958 年第 1 期；《北魏石窟与禅》，《考古学报》1978 年第 3 期。

[11] 谢稚柳《敦煌艺术叙录》，古典文学出版社，1957 年再版。潘絜兹《敦煌莫高窟艺术》，上海人民出版社 1957 年版。

[12] 阎文儒《莫高窟的石窟构造及其塑像》，《文物参考资料》1951 年第 2 卷第 4 期。

[13] 史岩《麦积山石窟北朝雕塑的两大风格体系及其流布情况》，《美术研究》

1957 年第 1 期。

[14] 这次工作全面调查了须弥山石窟，测绘和记录了圆光寺区洞窟，已出版了
《须弥山石窟内容总录》（文物出版社 1997 年版），但详细报告未刊。

[15] 以上诸文均收入《中国石窟寺考古》一书中。

一　新疆地区石窟寺的发现与研究

新疆地区即是中国古代的西域，佛教东渐，首及西域，进
而影响到中国内地。石窟寺艺术的传播亦同样如此。因此新疆
地区是石窟寺艺术东传路线上的一个重要纽带，起着桥梁的作
用。新疆石窟主要集中在塔里木盆地北缘，丝绸之路北道沿线
的绿洲地区。从西面的古代疏勒（今喀什一带）到中部的龟兹
（今库车一带）和东部的高昌（今吐鲁番一带），石窟寺如珍珠
般地撒落在这一线路上。其中古龟兹地区石窟寺最为集中，洞
窟数量多，规模大，而且延续时间长，是新疆地区石窟寺的精
华所在。由于地质条件所限，新疆地区的石质不适宜雕刻，所
以各石窟都采用了塑像和壁画的表现手法。塑像占据洞窟中的
显要位置，是佛教信徒礼拜的主要偶像；壁画则绘于诸壁及窟
顶。由于塑像泥胎含沙量大，胎中又缺少具有粘合作用的植物
纤维，加之自然环境、气候和人为破坏等因素，窟内塑像一般
都很难保存下来。在历史上，新疆地区石窟寺还由于石窟的自
然崩塌和人为破坏，特别是 19 世纪末到 20 世纪初，外国列强
肆意盗窃，故石窟内的壁画保存状况也不好。

（一）拜城克孜尔石窟

古龟兹地区诸石窟寺中以克孜尔石窟的规模最大，年代最
早，它是该地区最具代表性的石窟。克孜尔石窟位于拜城县城

东约 60 公里处，东距库车约 21 公里。洞窟主要开凿在木札提河北岸的悬崖峭壁上。按洞窟分布，分为谷西区、谷内区、谷东区和后山区，现有编号洞窟二百三十六个。早在清朝晚期就有人记述过克孜尔、库木吐喇等新疆石窟寺院，如 19 世纪的徐松曾到此巡游[1]。20 世纪初以来，外国探险家纷纷涌入新疆进行考察，如英国的斯坦因从 1900 到 1916 年，三次在新疆探险和考察，到过库车、焉耆和吐鲁番地区并考察了石窟[2]。由大谷光瑞组织的日本大谷探险队于 1903、1909、1913 年三次到新疆库车、吐鲁番考察石窟[3]。1906 至 1908 年，法国的伯希和考察了新疆[4]。1910 年，俄国的奥登堡在吐鲁番、焉耆、库车等地调查和发掘。20 世纪初至 30 年代，对克孜尔石窟的考察与研究主要是德国人进行的[5]。1902 至 1914 年，德国柏林民俗博物馆曾四次组织普鲁士皇家考察队，先后由格伦威德尔和勒柯克率领到克孜尔进行了详细的考察[6]。他们先清理了洞窟积沙，发掘出大量的塑像、木雕、写本等珍贵文物，然后绘制测图、拍摄照片并做了文字记录，又对部分壁画进行了临摹和线图的绘制。在工作期间，他们盗割了大量壁画。由于克孜尔石窟残破的洞窟较多，他们对保存壁画的洞窟是根据洞窟形制与壁画特点来定名的。调查工作完成后陆续编写的考察和研究报告中比较重要的有：勒柯克 1917 年撰写的《中国突厥故地考察纪行》。该文报道了他们考察新疆的经过、佛教遗址的性质与年代，从而引起了学术界对新疆古佛寺遗址的重视[7]。1909 年，格伦威德尔撰写的《德国第三次考察队的考古成果》报告了考察成果，并对新疆石窟壁画五种不同风格的画风做了叙述[8]。1912 年，格伦威德尔在第三次考察结束后，于柏林出版了《中国突厥故地的佛教寺院》一书，对库车、焉耆和吐鲁番地区的石窟寺院做了详细描述，并附有不少洞窟的实测图和壁画白描图。其中关于克孜尔石窟占了较大篇幅[9]。由勒柯克主编的《中亚与新疆古代晚期的佛教文物》七卷本，1922 至 1933 年陆续出版。该书全面叙述了考察经过，并对壁画的题材内容、洞窟建筑的用途、分期与年代、文化类型和历史背景等问题做了较深入的探讨，特别是对壁画题材内容的考释尤见功力，识别出许多本生、佛传、因缘等题材，认为克孜尔石窟壁画主要是围绕着释迦牟尼佛展开的，僧徒重视禅修，说明这里信奉小乘佛教[10]。上述诸书是 30 年代前德国人研究新疆石窟的集中体现，是研究新疆石窟寺的重要参考书。当然由于时代的局限，在今天看来，德国人的研究还有许多不足之处，如关于克孜尔石窟的分期与年代的划分是主要依据壁画中五种不同风格的画风，即犍陀罗画风、武臣画风、早期和晚期突厥画风、喇嘛教画风。格伦威德尔认为这五种画风依次代表从早到晚的不同时期。从地域方面看，西部早东部晚。克孜尔只有第一、二画风的壁画，最早的洞窟壁画作于 4 世纪中叶，最晚的洞窟为 7 至 8 世纪。勒柯克根据画风认为克孜尔洞窟的年代为 6 至 8 世纪。这种以画风断年的方法存在着较大缺陷。他们并没有考虑到洞窟的改建、壁画的重绘，以及两种画风在某一时期可能并行存在的诸多因素。另外没有考虑新疆各地的历史包括佛教流传的历史背景以及新疆以东石窟寺的情况。因此仅以画风断年缺少足够的说服力。又如德国人主要按照洞窟的形制做了分类研究，并探讨了洞窟的用途。这样的分类将类型相同而使用功能不同的洞窟混合在一起，很难阐明不同类型和使用功能不同的洞窟在寺院中的作用和地位。

1928 至 1929 年，由中国学术团体协会与瑞典探险家斯文赫定联合组成的中瑞西北科学考察团在西北进行考察。黄文弼主持了对新疆罗布淖尔、吐鲁番和塔里木盆地的考古调查，1958年出版的《塔里木盆地考古记》记录了对石窟遗迹的调查情况，其中主要记录了焉耆锡科沁明屋、库车库木土拉千佛洞（即库木吐喇石窟）、克内什佛洞（即森木塞姆石窟）、苏巴什克城佛洞（即雀离大寺）、拜城特特尔佛洞（即台台尔石窟）、克子尔明屋（即克孜尔石窟）等。尤其是对克孜尔石窟的调查工作做得较为细致。黄文弼对石窟进行了分区编号，并绘制了全部洞窟的分布示意图和测绘了一部分洞窟的平面和立面图。同时对一些洞窟进行了清理，发现了不少重要遗迹和遗物。如在第220窟发现的唐"天宝十三载"纪年题记，在第105窟发现的唐"贞元七年"残纸等，都是研究克孜尔石窟衰落时期的资料。这是中国学者对新疆石窟寺进行科学考察的第一人。1946至1947年，韩乐然两次到克孜尔石窟临摹壁画，并进行了克孜尔石窟壁画分期对比的探讨[11]。

　　1953年，西北文化局新疆文物调查组对天山南路进行了调查，并对克孜尔石窟做了编号，武伯伦撰写的调查简报《新疆天山南路的文物调查》，对龟兹各石窟的地理位置、石窟数量、残存壁画文字题记等做了简单的叙述。这是中国学者比较全面地介绍新疆石窟的一篇文章，文中还将新疆石窟分为以库车为中心的龟兹区和以吐鲁番为中心的高昌区，这是很有见地的[12]。1955年，王子云《新疆拜城赫色尔石窟》简单介绍了克孜尔石窟的概况[13]。1961年，中国佛教协会与敦煌文物研究所联合组织了新疆石窟调查组，由阎文儒率领对天山以南各石窟做了调查。根据这次调查的资料，1962年，阎文儒发表了《新疆天山以南的石窟》一文[14]，文章将新疆石窟分为二

个区域，即天山以南银山以西的古龟兹地区和银山以东的吐鲁
番地区。所调查的龟兹地区石窟寺主要有：一、龟兹地区拜城
克孜尔石窟、库车库木吐喇石窟、森木塞姆千佛洞和克孜尔尕
哈石窟等。二、焉耆地区七格星石窟。三、吐鲁番地区吐峪沟
和伯孜克里克石窟。文章还对各个石窟寺做了分期研究。这是
60年代国内比较全面介绍新疆石窟寺概况和进行分区分期研
究的一篇重要文章。70年代以后，对龟兹地区石窟的考察日
趋频繁。1979年以来，北京大学考古学系宿白教授带领佛教
考古研究生马世长、丁明夷、晁华山、许宛音多次到新疆考察
石窟，重点是克孜尔石窟的调查、测绘与记录工作，另外还调
查了库木吐喇、森木塞姆、克孜尔尕哈、台台儿石窟。80年
代以后，这次调查的研究成果陆续发表。如宿白在《新疆拜城
克孜尔石窟部分洞窟的类型与年代》一文中，在排比洞窟形制
的基础上，探讨了分期与年代，并结合北京大学历史系考古教
研室试验室所做的碳十四年代数据，将克孜尔部分洞窟三个阶
段的大致年代推定为：第一阶段，大约接近于 $310 \pm 80 \sim 350$
± 60 年；第二阶段，大约接近于 $395 \pm 65 \sim 465 \pm 65$ 年，以迄
6世纪前期；第三阶段，大约接近于 $545 \pm 75 \sim 685 \pm 65$ 年及
其以后。并阐述了克孜尔石窟的历史背景以及在中亚和东方石
窟中的重要地位。丁明夷、马世长、雄西《克孜尔石窟的佛传
壁画》和马世长《克孜尔中心柱窟主室券顶与后室的壁画》分
别对克孜尔石窟的佛传、本生和因缘故事画的题材、布局与发
展演变做了考释和研究[15]。晁华山《克孜尔石窟的洞窟分类
与石窟寺院的组成》[16]，按使用功能的不同，将克孜尔石窟的
洞窟分成佛堂、讲堂、杂房、僧房等类型，进而分析了洞窟组
合的特点，推断一组五佛堂洞窟可能就是一所五佛堂寺院。上

述文章对分期、年代、壁画题材、洞窟形制与组合等方面的研究都有突破性进展。另外，为了配合石窟的加固与维修工作，1989 至 1990 年，新疆文物部门对克孜尔石窟谷西区部分洞窟窟前遗址进行发掘清理，新发现洞窟三十余个。这批洞窟位于现编号洞窟以下，因崖面崩塌而致掩埋。这次发掘为研究窟崖原貌提供了依据。这些洞窟的形制有佛堂窟、僧房窟和仓库窟等，一些洞窟还有打破关系和改建的现象。这对于研究克孜尔石窟的分期与断代有重要的价值[17]。

克孜尔石窟大致可分为三个阶段。第一阶段约为 4 世纪初到 4 世纪中，第二阶段为 4 世纪末到 6 世纪前期，第三阶段为 6 世纪中到 7 世纪后期。前两个阶段属于早期石窟，第三阶段已属于克孜尔石窟的衰落阶段，在新疆地区也属于后期石窟。

第一阶段的洞窟主要分布在谷西区，类型有中心柱窟、大像窟、僧房窟。其中僧房窟的数量最多。各类洞窟间的组合关系不明显。中心柱窟一般分主室、后室和中心柱三部分。个别有前室，但大都已崩毁。典型洞窟有第 13 窟和 38 窟。主室为纵券顶，前壁、左壁和右壁与顶部相接处有简单的叠涩出檐。后室低窄，券顶，中心柱为方形，前壁开一大龛（图一）。龛内原有一坐佛像。大像窟数量较少，一般无前室，仅有主室、后室和中心柱三部分。典型洞窟有第 47 窟，主室窄于后室，券顶。左壁与右壁前均砌列像台，台上各塑佛像七身。后室券顶，左、右通道口无装饰，后壁有涅槃台，原塑大涅槃像。中心柱平面为方形，左、右、后三壁开龛，后壁龛内原塑坐佛像，其上塑涅槃像。前壁依壁原塑高达 10 米左右的大立佛像，现壁前仅存半圆形大像台（图二）。僧房窟一般分主室、门道二部分，门道为长条形，平顶或券顶，一般在门道后壁设一小

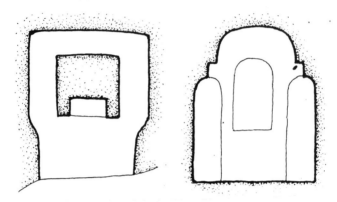

图一 克孜尔第13窟平面及主室正壁立面图

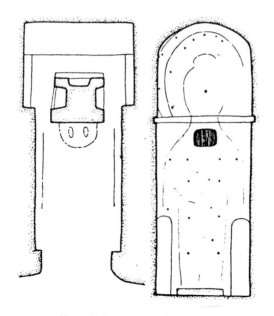

图二 克孜尔第47窟平面及主室正壁立面图

室，左壁或右壁设短甬道与主室相通。主室方形，券顶，壁顶相接处也有简单的叠涩出檐，前壁中部开窗。

壁画题材和布局：一般中心柱窟的主室前壁中心绘交脚弥勒兜率天说法，其左、右、后为诸听法菩萨及天人。后壁龛外绘菱格山峦或听法菩萨（图三）。左右壁不分栏或分上下栏，各栏绘二或三铺因缘佛传类故事，近顶处绘天宫伎乐。窟顶壁画分为三部分，券顶正中（即中间纵向的中脊）绘天空，有日神、风神、立佛、金翅鸟、月神等。左右券腹弧壁处绘以菱格山峦为背景的本生，或本生、因缘、佛传故事相间布置。每个菱格绘一个情节。左、右甬道亦绘有故事画（图四、五）。后室前、后壁分别绘释迦佛涅槃、焚棺或舍利塔，左、右壁绘舍利塔。大像窟以第47窟为例，主室左右壁分上下五栏绘佛像，最上栏绘供养天人。僧房窟则无塑像和壁画。绘画手法采用西域流行的晕染法，具有明显的凹凸效果。这种绘画特点延续的时间很长，在克孜尔石窟从早到晚始终存在。从壁画绘有表现释迦牟尼前身和今世修行、教化、说法的本生、因缘和佛传故事，以及大像窟原塑有释迦立像的情况看，壁画和塑像表现的主题是释迦佛。这种题材与龟兹地区小乘佛教占主导地位有密切关系。

第二阶段洞窟数量较多，在克孜尔石窟各个区域都有分布。洞窟类型有中心柱窟、大像窟、僧房窟。新增加了方形窟，而且数量很多。各种类型洞窟之间有明显的组合关系。中心柱窟的平面形制与前段相似，有主室、后室和中心柱。因窟前崩塌严重，前室情况不明。典型洞窟有第17、104、171窟。除有前段主室与后室等宽或窄于后室的形制外，主室宽于后室的形制比较流行。券顶，壁面与顶连接处的出檐线较普遍地在叠涩之外使用枭混线。后室亦为券顶，左、右通道口有的开始做

图三 克孜尔第14窟主室北壁壁画

出装饰线。第104窟后壁有涅槃台，台前两侧各置立像台。中心柱平面为扁方形，前壁均开一大龛。此外第17窟后室两端各凿一小龛。大像窟数量仍较少，一般无前室，仅有主室、后

图四　克孜尔第 4 窟西甬道壁画

室和中心柱三部分。典型洞窟有第 77、139 窟。第 77 窟后室为梯形顶，后壁前有涅槃台，台上原塑大涅槃像。中心柱平面略呈方形，四壁无龛，前壁依壁原塑有大立佛像。第 139 窟则无涅槃台。僧房窟形制略同前期，一般分主室、门道二部分，但较多洞窟增加了前室。门道后壁无小室的洞窟增多，出现了大型僧房窟，门道为长条形平顶或券顶，左壁或右壁设短甬道与主室相通。主室方形，券顶，壁顶相接处也有叠涩出檐枭混线。方形窟一边有前室，但多崩毁，主室平面为方形或横长方形，前壁正中开门，或一侧开门一侧开窗。券顶，壁顶相接处有叠涩出檐枭混线。但有的洞窟更繁缛复杂，如主室正中砌佛

图五　克孜尔第 4 窟东甬道壁画

坛，其上塑像。

壁画题材和布局：中心柱窟的主室前壁窟口上方绘兜率天说法，左右壁分上下二栏，各栏绘二或三铺因缘佛传类故事。窟顶绘画与第一阶段略同，中脊绘天空，有日神、风神、立佛、金翅鸟、月神等。不过本期日神一般为人形，头戴珠冠，身着甲胄，乘坐在双轮马车上。左右绘以菱格山峦为背景的本生、因缘和佛传故事。后室后壁绘或塑涅槃像，前壁绘舍利塔，左右壁绘舍利塔或立佛。第 17 窟后室左、右壁龛内原塑一身坐佛，左壁绘卢舍那立佛。第 27、99 窟新出现千佛龛。

大像窟主室左右壁上下分栏绘立像、坐像，上栏绘或塑供养天人。窟顶正中部分分格绘伎乐，左右格内影塑伎乐。后室后壁塑或绘涅槃像，主室左右壁绘伎乐，右壁伎乐中有交脚弥勒菩萨兜率天说法图。方形窟前壁绘兜率天说法，左右壁多分栏绘分格连环画似的佛传故事画，或绘因缘佛传。方形窟内不设坛的洞窟，其后壁一般都绘菩萨像或以高僧为中心的大幅壁画。绘画特点承袭前一阶段。卢舍那佛和千佛龛的出现，反映了这一阶段大乘佛教开始流行。

第三阶段洞窟大多分布在谷东区，洞窟的类型大体与第二阶段洞窟相同，但洞窟形制、绘画和塑像内容有明显简化的趋势。另外还新出现了小型窟。中心柱窟的正壁一般开龛，龛内原塑坐佛或立佛，洞窟后室的后壁凿出涅槃台，其上塑或绘涅槃像。大像窟较前两个阶段有了明显的变化，窟内取消了中心柱，从残存的遗迹看，大立佛像中部以上依崖壁塑造，下部两侧向里凿进成横长方形低窄的后室，这样朝拜者可直接右绕大佛作礼拜。这种形制与巴米扬东西大立佛窟十分相似。类似洞窟在库木吐喇石窟中也有发现。洞窟的组合多为小型洞窟。

壁画题材和布局：中心柱窟的前后室及左右壁出现大量的千佛题材，有的千佛身着汉式双领下垂式袈裟，这是本阶段最显著的特点。左右壁还绘有说法图以及供养人行列。供养人的服饰上新出现具有断代意义的联珠纹图案，内绘猪头或团花。有的窟顶绘千佛，有的窟顶绘以菱格山峦为背景的本生、因缘和佛传故事。多数洞窟已不见后室涅槃像，个别洞窟后室前壁绘舍利塔。这些题材与前期的明显变化，反映了大乘佛教对龟兹石窟的影响逐渐加深，而这种影响应来源于盛行大乘佛教的于阗和中原地区。

（二）库车库木吐喇石窟

库木吐喇位于库车县城西 21 公里处的木札提河东岸，洞窟分谷口区和大沟区两部分，共有一百一十二个。谷口区附近还有两处规模较大的寺院遗址，即乌什吐尔遗址和夏哈吐尔遗址。早在清朝晚期就有人记述过库木吐喇，如 18 世纪的谢济世和 19 世纪的徐松都曾到此巡游[18]。1903 年和 1906 年，德国格伦威德尔率领第一次和第三次普鲁士皇家考察队曾到达这里考察，对十多个保存有壁画的洞窟进行了清理和测绘，并对壁画题材做了记录，还描绘了数十幅壁画轮廓线图，割走了一些壁画[19]。1913 年，勒柯克率领第四次德国考察团到库木吐喇，测绘了部分洞窟，同时盗割了大量的壁画[20]。1903 年，日本渡边哲信到达库木吐喇，清理了一些洞窟，发掘出古写本和残塑像等。1907 年，伯希和调查了库木吐喇石窟，拍摄了许多照片。1928 年，黄文弼作为西北科学考察团的成员考察了库木吐喇石窟[21]。1953 年，西北文化局新疆文物调查组对天山南路进行了调查，并对库木吐喇石窟做了编号。1962 年，阎文儒在调查的基础上，对库木吐喇石窟进行了分期，并注意到库木吐喇石窟中汉人开凿的洞窟[22]。70 年代末至 80 年代初，在沟口区和大沟区又发现一些洞窟，比较重要的有 GK20、21 窟，第 75、79 窟。这批洞窟的发现为深入研究库木吐喇石窟的洞窟形制、题材内容和年代演变提供了新的资料[23]。80 年代，北京大学马世长、晁华山分别对库木吐喇石窟的洞窟形制、洞窟的族系、开凿年代和汉风洞窟做了综合研究[24]。吴焯则对库木吐喇壁画的风格演变与龟兹的历史背景做了分析与研究[25]。

库木吐喇石窟并没有始凿年代的记载，从洞窟形制与壁画特点等分析，应略晚于克孜尔石窟的开凿。根据洞窟和壁画的变化特征，一般将库木吐喇石窟的开凿历程分为三个阶段。

第一阶段，开凿年代约为 5 至 7 世纪。洞窟主要有中心柱窟、大像窟和方形窟。中心柱窟为主要的礼拜窟，洞窟一般有前室、主室、中心柱及后室。稍早的洞窟主室多为纵券顶，中心柱流行克孜尔第一阶段的正壁一龛制。库木吐喇石窟第 17 窟略较特殊，主室平面为方形，左右壁各开一龛，后壁（即中心柱前壁）开一龛，窟顶为平顶，中部隆起成穹隆顶式。大像窟的形制与克孜尔石窟一致，为纵券顶，主室正壁，即中心柱前壁塑大立佛。像高一般都在 10 米以上。中心柱左、右、后三面设有甬道，可供人绕塔礼拜。后室左、右、后壁凿涅槃台或像台。有的大像窟无中心柱，佛像依崖壁塑造，佛像下部两侧有隧道接后室。方形窟一般有前室和主室，穹隆顶。穹隆顶内绘有莲花及条幅状的立佛和菩萨七身至十一身，如库木吐喇新发现的第 GK 20、21 窟。库木吐喇流行一种主室正中设像台，台上原塑佛像的形制。以第 GK 20 窟为例，前室不存，有长通道与主室相连，通道两侧各开一小龛，右龛内现存新疆早期石窟中惟一完整的塑像[26]。主室正中有像台，原塑佛坐像及护法狮子。窟顶为穹隆顶。洞窟组合与克孜尔石窟比较相似，有多座中心柱窟和其他类型的洞窟组成的寺院，有的研究者根据佛经律藏记载称这种组合的洞窟为五佛堂[27]。在壁画题材与布局方面，中心柱窟、大像窟和方形窟一般都保存有壁画，但塑像已基本不存。有迹象表明，当时塑像和壁画是有机的统一体，以库木吐喇第 17 窟为例，中心柱正面开一龛，龛内原塑有释迦像，龛外壁面有供养主尊塑像的四个菩萨像，可知正壁采用塑像与壁画相结合的手法。由于这种关系，往往可以通过壁画内容来推定主尊塑像的名谓。中心柱窟现存壁画主要分布在主室、中心柱和后室壁面及窟顶。一般主室前绘弥勒兜率天宫说法，窟顶中脊绘天宫，有日神、立佛等。左右绘以菱格山峦为背景表现释迦牟尼前身和今世修行、教化、说法的本生、因缘和佛传故事。后室后壁以涅槃像为中心，绘出佛传故事。方形窟穹隆顶画立佛和立菩萨像，侧壁多绘佛传故事。其洞窟形制、壁画风格和绘画技法，与克孜尔石窟第二阶段洞窟十分接近，具有显著的龟兹特色。

第二阶段，开凿年代约为8至9世纪。洞窟形制大体延续了第一阶段的窟形，主要是中心柱窟、大像窟和方形窟。方形窟多为券顶式。在壁画题材与内容上，除了龟兹系壁画外，出现并流行与中原地区唐代洞窟相似的壁画内容，如中心柱窟主室的两侧壁为通壁一铺经变画。内容有药师经变、西方净土变（包括观无量寿经变），其构图形式、人物形象、绘画技法等均与敦煌石窟的唐代经变画一致，而且有汉文书写的榜题。中心柱窟甬道和后室侧壁绘有立佛、立菩萨像，榜题有"南无阿弥陀佛"、"南无救苦救世音菩萨"等。在其他类型的洞窟中，还出现千手千眼观世音菩萨像。这表明库木吐喇石窟有汉僧及汉寺，他们带来了中原地区的佛教文化和佛教艺术。

第三阶段，开凿年代约为10至11世纪或稍晚。这是回鹘高昌统治龟兹地区时开凿的，洞窟数量较少，保存较好的有第75窟和79窟。第75窟是1977年新发现的一座长方形纵券顶窟，窟内正壁绘一持钵高僧，高僧两侧绘出六道轮回的场面。左右壁下方绘有身着回鹘装的男女供养人，像旁附有汉文题

名。第 79 窟是 1982 年新发现的一座方形穹隆顶窟，洞窟形制
似较早，壁画则为回鹘时期重绘的。窟内中央有坛基，窟内正
壁绘有回鹘高僧像及世俗供养人像，侧壁为地狱变及乾夷王施
头本生。窟门右侧前壁画身着回鹘装的男女供养人像，像旁有
汉文、回鹘文题名，像上有龟兹文题名。汉文题名中有"颉利
思力公主"等。这种附三种文字的供养人榜题是前所未见的，
是研究洞窟的开凿年代、龟兹文使用下限的珍贵资料。

（三）库车森木塞姆石窟

森木塞姆千佛洞位于库车东北约 40 公里库鲁克达格山口
东西两侧的山腰上，是古代龟兹王国东境最大的一处石窟寺。
编号洞窟有五十二个。洞窟的分布在龟兹石窟中别具特色，在
直径约 800 米的范围内分成东、南、西、北、中五区，其中中
区土丘上有长近 80 米、两端有高大建筑遗迹的地面寺院遗址。
很显然这是一处以地面寺院为中心，围绕着寺院开凿洞窟的特
殊布局。这在龟兹地区石窟寺中是比较罕见的实例[28]。森木
塞姆石窟中可以判别窟形的有三十九个洞窟。其中中心柱窟十
八个、大像窟四个、方形窟十五个、僧房窟二个（包括大型禅
堂一个）。可以看出这些洞窟主要以礼拜窟为主。它们与克孜
尔石窟最大的区别是僧房窟很少见，这种情况与森木塞姆石窟
的布局特点有密切关系，即地面寺院和洞窟是一个完整的组
合，中区大寺院是修禅和起居的主要场所，故窟群区多凿礼拜
窟，而少僧房窟。

森木塞姆石窟以中心柱窟为主要礼拜窟，洞窟一般有前室、
主室、中心柱及后室。稍早的洞窟主室多为纵券顶，中心柱流

行克孜尔第一阶段的正壁一龛制，略晚的个别洞窟窟顶出现穹隆顶样式，如第 40 窟。同时出现正、左、右、后壁各开一龛的新形制，如第 30 窟。其次为大像窟，典型洞窟有第 11、23、43 窟，洞窟形制与克孜尔石窟一致，为纵券顶，主室正壁，即中心柱前壁塑大立佛，像高一般都在 10 米以上。如第 11 窟原塑立佛高达 15 米，中心柱左、右、后三面设有甬道，后室左、右、后壁凿涅槃台或像台。大像窟的规模一般都比较大，数量虽然不多，但在石窟中具有重要地位。从洞窟群布局看是各以两个大像窟（其中北崖第 11 窟、43 窟）为中心陆续开凿的。这种大立佛的塑造，与《出三藏记集》卷十一《比丘尼戒本所出本末序》记载龟兹国"寺甚多，修饰至丽。王宫雕镂立佛形象，与寺无异"的情况一致。表明龟兹地区寺院乃至于王宫都以雕镂大立佛为主。作为石窟寺院当然亦不能例外。另外有方形窟，洞窟一般有前室和主室。与克孜尔石窟相比窟顶形式多样化，有斗四套斗顶、平棊顶和穹隆顶。尤其是穹隆顶内绘有莲花及条幅状的立佛和菩萨七身，与库木吐喇石窟较为相似。

　　在壁画题材与布局方面，森木塞姆石窟中心柱窟、大像窟和方形窟一般都保存有壁画，但塑像已基本不存。中心柱窟现存壁画主要分布在主室、中心柱和后室壁面及窟顶。一般主室前绘弥勒兜率天宫说法，窟顶中脊绘天宫，有日神、立佛等。左右绘以菱格山峦为背景的本生、因缘和佛传故事。本生故事主要有舍身饲虎、须达拏本生、月光王施头等；因缘故事有梵志燃灯供养、沙弥守戒自杀等；佛传故事有初转法轮、佛涅槃图等。后室后壁绘或塑涅槃像，前壁绘舍利塔，左右壁绘舍利塔或立佛。大像窟主室左右壁上下分栏绘立像、坐像，上栏绘或塑供养天人。窟顶正中部分分格绘伎乐，左右格内影塑伎乐。后室后壁塑涅槃像，或绘涅槃像，主室左右壁绘伎乐，右壁伎乐中有交脚弥勒菩萨兜率天说法图。方形窟前壁绘兜率天说法，左右壁多分栏分格绘连环画似的佛传或因缘故事。方形窟内不设坛的洞窟，其后壁一般都绘菩萨像或以高僧为中心的大幅壁画。这种主要表现释迦、弥勒以及本生、因缘和佛传故事的题材与龟兹地区盛行小乘佛教有密切关系。大约到6世纪以后出现中原地区流行的大乘佛教的千佛题材，反映了中原佛教文化对西域的影响。

龟兹石窟群除了克孜尔、森木塞姆和库木吐喇石窟外，还有许多比较重要的石窟，如位于库车县西北12公里的克孜尔尕哈石窟。洞窟开凿于一小山沟的东、西两崖上，现有编号洞窟四十六个。保存较好的洞窟有三十九个。其中中心柱窟十六个、僧房窟二十个（包括禅堂一个）、方形窟三个。这些洞窟明显可以分为五组，每组包括中心柱窟、僧房窟（或禅堂）和方形窟，都具有礼拜、讲经、坐禅和居住的功能，可见克孜尔尕哈石窟的洞窟组合关系也是比较明显的。克孜尔尕哈石窟的早期洞窟是在中心区克孜尔石窟的影响下产生的，开凿年代略晚于克孜尔石窟第一阶段，而相当于第二阶段。又如位于拜城东60公里的台台尔石窟，残存洞窟十八个。其中中心柱窟四个、方形窟二个、僧房窟五个，其他窟形不明。另外在森木塞姆石窟附近还有玛扎伯哈石窟。这些石窟都是龟兹石窟的重要组成部分。

（四）吐鲁番伯孜克里克石窟

伯孜克里克石窟位于吐鲁番城东北约40多公里的火焰山

木头沟谷中，南距高昌故城 10 公里。洞窟主要开凿于木头沟河西岸的悬崖峭壁上，原有编号洞窟五十七个。1980 年又新发现十三个洞窟，现有洞窟编号七十个[29]。这是吐鲁番地区现存洞窟最多、壁画最丰富的一处石窟寺。

19 世纪末，俄国人克列门茨就到吐鲁番调查了石窟，盗取了一些精美的壁画。1902 至 1914 年，先后由格伦威德尔和勒柯克率领德国普鲁士皇家考察队的四次考察，都到了吐鲁番，盗走了大量的文书、经卷、雕像和洞窟壁画[30]。勒柯克在吐鲁番地区发现了一些摩尼教寺院壁画和伯孜克里克石窟的摩尼教壁画。他在《高昌图录》一书中刊布了二十多幅伯孜克里克石窟的壁画，并认为：伯孜克里克菩萨像既有犍陀罗式的，也有笈多式的。日本的野村荣三郎（1908 年）、吉川小三郎（1912 年），英国的斯坦因（1914 年）都曾到伯孜克里克盗割壁画及其他文物。因此在 20 世纪初这一段时间里，伯孜克里克石窟遭受了最为严重的破坏。1928 年西北科学考察团的黄文弼对伯孜克里克石窟的考察，记录了十八个洞窟的形制、尺寸和简单内容[31]。1961 年，阎文儒对伯孜克里克石窟五十七个洞窟做了全面调查、编号和测绘[32]。80 年代，新疆维吾尔自治区博物馆编辑出版了《吐鲁番伯孜克里克石窟》图录，书中附有贾应逸《伯孜克里克石窟初探》一文，对洞窟形制、壁画内容及其绘画艺术、洞窟的年代做了探索[33]。

伯孜克里克石窟没有明确的开凿纪年，一般认为始凿于麴氏高昌时期（499～640 年），1980 年在窟前遗址中出土了高昌建昌五年（559 年）《法华经·观世音菩萨普门品》残卷，可以作为这种观点的佐证。唐初时称为"宁戎寺"、"宁戎窟寺"。1984 年在窟前遗址中发现了《杨公重修寺院碑》。据研究，杨公为唐贞元年间的北庭大都护、伊西北庭节度使杨袭古，由此可知伯孜克里克石窟是唐代西州重要的石窟寺院[34]。9世纪中叶，回鹘人建立了以高昌为中心的高昌国。9世纪末以后，回鹘人皈依佛教，伯孜克里克成为回鹘高昌的王家寺院。当时，对石窟进行了大规模的改凿和改建。因此，除了一些洞窟尚保留早期洞窟的形制外，其余洞窟主要是回鹘高昌时期的样式（10～14世纪）。伯孜克里克石窟的形制主要有中心柱窟、纵长方形券顶窟、影窟和禅窟。中心柱窟平面为纵长方形，券顶。中心柱有的正壁开龛，有的四壁开龛，围绕中心柱有隧道式的礼拜道，其形制与龟兹地区的中心柱窟比较相似。纵长方形券顶窟均为大型洞窟，数量较多，有的洞窟后壁凿涅槃台，台上塑涅槃像，或绘出涅槃像，窟内中心有的筑佛台。影窟平面为横长方形，券顶，窟内设土台，上置舍利盒。禅窟仅有一座，平面为纵长方形，后壁有二个小禅室，左、右壁各三个小禅室。壁画内容较为丰富，有初转法轮、涅槃变等佛传故事、西方净土变和法华经变等，这些壁画场面宏大，人物生动。除了佛像外，周围绘有护法天部、金刚、菩萨、比丘、国王、童子等，其背景则为城池、宫殿、寺院、塔庙等。在许多洞窟中还绘有供养人礼佛行列，人物包括回鹘国王、王后、王室贵族及其侍从以及高僧。个别洞窟正壁还保留了回鹘皈依佛教之前所绘的摩尼教壁画。因此，伯孜克里克石窟是研究回鹘高昌时期佛教和摩尼教最重要的石窟寺。

吐鲁番地区还有一些规模较小的石窟寺，如吐峪沟石窟有编号洞窟四十六个，其中九个洞窟残留有壁画，这是吐鲁番地区开凿年代最早的石窟寺。早期洞窟约开凿于5世纪，晚期洞窟的开凿时间为9至14世纪的回鹘高昌时期。从洞窟形制看，有中心柱窟、方形窟和长方形窟，壁画内容有本生故事、因缘故事、立佛千佛、七佛等。另外拜西哈尔石窟有五个洞窟，奇康湖石窟有十个洞窟，胜金口石窟残存九个洞窟，雅尔湖石窟有七个洞窟。这些石窟多以中心柱窟为主要洞窟，个别洞窟可以早到 5 至 6 世纪，大多数为回鹘高昌时期开凿或者改凿而成。这是研究吐鲁番地区佛教发展演变的重要资料。

此外在吐鲁番以西、拜城以东的焉耆地区有七格星明屋。遗址分为南北大寺和石窟三部分。石窟居北大寺西北，残存十个洞窟。20 世纪初，德国人曾做过调查。以后黄文弼、阎文儒、晁华山等都曾考察过[35]。洞窟以中心柱窟为主，开凿年代略晚于克孜尔石窟，约为 5 世纪左右。这是焉耆地区最重要的石窟寺院遗址。

注　释

[1] 徐松在《西域水道记》卷二中就记述了克孜尔和库木吐喇石窟。

[2] 1900 至 1916 年，斯坦因三次在新疆和敦煌莫高窟等地考察，主要专著有《古代和阗》（Aurel Stein, *Ancient Khotan: Detailed Report of Archaeological Explorations in Chinese Turkestan*, 1907）、《西域考古记》（*Serindia: Detailed Report of Archaeological Explorations in Central Asia and Westernmost China*, 1921）、《亚洲腹地探险记》（*Innermost Asia: Detailed Report of Archaeological Explorations in Central Asia*, *Kan – su and Eastern Iran*, 1928），均由牛津克拉兰顿出版社出版。

[3] 参见上原芳太郎编《新西域记》，东京，有光社 1936 年版。

[4] 伯希和的主要专著有《敦煌石窟图录》（Paul Pelliot, *Les Grottes de Touen – houang*），巴黎格特纳书店出版，1920 – 1926 年。《伯希和敦煌石室笔记》（*Grottes de Touen – houang, Carnet de Notes de Paul Pelliot*），1981 – 1984 年陆续出版。

[5] 关于德国人的考察与研究，可参见晁华山《二十世纪初德国人对克孜尔石窟

的考察及尔后的研究》，《中国石窟·克孜尔石窟三》，文物出版社 1996 年版。

[6] 格伦威德尔在第三次考察结束后，于 1912 年，在柏林出版了《中国突厥故地的佛教寺院》（Albert Grunwedel, *Altbuddhistische Kultstatten in Chinesisch – Turkistan*, Berlin 1912）。勒柯克主要著有 1913 年出版的《高昌图录》（Albert Le Coq, *Chotscho: Facsimile – Wiedergaben der Wichtigeren Funde der Ersten Koniglichen Preussischen Expeditions*, 1913），1922 – 1933 年陆续出版的《中亚与新疆古代晚期的佛教文物》（Albert Le Coq, *Die Buddhische Spatantike in Mittelasien*），两书均由德国柏林雷迈尔出版社出版。

[7] 勒柯克《中国突厥故地考察纪行》，刊于《人类学、人种学与远古史杂志》，柏林，1907 年（Albert Le Coq, *Bericht Uber Reise und Arbeiten in Chinesischen Turkistan*, Zeitschrift Fur Anthropologie Ethnologie und Urgeschichte, Berlin, 1907.）。

[8] 格伦威德尔《德国第三次考察队的考古成果》，刊于《人种学杂志》，柏林，1909 年（Albert Grunwedel, *Die Archaologische Ergebnisse der Dritten Turfan Expeditiong*, Zeitschift Fur Ethnologie, Berlin, 1909.）。

[9] 格伦威德尔《中国突厥故地的佛教寺院》，柏林，1912 年（Albert Grunwedel, *Altbuddhistische Kultstatten in Chinesisch – Turkistan*, Berlin, 1912.）。

[10] 勒柯克主编《中亚与新疆古代晚期的佛教文物》（Albert Le Coq, *Die Buddhistische Spatantike in Mittelasien*, Berlin, 1922 – 1933.），柏林，1922 – 1933 年。

[11] 参见宿白《克孜尔部分洞窟阶段的划分与年代等问题的初步探索》，《中国石窟·克孜尔石窟一》，文物出版社 1989 年版。

[12] 武伯伦《新疆天山南路的文物调查》，《文物参考资料》1954 年第 10 期。

[13] 王子云《新疆拜城赫色尔石窟》，《文物参考资料》1955 年第 2 期。

[14] 阎文儒《新疆天山以南的石窟》，《文物》1962 年第 7、8 期合刊。文中将克孜尔石窟分为四期。第一期为后汉；第二期为两晋；第三期为南北朝至隋；第四期为初唐。

[15] 丁明夷、马世长、雄西《克孜尔石窟的佛传壁画》，《中国石窟·克孜尔石窟一》，文物出版社 1989 年版；马世长《克孜尔中心柱窟主室券顶与后室的壁画》，《中国石窟·克孜尔石窟二》，文物出版社 1996 年版。

[16] 北京大学考古学系《纪念北京大学考古专业三十周年论文集》，文物出版社 1990 年版。

[17] 自治区文化厅文物保护维修办公室《1989 年克孜尔千佛洞窟前清理简报》，

新疆文物考古研究所《1990年克孜尔石窟窟前清理报告》，均收入王炳华主
编《新疆文物考古新收获（续）1990～1996》，新疆美术摄影出版社1997年
版。新发现的洞窟单独进行了编号。

[18] 谢济世《戎幕随笔》记载了他在18世纪30年代游历库木吐喇的情况。徐松
在《西域水道记》卷二也记述了库木吐喇石窟。

[19] 格伦威德尔《中国突厥故地的佛教寺院》，柏林，1912年版（Albert Grun-
wedel, *Altbuddhistische Kultstätten in Chinesisch‐Turkistan*, Berlin, 1912.）

[20] 关于德国人对库木吐喇石窟考察与研究的情况，可参见日本中野照男《二十
世纪初德国考察队对库木吐喇石窟的考察及尔后的研究》；其他国家对库木
吐喇石窟的考察与研究，可参见晁华山《库木吐喇石窟初探》二《石窟考察
史》，二文均刊于新疆维吾尔自治区文物管理委员会、库车县文物保管所、
北京大学考古学系编《中国石窟·库木吐喇石窟》，文物出版社1992年版。

[21] 参见前引《塔里木盆地考古记》。

[22] 阎文儒《新疆天山以南的石窟》，《文物》1962年第7、8期合刊。文中将库
木吐喇石窟分为三期。第一期为两晋；第二期为南北朝至隋；第三期为唐
代。《龟兹境内汉人开凿汉僧住持最多的一处石窟——库木吐喇》，《现代佛
学》1962年第4期。

[23] 梁志祥、丁明夷《新疆库木吐喇石窟新发现的几处洞窟》，《文物》1985年
第5期。

[24] 马世长《库木吐喇的汉风洞窟》，晁华山《库木吐喇石窟初探》，均刊于《中
国石窟·库木吐喇石窟》，文物出版社1992年版。晁文对该石窟的洞窟分布、
石窟考察史、洞窟种类、石窟寺院及年代等做了较为详细的论述。

[25] 吴焯《库木土拉石窟壁画的风格演变与古代龟兹的历史兴衰》，《中亚学刊》
3，1990年11月。

[26] 参见《中国石窟·库木吐喇石窟》图版188，该像服饰与河西地区早期石窟
塑像和北凉石塔佛像是一致的。如袈裟衣边有折带纹，右肩袈裟衣边绕右肘
臂后再上绕左肩的作法在河西石窟中颇为流行。可以看出新疆地区的塑像样
式对河西地区石窟的影响。

[27] 参见前引晁华山《库木吐喇石窟初探》一文石窟寺院一节。

[28] 参见丁明夷《记两处典型的龟兹石窟——森木塞姆与克孜尔尕哈石窟》，文
载新疆龟兹石窟研究所编《龟兹佛教文化论集》，新疆美术摄影出版社1993
年版。

[29] 吐鲁番地区文物管理所《柏孜克里克千佛洞遗址清理简记》（《文物》1985

年第 8 期），共编有八十三个窟号。贾应逸《伯孜克里克石窟初探》一文则编为七十个窟号。本处使用贾应逸的编号。

[30] 勒柯克《高昌图录》，柏林，1913 年（Albert Le Coq, *Chotscho：Facsimile – Wiedergaben der Wichtigeren Funde der Ersten Koniglichen Preussischen Expeditions*, 1913）。

[31] 西北科学考察团由中国学者和瑞典探险家斯文赫定联合组成，其中黄文弼等考察了塔里木盆地的石窟寺，参见《塔里木盆地考古记》，科学出版社 1958 年版。

[32] 阎文儒《新疆天山以南的石窟》，《文物》1962 年第 7、8 期合刊。

[33] 新疆维吾尔自治区博物馆编《吐鲁番伯孜克里克石窟》，新疆人民出版社和上海人民出版社。

[34] 柳洪亮《柏孜柯里克新发现的〈杨公重修寺院碑〉》，《敦煌研究》1987 年第 1 期。

[35] 晁华山《新疆焉耆锡格星石窟》，《十世纪前的丝绸之路和东西文化交流——沙漠路线考察乌鲁木齐国际讨论会》，新世界出版社 1996 年版。

二　河西地区石窟寺的发现与研究

河西走廊是新疆以东最早开凿石窟寺的地区，是石窟寺艺术东传中原的一个重要纽带。这些石窟寺主要集中在河西敦煌、酒泉、张掖、武威四镇附近。如著名的敦煌莫高窟、武威天梯山石窟等。这是研究中国早期石窟寺的重要地区。

（一）敦煌莫高窟

1. 敦煌莫高窟的概况

敦煌莫高窟坐落在甘肃省敦煌市东南 25 公里的鸣沙山东麓。因雨水冲刷，鸣沙山东麓被切割成高数十米的断崖，石窟即开凿于断崖之上，南北绵延 1.5 公里。敦煌是古代丝绸之路上的重镇，是佛教文化及其艺术传播的主要中转站。《魏书》卷一一四《释老志》是这样记载敦煌佛教之盛况的："凉州自张轨后，世信佛教。敦煌地接西域，道俗交得其旧式，村坞相属，多有塔寺。"由此可知，十六国时期的敦煌佛教已经深入民众心里，修塔建寺蔚然成风。正是在这种历史背景下，敦煌莫高窟的开凿历史翻开了新的一页。莫高窟的创建充满着神秘色彩，原存于莫高窟第 332 窟的武周圣历元年（698 年）《李君莫高窟佛龛碑》是这样记载其营造历史的："莫高窟者，厥初（前）秦建元二年（366 年）沙门乐僔，戒行清虚，执心恬静，尝杖锡林野，行至此山，忽见金光，状有千佛，遂架空凿险，造窟一龛。次有法良禅师从东届此，又于傅师窟侧更即营建。伽蓝之起滥觞于二僧。后有刺史建平公、东阳王等各修一大窟，自后合州黎庶造作相仍，实神秀之幽岩，灵奇之净域也。"[1]由此可知莫高窟的开凿始于4世纪中叶以后，北魏、西魏、北周、隋、唐、五代、宋、西夏、元诸代又相继开凿，形成了现在规模宏大的石窟群。不过现存最早的洞窟大约为北魏时期，而碑刻所记4世纪中期沙门乐傅、法良禅师所开凿的洞窟早已踪迹难觅，无从考知了。根据现存洞窟的分布情况，莫高窟可分为南北两区。由于北区主要是僧人和工匠居住之地，保存塑像和壁画的洞窟很少，所以现有四百九十二个编号洞窟大多集中在南区，是莫高窟的精华所在，尤其是南区中部洞窟密如蜂窝，上下达五层之多。近年来，敦煌研究院对北区洞窟做了发掘清理工作，同时也做了编号，这样莫高窟实有洞窟七百三十五个，保存壁画4.5万多平方米，彩塑二千四百余尊，唐宋木构窟檐五座。根据洞窟形制、题材内容和塑画特点的演变，莫高窟可分为四个大的发展时期：即北朝，隋唐，五代、宋，西夏、元时期，前后延续了一千年，这在中国石窟寺中是绝无仅有的。敦煌莫高窟为我们保存了各个朝代的塑像和壁画，是中国石窟寺发展演变的一个缩影。

北朝时期：现存北魏、西魏和北周洞窟数量达三十六个。最早的为第268、272和275窟。这三个洞窟位于南区中部，南北毗邻，自成一组。但窟龛形制各不相同。第268窟平面为纵长方形，平顶，其上浮塑出斗四平棊，后壁开一龛，龛内塑一身交脚佛，南北两侧壁各有二个小禅室。第272窟平面为方形，顶似穹隆，浮塑斗四平棊，后壁开一龛，龛内塑一身倚坐佛。壁画为三段布局，上段为天宫伎乐，中段为千佛及说法图，下段为装饰纹样。第275窟平面为纵长方形，纵向式的人字披顶，后壁塑一身交脚弥勒菩萨像。两侧壁上下分段，上段各开二个阙形龛和一个对树形龛，龛内分别塑交脚菩萨和思惟菩萨。这种汉式的阙形龛可能象征着弥勒菩萨所居的兜率天宫，是敦煌早期洞窟富有特色的龛形。中段绘佛传或本生故事，故事下绘供养人和供养菩萨。下段为三角垂饰。从这一组洞窟看，塑像表现的均是弥勒（268窟交脚佛、272窟倚坐佛、275窟交脚弥勒菩萨）。上述三座洞窟的三种窟形均为敦煌其他北朝洞窟所不见，故敦煌研究院推断其开凿年代为十六国北凉时期，但也有学者认为是北魏时期开凿的。较上述洞窟稍晚的北魏洞窟主要有第259、254、251、257、263、260、431、435、437等窟。第487和265窟亦开凿于此时，但经后代改画和重修。西魏北周时期重要的洞窟有第285、248、249、290、428等窟。北朝时期主要流行的中心柱窟，到隋唐时期则很少使用。北魏时期以中心柱窟为主，洞窟平面均为纵长方形，前室多作人字披形，浮塑出仿木结构的脊椽。后室为平棊顶。后室中央凿出方形塔柱，中心柱有基座，塔身单层，四面开龛，一般正壁开一龛，其他三面上下各开一龛，龛内塑主尊佛像，龛外两侧塑胁侍菩萨像，龛外壁面一般有浮塑千佛或供养菩萨像（图六）。窟内壁面多上下分段，中段开一排和二排列龛，上段为天宫伎乐，下段有本生因缘等故事。第259窟比较特殊，仅雕出半个中心柱，正壁龛内塑半跏坐的释迦多宝像。西魏、北周时期中心柱窟减少，但多大型洞窟。如第428窟是敦煌莫高窟北朝时期规模最大的中心柱窟。该窟被推定为北周时期任瓜州刺史的建平公于义所开凿[2]。这一时期仍是以中心柱窟为主，洞窟形制与北魏相似，平面均为纵长方形，

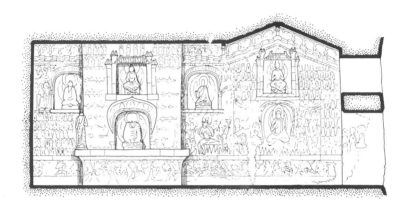

图六 莫高窟第 254 窟平、剖面图

前室多作人字披形，后室为平棊顶。中心柱窟还新出现四壁均开一龛的布局，龛内主尊佛像旁出现弟子像，有的洞窟龛外无浮塑。约在北魏晚期又新出现三壁一龛窟，即窟内仅正壁开一龛的形制。西魏、北周时期此类洞窟数量增多，成为莫高窟最流行的洞窟形制。洞窟平面为方形，正壁开一龛，龛内塑主尊佛像。窟顶主要流行覆斗顶，其次为前部人字披，后部平顶或前部平顶，后部人字披。个别洞窟只有人字披顶。典型洞窟有第249、293窟等。第249窟为西魏时期开凿的，可能是瓜州刺史东阳王元荣所开凿[3]。此外还有禅窟，其数量少，仅有第487、285窟二例。第487窟平面为长方形，中部偏西有方形低坛，窟顶前部为浮塑脊椽的人字披，后部为平顶。两侧壁各凿出四个小禅室，窟内原绘有壁画。第285窟有西魏大统四年和五年（538、539年）题记，洞窟平面为方形，覆斗顶，正壁正中开一大龛，两侧各开一小龛，龛内塑像，南、北两侧壁各凿出四个小禅室（图七）。这种形制的禅窟北朝以后就消失了。

窟内主尊塑像一般为释迦佛、弥勒佛或弥勒菩萨，主像两侧大都有二胁侍菩萨像，此外还有释迦多宝对坐像、释迦苦修像、菩萨像和禅僧像。北周时期则出现一佛二弟子二菩萨像的新组合。塑像背部多与壁面相连，个别较小的菩萨像是头部模制后接在躯干上的。有的中心柱和四壁上部贴有模制的影塑千佛、供养菩萨和飞天等像。北魏时期的塑像身体均较健壮，佛像面相浑圆，身着袒右式袈裟，或通肩袈裟，左臂处有袈裟衣边。衣纹一般为突起泥条式，有的用阴线刻出衣纹。年代稍早的佛像衣纹有分叉。菩萨像头戴宝冠，脸庞浑圆，颈下戴项圈，双肩披挂璎珞，披巾从头后沿双臂外侧下垂，绕双肘后，下垂身体两侧。有的上身袒露，有的斜披络腋。稍早的交脚菩萨像袒露的胸前塑出双蛇样式。菩萨下身均着羊肠大裙，下肢有明显的动态。影塑供养菩萨像身着通肩大衣。飞天姿态呈"U"字形，显得僵硬而稚拙。西魏时期新出现中原地区流行

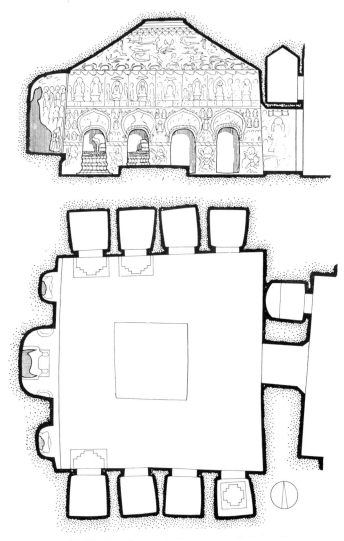

图七 莫高窟第 285 窟平、剖面图

的"秀骨清像"人物形象。最早出现这种样式的是第249窟，窟内壁画和塑像显示出与北魏时期开凿的洞窟截然不同的艺术风格。佛像面相清瘦，身着褒衣博带式袈裟。菩萨像双肩敷搭的宽博披巾于腹部交叉。飞天姿态显得清秀而优美。西魏大统四年（538年）前开凿的第285窟壁画中的佛和菩萨像也显示出同样风格。到了北周后期，塑像和壁画中的人物形象又出现了新的变化趋势，即由清瘦向体格丰满的形象转变，佛像面相方圆，头部比例明显增大，下身较短，一般身着褒衣博带式袈裟，也有着通肩袈裟的。

除了塑像外，窟内四壁及顶部均满绘壁画，窟顶一般绘有飞天，四壁壁画上下分栏，上栏绘天宫伎乐、凹凸凭台。下栏绘忍冬纹装饰带、药叉或供养人。中栏除千佛及一铺说法图外，有的后壁绘富有敦煌特色的白衣佛，还在重要位置绘佛传、本生和因缘故事。到了北周时期，这类故事画题材明显增多，而且还画到人字披或窟顶四披上。佛传故事主要是乘象入胎、夜半逾城、降魔成道、初传法轮等片段，但也有内容连续的长幅佛传故事画（图八）。本生类故事有萨埵那太子舍身饲虎，须达挐太子施舍，尸毗王割肉贸鸽，快目王施眼，虔阇尼婆梨王本生（剜身燃千灯），乾夷王施头，独角仙人，善事太子入海求宝，睒子深山奉养盲父母，须阇提太子搬兵复国，九色鹿舍己救人等。因缘类故事有沙弥守戒自杀缘品，施身闻偈，五百盲贼得眼成佛，微妙比丘尼现身说法缘品等。故事画的构图大多为横卷式连环画形式，个别为单幅式。另外西魏洞窟第285窟出现了北魏洞窟所无的新题材，如洞窟后壁绘有菩萨装和武士装的护法诸天和外道形象，有日天（伏羲）、月天（女娲）、三面六臂骑青牛的摩醯首罗天、三头八臂的毗瑟纽

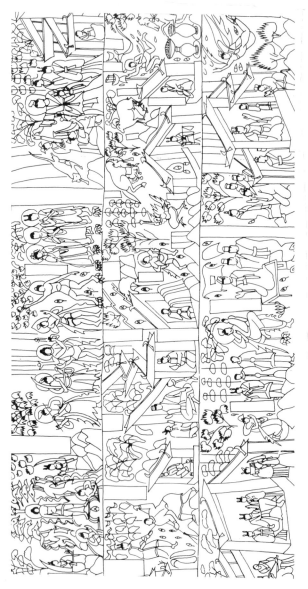

图八　莫高窟第 290 窟佛传故事局部

天、四臂骑孔雀的鸠摩罗天、象首人身的毗那夜迦天以及四天王等。同时期开凿的第249窟窟顶则有帝释天(东王公)、帝释天妃(西王母)和阿修罗天等。虽然对这些题材学术界有不同的看法，但总的来说，它受中原传统文化艺术的影响是毫无疑问的，很可能是东阳王元荣从中原带来的。北朝壁画的绘画方式前后也有一定的变化，北魏时期，多以土红色为底色，用青绿、赭、白等色敷彩，色调艳丽。人物面部和身体肌肉裸露部分一般采用西域地区流行的晕染法。西魏以后多以白色为底色，色调趋于清新雅致。人物面部采用中原地区流行的染色块的晕染方法。

隋唐时期（包括吐蕃占领和归义军张议潮统治敦煌时期）：隋唐帝国的统一，给佛教提供了南北文化和中西文化进一步融合和发展的契机。洞窟数量达三百多个，其中隋代达一百零一个。表明这一时期是莫高窟开凿洞窟的全盛期。

隋代，三壁一龛窟成为最流行的窟形，有的洞窟的窟顶前部为人字披顶，后部为平顶；亦有少数洞窟为后部平顶，前部人字披；另外还有覆斗顶。这种窟形虽然承袭了北朝同类洞窟的特点，不过隋代新出现龛平面呈"凸"字形的洞窟，使龛口成重形样式，内龛口一般绘莲叶柱，柱头覆莲，梁尾龙头穿火焰宝珠式。这一时期中心柱窟已不再流行，数量较少。在形制上，大体上沿用敦煌地区北朝中心柱窟的传统构造，为主室顶部前为人字披形、后为平顶的中心柱窟，中心柱的四面有的开龛，有的绘画。但也出现了与北朝中心柱窟差异很大的洞窟，如隋代开凿的第302（隋开皇四年，584年）和303窟，其前室为人字披，后室为平顶，中部设中心柱，中心柱下为基座，中部四壁各开一龛，上部为须弥山式，须弥山下方有四龙环绕(图九)。这是前所未有的新形制，很可能受到来自东部石

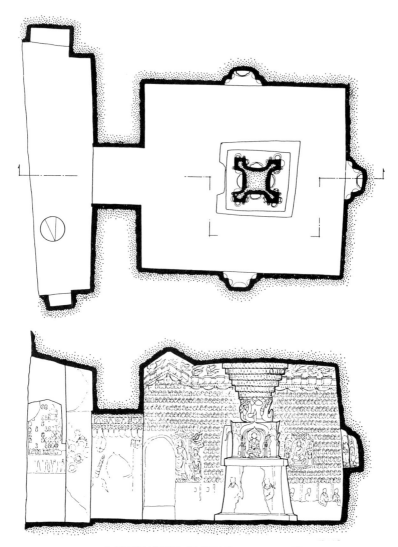

图九 莫高窟第 302 窟平、剖面图

窟寺的影响[4]，但隋代以后并不见这种形制了。又如隋代开凿的第427窟具有前后室，前室人字披顶，前室南北壁塑四天王，后壁窟门两侧各塑一力士像。主室前部为人字披顶，后部为平顶。中心柱正壁塑立佛和二菩萨像，主室前部二侧壁各塑一立佛二菩萨像，构成三佛组合。中心柱左、右、后三壁各开一龛。这种中心柱正壁塑立佛的作法可能与新疆克孜尔石窟的大像窟有一定关系。另外新出现了三壁三龛窟，即左、右、后三壁各开一龛的形制。洞窟平面为方形，覆斗顶，前室作人字披。有的整个窟顶作人字披式。这种窟形在中原地区出现较早，且广为流行，敦煌出现这种形制的洞窟，当是受东部石窟的影响。隋代开凿的第420、401窟和开皇五年（585年）开凿的第305窟就是这种窟形，不过第305窟比较特殊，似具有地方特色，如窟内正中设方形佛坛，坛上塑像。这为唐代后期敦煌流行的方坛背屏式洞窟开了先河。

窟内塑像一般为一佛二弟子二菩萨，或一佛二弟子四菩萨的组合。有的洞窟还增加了二力士和四天王的组合。此外有的洞窟出现一佛二菩萨为一组的立像和三组九身立像的新组合。隋代塑像主要延续了北周塑像的特点，但塑像头与身体的比例趋于和谐。佛像面相方圆，一般身着双领下垂式袈裟，新出现钩钮式袈裟的新型样式，即左肩处有带将袈裟衣边束起的样式。出现了菩萨像并流行上身着背带式僧祇支的服饰，披巾多横于腹膝二道，很少见到北朝时期披巾于腹部交叉或交叉穿环的样式。隋代的壁画题材与布局一般为壁面上下分三栏，上栏为天宫伎乐、凹凸凭台；下栏为忍冬纹装饰带、药叉或供养人；中栏为千佛及一铺说法图，有的出现整壁大幅多铺说法图或故事画。方形覆斗顶窟大都有斗四藻井，四披为大幅人物或故事画。这一时期莫高窟壁画中的题材种类较多，内涵丰富，大致有本生、佛传、经变等类。佛传多乘象入胎、夜半逾城等成组分布。经变类主要有涅槃变、维摩变、法华变（《序品》、《方便品》、《见宝塔品》、《观世音菩萨普门品》、《譬喻品》等）、弥勒变、药师经变、阿弥陀净土变和福田经变。本生类有萨埵太子舍身饲虎，须达那太子本生，独角仙人，善事太子，尸毗王本生，快目王施眼，婆梨王本生（剜身燃千灯），乾夷王施头等本生故事。但与北朝相比，隋代壁画题材有了明显的变化，因缘类故事消失，本生类故事的数量和种类都明显减少，新出现经变类，且大量流行。净土变题材非常引人注目。尤其是弥勒变题材较阿弥陀净土变更盛行。这种情况与中原地区阿弥陀信仰居于主导地位是不一样的。弥勒变与药师变或阿弥陀净土变分别绘于窟内左右壁的布局对敦煌唐代壁画题材有较大的影响。壁画组合有其特殊之处，即三壁一龛窟中正壁龛内塑主尊佛像，左右壁一般各绘一铺说法图，这是一种塑壁结合的特殊组合。敦煌三壁一龛窟大都采用壁塑相结合的方法。一般正壁为结跏坐佛，左或右壁为一铺倚坐菩萨，相对一铺为坐佛说法图。这样的题材可以解释为三世佛。另外有三结跏坐佛说法图；正壁倚坐佛，左右壁各一倚坐菩萨和倚坐佛说法图；三倚坐佛或三倚坐菩萨。按北朝晚期以来，倚坐佛和菩萨一般都是弥勒的形象。这样三倚坐佛或菩萨的组合，就应该解释为三弥勒像了，这反映了敦煌弥勒信仰的流行。另外，敦煌隋代石窟与中原其他地区不同的是：由于窟内壁面多为绘画来表现，故壁面的装饰纹样特别丰富，如许多洞窟窟内四角及窟顶都绘有联珠纹，以其作为壁面的分界线或一幅壁画的分界线。最有特色的是新出现的西方流行的环形联珠，内有对鸟、对兽等图案。

唐代基本延续了隋代洞窟的形制，主要流行三壁一龛窟，不过唐代正壁重龛口与隋代相比有所变化，如初唐时期的龛平面多为梯形，龛顶上仰，龛口向左右敞开，以便展示龛内塑像，增加了观像礼拜者视角上的效果。唐代后期龛平面多为横长方形，覆斗顶。龛内设倒凹字形坛基，坛基上塑像。典型洞窟如第 45 窟，方形，小覆斗顶，正壁大龛内塑一铺七身像，左右壁各绘观音经变和观无量寿经变，窟门处绘观世音和地藏菩萨像。这一时期中心柱窟数量较少。大体上沿用隋代中心柱窟的形制，平面为纵长方形，前部为人字披，后部为平顶。如武周圣历元年开凿的第 332 窟中心柱正壁和前室侧壁各塑一铺像的做法与隋代第 427、292 窟十分相似。但第 332 窟后部凿出横长方形龛，龛内塑涅槃像。盛唐时期开凿的第 39 窟中心柱正壁开龛，其他三壁均绘千佛，窟为三壁三龛式，后壁也凿涅槃像龛，内塑涅槃像。这种后壁设涅槃龛的做法为北朝和隋代洞窟所不见，而与龟兹石窟中心柱正面雕大佛、窟内后壁凿涅槃龛的传统有一定的关系，很可能受到西域地区石窟寺的影响。盛唐时期开凿的第 44 窟中心柱正壁开一龛，左右壁各开二龛，也与隋代的中心柱窟不同[5]。晚唐时期开凿的第 9、14 窟窟顶略有变化，顶部前为覆斗形、后为平顶，中心柱正壁开一龛。晚唐以后，中心柱窟消失，方形覆斗顶的三壁三龛窟仍然存在，但数量并不多。唐代，出现了大像窟、涅槃窟和佛坛窟等新型的洞窟形制。大像窟是唐前期新出现的，如著名的武周延载二年（695 年）开凿的北大像窟（第 96 窟）和唐开元九年（721 年）开凿的南大像窟（第 130 窟）[6]。窟高 30 米以上，其中南大像高 23 米，北大像高 33 米。大像窟分前后室，后室平面为方形，后壁贴壁为一身石胎泥塑倚坐弥勒大像，像两侧及后部凿出隧道式的礼拜道，可供佛教信徒绕佛巡礼。甬道上方凿出二至三个明窗，用以采光，前室依崖建多层木构窟檐建筑。卧佛窟（或称涅槃窟）规模较大，平面为横长方形，券顶或覆斗顶，主室后部设涅槃台，上塑大型卧佛像。莫高窟共有两座此类洞窟，即第 148 窟和第 158 窟。佛坛窟是盛唐以后受两京地区石窟影响而出现的。佛坛窟有带背屏和无背屏两种，多属大型洞窟。前者的典型洞窟如唐景福年间（892～893 年）开凿的第 196 窟以及第 138、94 窟，洞窟为纵长方形或方形，窟内正中略靠后侧设佛坛，坛上塑成铺的塑像，主尊佛像后部有直通壁顶的背屏。后者的典型洞窟有第76、85、161、234 窟，为方形覆斗顶，中心佛坛上不设背屏。这种佛坛窟形制应是仿自地面寺院殿堂的建筑形式，但中心佛坛的设置也有可能与密教活动有关[7]。

　　唐代塑像一般为一佛二弟子二菩萨二天王或二力士的组合。盛唐时期的造像雕刻水平高，表现手法细腻。最为典型的是第 45 窟等一批洞窟。佛像面相浑圆丰满，宽肩细腰，胸部及肢体丰满健美而不显臃肿。服饰主要流行袒右式袈裟，其右肩披覆偏衫衣角，其次为双领下垂式袈裟，通肩袈裟。衣纹为突起泥条状，衣褶稠叠下垂，紧裹身体及双腿，呈"曹衣出水"之式，并且显露足形，衣裙下摆遮覆于佛座上，呈倒山字形，并衬托出仰莲的外形，具有很强的湿纱贴座之感。菩萨像雕刻生动，富有活力。菩萨头束高发髻，颈戴华丽的项圈，肌体柔润而丰满，身姿扭成"S"形，体现了女性柔美的动感。上身斜缠天衣，头两侧冠带从双肩搭下，伴随身体的扭动而飘然下垂，充分体现了盛唐吴道子"吴带当风"的风韵。下身穿长裙，裙子紧贴臀部和双腿，衣纹雕成"U"字形，圆形的衣褶表现出柔和贴体质感。

初唐时期造像题材最大的变化是反映各佛教宗派信仰的题材开始流行。如反映净土信仰的阿弥陀佛和弥勒佛题材非常流行。初唐后期的则天朝时密宗题材开始出现并流行开来。洞窟内的塑像和壁画大多经过周密的设计，正壁龛内一般塑成铺塑像，龛内绘菩萨、弟子、龙天诸神，龛口两侧绘维摩变、文殊普贤或佛传乘象入胎、逾城出家。南北壁绘大型经变画。经变画主要有阿弥陀经变、法华经变、观无量寿经变、弥勒经变、维摩诘经变、东方药师经变、涅槃经变。西方净土变明显较隋代增多，并居主导地位，弥勒经变相对减少，新出现观无量寿经变，这充分反映了西方净土信仰在敦煌广泛流行[8]。初唐以后新出现了不少新的内容，如天请问经变、金刚经变、报恩经变、金光明经变、华严经变、楞伽经变、思益梵天问经变等。中唐时期观无量寿经变和西方净土变仍居主导地位，弥勒经变、东方药师经变的数量略有增加。晚唐时期，东方药师经变占据了主导地位。这充分反映了净土信仰在敦煌的广泛流行[9]。中唐时期新出现各种瑞像图、佛教史迹画以及屏风画。晚唐时期密宗图像大量流行，如十一面观音、千手千钵文殊、千手千眼观音、不空羂索观音、如意轮观音等，反映了中原两京地区流行的密教图像对敦煌的影响。供养人行列在唐代亦出现明显变化，其形体高大，占据甬道和窟内较显著的位置。最为典型的是第156窟的晚唐归义军节度使张议潮出行图和宋国夫人出行图。图为横卷式，有仪仗、音乐、舞蹈、随从护卫等人物，组成浩浩荡荡的出行行列，其场面之宏大，构图之精细，实属罕见，从而为在敦煌莫高窟洞窟内绘制为个人歌功颂德的壁画开创了先例。

五代、宋时期：后梁乾化四年（914年）曹议金取代张氏执掌归义军政权，到景祐三年（1036年）西夏占领敦煌为止，曹氏政权历经一百余年。曹氏诸代均崇佛法，在敦煌还仿照中原设立画院，在莫高窟和榆林窟开凿了许多规模巨大的洞窟。据统计，曹氏统治敦煌时期的洞窟有五十五个，其中十余个洞窟有纪年。如第98窟是曹议金为其婿于阗国王李圣天所开凿。其后，曹元深、曹元忠、曹延恭、曹延禄等都修建了大窟。尤其是曹元忠执政时期，石窟的开凿达到了顶峰[10]。这一时期的洞窟承袭了晚唐时期出现的佛坛窟。典型洞窟有第55、61、98、108等窟。平面略呈方形，覆斗顶，窟顶四角均有凹入的浅窝，画四大天王。中部靠后设凹字形佛坛，佛坛后部有背屏与窟顶相连，坛上塑像。个别洞窟仍为方形覆斗顶，三壁一龛式，如第100窟。下层的大型洞窟前还建有木构殿堂建筑，构成了前殿后窟的格局。塑像大部分被毁坏，保存较好的有第55和261窟。第55窟主尊为三倚坐佛，配以弟子、菩萨和天王像。第261窟为一坐佛二立菩萨二半跏菩萨二天王像。第61窟塑像虽毁，但从残迹看，原主尊为文殊菩萨像，这是比较特殊的。塑像基本上保留了晚唐的风格，然表现技法不如唐代精湛。这一时期的壁画大体承袭了唐代风格，而内容却较唐代更为丰富。在经变画中，东方药师经变、维摩诘经变、弥勒经变占主导地位，其他有华严经变、天请问经变、观无量寿经变、法华经变、思益梵天问经变、密严经变、梵网经变（图一〇）、报恩经变、金光明经变、楞伽经变等。屏风故事画和佛教史迹画也是这一时期所流行的。特别是佛教史迹画中的五台山图尤为引人注目。如第61窟通贯后壁的五台山图

图一〇 莫高窟第454窟梵网经变

是莫高窟最大的一幅壁画，画面上画有从河北道镇州经五台山至太原数百里的山川形势、城池、寺院、桥梁、亭阁和人物活动场面，堪称是一幅辉煌的巨作。供养人行列和出行图较以前有了发展，如第98窟曹议金父子、于阗国王及王后人物像都十分高大，第100窟的曹议金和回鹘公主出行图亦气势恢宏。

西夏、元时期：西夏和元统治河西三百余年。在敦煌莫高窟修建洞窟约八十余个，其中西夏七十七个、元代十余个。西夏洞窟大多数为改造和修缮前朝洞窟而建，在洞窟形制上很少有西夏特点，其壁画和塑像则主要沿袭了前期的风格，经变画和供养人的表现手法趋于程式化、简单化，少有重新之作。经变画的种类很少，仅有阿弥陀净土变和药师变等数种。西夏中期出现了回鹘王及其眷属的肖像画，表明有些洞窟的开凿可能与回鹘人有关[11]。西夏后期，藏传密教佛画和题材开始流行。元代洞窟都是新开凿的。洞窟形制有方形覆斗顶窟和中心柱窟，新出现方形窟中设圆形佛坛的形制，佛坛上塑像，四壁满绘密教图像，这是敦煌典型的藏密系统的洞窟。重要的元代洞窟有位于北区的第465窟。这是一座方形覆斗顶大窟，后室四壁和窟顶满绘藏密曼荼罗、各种明王愤怒像以及欢喜金刚像，这种形象被认为是受尼泊尔和印度影响的藏传佛教萨迦派的独特艺术[12]。开凿于元至正年间（1341～1370年）的第3窟表现出另一种风格，壁画中有甘州画师史小玉的墨书题记，壁画内容以密宗的千手千眼观世音菩萨像为主，人物均以铁线勾勒形体，用兰叶描和折芦描表现衣纹和披巾的转折顿挫，用高超的线描技巧来表现不同的质感，使人物形象更加生动感人，显示了元代绘画艺术的高度发展。另外第61窟元代所绘巨型炽盛光佛和黄道十二宫天象图也是敦煌莫高窟壁画中仅见的题材。

2. 敦煌莫高窟的发现与研究

莫高窟在明代曾一度荒废，到了清代，虽有文人游览莫高窟，其记述亦为学术界所重视，但并不是真正学术意义上的调查[13]。19世纪后期，俄国人曾在敦煌莫高窟做过一些调查，但未见考察资料发表。清光绪二十六年（1900年），敦煌道士王圆箓在清扫第16窟甬道北壁时偶然发现藏经洞。此窟原为唐河西僧洪䛒的影窟，现编号为第17窟，窟内储藏经卷文书三万余件及其他大量珍贵文物，这一惊人的发现揭开了敦煌莫高窟调查和研究工作的序幕。1907年，正在新疆进行考古的斯坦因听闻敦煌藏经洞事，即赴敦煌，在敦煌进行了二个多月的考察，并以厚礼诱骗王道士，从中劫去经卷文书九千余卷，其中完整者达三千余卷，另有绢画绣品等物五百余件。在敦煌的工作结束后，斯坦因又到安西考察了万佛峡（榆林窟）[14]。1908年2月，伯希和到达莫高窟，与先期到达的法国中亚探险团摄影师努埃特等会合（努埃特已做了洞窟的编号和洞窟遗址的草图），开始对石窟进行考察，伯希和对考察过的一百八十二个洞窟按洞窟位置、布局、外观、壁画内容、题记和彩塑等项做了详细记录，并进入藏经洞对劫余的经卷做了初步统计，拍摄了大量图片，还劫走了大量的壁画、幢幡、彩塑等珍贵文物。1920至1926年出版的六卷本《敦煌石窟图录》，共发表了努埃特所拍摄的图片三百七十六幅，这是关于莫高窟最早的一本图片记录，至今仍是研究敦煌石窟重要的参考书[15]。但伯希和并没有将他的调查笔记及抄录的题记及时整理出版。1945年，伯希和去世后，原稿为法国吉美博物馆收藏。自1981年始，法兰西学院亚洲研究所中亚和高地亚洲研究中心陆续整理刊布了六卷本《伯希和敦煌石室笔记》，这部书是作为《吉美博物馆所藏伯希和探险团文献》第11卷出版的[16]。由于自然和人为破坏，伯希和当年所录的许多内容尤其是很多题记已经消失或者模糊不清了，因此伯希和的调查笔记显得十分珍贵[17]。1924 和 1926 年，美国的华尔纳两次到西北考察，考察地区主要在敦煌和安西榆林窟，其中第二次组织的西北考察团在敦煌的停留时间最长[18]。1936 年，日本松本荣一在出版的《敦煌画の研究》一书中，对伯希和《敦煌石窟图录》以及伯希和、斯坦因劫往巴黎和伦敦的敦煌绢画、纸画等艺术品的题材内容做了详细考证，并叙述了敦煌的历史、佛教和艺术源流。这是 30 年代很有影响的研究成果[19]。

自敦煌藏经洞发现以来，中国学者开始关注在敦煌石窟发现的遗书。从 1909 年开始，罗振玉、蒋斧等先后整理和刊印了部分敦煌出土文书[20]。1925 年，陈万里到敦煌考察，在《西行日记》一书中对敦煌石窟的现状做了记录和介绍，引起了国内学术界的瞩目[21]。1931 年，贺昌群发表的《敦煌佛教艺术的系统》，在伯希和《敦煌石窟图录》的基础上，运用史料和敦煌文书的资料对整个敦煌和莫高窟的历史、佛教艺术进行了较全面的研究和介绍。40 年代，向达[22]、张大千[23]、谢稚柳[24]、史岩[25]、何正璜[26]等大批中国学者都到敦煌进行了学术考察和研究。但真正运用考古学方法对敦煌石窟进行考察的是石璋如先生。1942 年，石璋如参加西北史地考察团对敦煌的考察活动，在两个多月的时间里，将张大千所编的三百零五个洞窟及附属小窟，共计四百五十六个洞窟进行了测绘和记录。1996 年，台湾中央研究院历史语言研究所作为“田野工作报告之三”出版了石璋如的《莫高窟形》[27]。全书共分三册，第一册为洞窟形制的文字记录，采用逐窟分项的方式，记录有关形制的尺寸和洞窟简要内容。第二册为“窟图暨附录”，每个洞窟均有平面图，并在图上标注重要尺寸。第三册为图

版，为石璋如和劳干当年拍摄的四百三十七幅黑白图版。这是
迄今为止能够完整地提供莫高窟洞窟测图和数据的一部专著，
是研究莫高窟洞窟形制及相关问题的重要参考书[28]。

1951年，文化部等有关部门组织了敦煌石窟勘察团，对
莫高窟的地理环境、保存现状进行了详细的调查，并提出了地
理环境对莫高窟的影响以及莫高窟保护和修缮的建议[29]。国
内外学者对莫高窟的形制、石窟的编年、洞窟的塑像与壁画、
出土文书等进行了专题研究，取得了丰硕的成果。如阎文儒对
敦煌莫高窟的洞窟形制和塑像的发展演变做了分析研究[30]。
金维诺对敦煌的壁画艺术和题材内容等问题做了部分考述[31]。
日本学者福山敏男对敦煌石窟的编年做了论述[32]。从50年代
开始，考古学的方法被引入到敦煌石窟研究中，使敦煌石窟的
分期与排年有了新的突破。1956年，宿白首次运用考古学方
法，以第285窟纪年洞窟为标尺，对魏窟（北魏、西魏、北
周）进行了分期排年，提出了北魏洞窟的分期问题[33]。1962
年，宿白在敦煌文物研究所做了《敦煌七讲》学术专题报
告[34]，其内容是：一、敦煌二千年。二、石窟寺考古学简介。
三、石窟寺研究的业务基础知识。四、有关敦煌石窟的几个问
题（包括索靖题壁问题、从乐僔所联想的问题、试论敦煌魏隋
的性质、唐窟性质的逐渐变化、密教遗迹及其它）。五、敦煌
研究简介。六、石窟记录与排年。七、佛像的实测和《造像量
度经》。这次学术报告对于推动敦煌石窟考古学的调查与研究
具有指导性意义，敦煌以后的石窟考古研究工作就是在此基础
上进行的。用考古学方法对石窟进行分期排年，是石窟考古的
基础性研究工作。1962年，正是在宿白的指导下，敦煌研究
院的刘玉权从莫高窟和榆林窟一批过去被认为是宋代的洞窟

中，区分出西夏洞窟，并进一步做了排比和分期，这在西夏石窟研究中是有很大贡献的[35]。80年代以来，一批用考古学方法对莫高窟进行分期的文章相继问世。如1982年，敦煌研究所的樊锦诗、马世长、关友惠发表了《敦煌莫高窟北朝洞窟的分期》[36]，文中将北朝洞窟分为四期。第一期约相当于十六国北凉统治敦煌时期（421～439年）。第二期相当于北魏中期，约公元465至500年左右。第三期相当于东阳王元荣一家统治敦煌时期，即北魏孝昌元年以前至西魏大统十一年（525～545年间）。第四期相当于西魏大统十一年至隋开皇四年（545～585年），主要洞窟的开凿在北周时期。作者长期在敦煌从事石窟考古工作，充分掌握第一手资料。通过对洞窟形制、塑像、壁画、装饰图案等项的类型排比，文章比较全面地分析了它们各自在内容和表现形式上的差异与变化，以及它们之间的共存关系，揭示了其发展和演变的过程。这篇文章仅仅发表了结论部分。1984年，樊锦诗、关友惠、刘玉权又发表了《隋代洞窟的分期》，对莫高窟塑像和壁画保存较好的八十个隋代洞窟进行了分期研究，指出敦煌"隋代石窟处于石窟寺由产生向成熟期发展的过渡阶段。它直接继承了北朝石窟艺术，并吸收了中原和西域文化的丰富营养，不断地进行着探索和创造。时间虽短，却发生了很大的变化，它酝酿着更加辉煌灿烂的唐代石窟艺术"[37]。1983年，樊锦诗、刘玉权完成了《莫高窟唐前期洞窟的分期》。文章以唐建中二年（781年）吐蕃攻陷沙州为界，将唐代洞窟分为前后两个时期。前期莫高窟继承了隋代佛教艺术传统，又受中原两京地区文化艺术的影响，使石窟艺术的发展达到了顶峰[38]。同年，樊锦诗、赵青兰对莫高窟唐代吐蕃占领时期的洞窟进行了分期研究，将这一时期的洞窟分为早晚二期，并对各期洞窟的形制、题材内容、塑像样式、供养人服饰等特点做了详细的分析与研究[39]。1989年，李崇峰将被定为北朝第四期的十五个洞窟做了进一步的分期研究[40]。薄小莹、赵青兰也分别对莫高窟隋唐时期的装饰图案、中心柱窟进行了分期研究[41]。可以说80年代，敦煌研究院对莫高窟十六国至西夏的分期排年工作基本完成，这为多学科、多方位的研究莫高窟石窟艺术提供了年代标尺，具有重要的学术意义。当然对他们的个别洞窟的排年学术界也有不同看法，如被樊锦诗等定为第一期的第268、272和275窟，开凿年代约相当于十六国北凉统治敦煌时期（421～439年）。宿白在《莫高窟现存早期洞窟年代问题》一文中分析了莫高窟早期洞窟的洞窟形制、造像题材和壁画布局的特点，提出早期洞窟的开凿年代在北魏太和八年至十八年间（484～494年），而且明显受到首都平城云冈石窟的影响[42]。

50年代以来，敦煌研究所在史岩《敦煌石室画像题识》的基础上，博采前人所录的莫高窟供养人题记进行了多次整理、校对和增补，1986年出版了《敦煌莫高窟供养人题记》。同时，敦煌研究院对洞窟做了细致的调查、增补、修订，于1982年出版了《敦煌莫高窟内容总录》。虽然这两部书并不是很完善，但仍是研究莫高窟的重要参考资料。

窟前遗址的发掘是敦煌莫高窟的一项重要考古工作。1963年至1966年，敦煌文物研究所为了配合洞窟危崖加固工程，在南北长380米的范围内进行了大规模的发掘。"文化大革命"中发掘工作中断，1979年至1980年又做了发掘工作。两次发掘共发现五代、宋、西夏和元殿堂遗址二十二个与一批新的洞窟。这些殿堂遗址与洞窟的开凿或重修有密切关系，是研究莫高窟营造史的重要资料。第487窟等一批位于现地面4米以下的北魏洞窟的发掘，提供了北魏时期崖面的状况，为复原早期洞窟外观提供了依据[43]。1988年至1995年，敦煌研究院对北区洞窟进行全面清理和发掘，清理了二百四十三个洞窟，对北区洞窟的性质和内涵有了新的认识。从清理情况看，这批洞窟的形制主要有僧房窟、禅窟（包括单室和多室禅窟）、僧房窟附设禅窟、瘗窟、礼佛窟和廪窟，还有一些用途不明的洞窟。从年代上看，从北朝一直延续到元代。洞窟开凿次序以中段为早，以后陆续向两侧开凿。这次发掘表明北区洞窟主要是供僧众生前生活、居住、禅修，死后瘗埋的区域，是莫高窟不可分割的组成部分[44]。

（二）安西榆林窟

属于敦煌莫高窟艺术体系的石窟，还有安西榆林窟、东西千佛洞等，这是敦煌石窟的重要组成部分。20世纪初，斯坦因曾到安西考察了万佛峡（榆林窟）。20年代，美国的华尔纳也曾到安西榆林窟进行考察。40年代，向达、张大千、阎文儒等做过调查和编号工作[45]。50年代初，敦煌文物研究所对榆林窟进行了较为详细的考察[46]。80年代，敦煌研究院编著出版了《中国石窟·安西榆林窟》，对榆林窟的壁画艺术和西千佛洞石窟的概况做了研究和叙述。尤其是霍熙亮在莫高窟和榆林窟发现了根据《梵网经》绘制的梵网经变，并对这一题材做了详细的考证和画面的释读，这是敦煌石窟壁画题材考释上的突出成果[47]。

榆林窟，也称万佛峡，位于安西县西南75公里踏实河东西两岸的断崖上。现存洞窟四十二个，其中东岸三十一个，分上下二层分布，西岸十一个。两岸洞窟隔河相望。榆林窟始凿于何时，并没有明确的开凿纪年，故学术界仍有分歧。向达认为榆林窟的中心柱窟，"以莫高窟形制证之，皆元魏遗制也，颇疑榆林窟创建年代与莫高窟应相去不远"[48]。马世长也认为榆林窟始凿于北魏时期，但缺少足够的证据[49]。段文杰认为最早的中心柱窟，在莫高窟唐代洞窟中也存在，不是北朝所特有，所以他认为榆林窟开创于初唐时期[50]。从洞窟的形制看，榆林窟中心柱均四面开龛，这种形制与莫高窟唐代中心柱正壁开龛是不同的，而与北朝洞窟一致。榆林窟有的中心柱左、右、后甬道为券顶式，则与玉门昌马石窟、酒泉文殊山石窟北朝中心柱一致。因此榆林窟的中心柱窟是有可能开凿于北朝时期，不过现存的塑像与壁画是唐及以后重修的。

从塑像和壁画看，榆林窟现存洞窟为初唐至元开凿的。主要窟形是方形、长方形窟以及窟内中心设佛坛的佛坛窟（图一一）。中心柱窟仅有三座（第 17、28、39 窟），平面方形或长方形，有人字披或一面坡的前室。另外还有一座大佛窟（第 6 窟），窟为椭圆形，穹隆顶，为唐代开凿，窟内塑高达 23 米的倚坐弥勒大佛。唐宋时期的洞窟中有的凿出与左右洞窟相连的前室和长甬道。这种形制是其他石窟寺中所罕见的。初盛唐时期的壁画大都在五代宋初时期被覆盖。保存较好的只有吐蕃占领敦煌时期开凿的第 25 窟和 15 窟。其中第 25 窟最为完整，主室内绘制了大幅经变画，正壁为八大菩萨曼荼罗和药师立佛，左右壁分别为观无量寿经变和弥勒经变，前壁窟门两侧绘文殊变和普贤变，窟内壁面下部为供养人行列。这些经变画构图完整，场面宏大，形象生动，色泽艳丽，与同时期的莫高窟壁

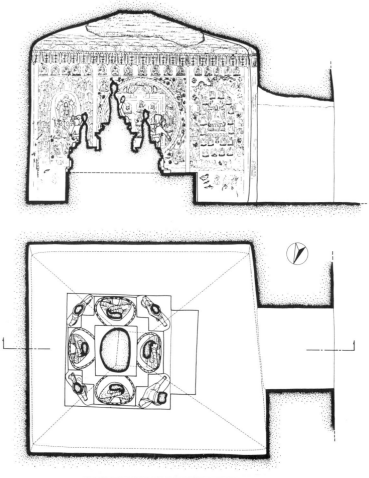

图一一 榆林窟第4窟平、剖面图

画十分相似。在归义军曹氏家族统治瓜沙时期，莫高窟和榆林窟的开凿都达到了鼎盛，其中曹氏家族在榆林窟开凿的洞窟共达二十八座。窟内壁画内容十分丰富，有药师变、西方净土变、弥勒经变、维摩诘经变、法华经变、降魔变、地狱变、报恩经变、梵网经变等。甬道两侧绘曹氏家族供养人行列，其形体高大，占据了甬道的显要位置。西夏和元代，榆林窟出现了显密结合的壁画内容。多种形式的曼荼罗以及水月观音、唐僧取经等都是富有特色的题材。此外，西夏和蒙古贵族的供养人题名也是研究这一时期佛教发展的重要资料。

西千佛洞位于敦煌城西南约30公里处，洞窟开凿于党河北岸的峭壁上，保存着北魏至五代各个时期的洞窟二十二个，洞窟形制、塑像壁画等与莫高窟同时期的洞窟基本一致。北朝以中心柱窟为主，有人字披的前室，中心柱窟四面开龛。隋以后的洞窟大多为方形覆斗顶窟，壁画内容有本生、经变等。比较特殊的是五代开凿的第19窟，其内塑有十六罗汉像，这是敦煌所仅见的。

（三）武威天梯山石窟

在河西走廊诸石窟中，凉州石窟是学者们非常熟悉的名称，研究中国佛教美术史常常会提到凉州石窟。唐道宣所撰《集神州三宝感通录》卷中是这样描述的：

> 凉州石崖塑瑞像者。昔沮渠蒙逊以晋安帝隆安元年（397年）据有凉土三十余载，陇西五凉，斯最久盛。专崇福业，以国城寺塔，修非永固，古来帝宫，终逢煨烬，若依立之，效犹斯及。又用金宝，终被毁盗，乃顾眄山宇，可以终天，于州南百里，连崖绵亘，就而研窟，安设尊仪，或石或塑，千变万化。

十六国时期，凉州（今甘肃武威市）是西北地区佛教中

心，塔寺林立，高僧云集，佛教兴盛。北魏灭北凉后，"徙其
国人于京邑，沙门佛事皆俱东，像教弥增矣"（《魏书·释老
志》）。可见凉州佛教的输入对北魏平城佛教的兴盛具有深远的
影响。而云冈石窟寺也是来自凉州的禅僧昙曜主持开凿的，很
显然，云冈石窟与凉州石窟是有渊源关系的。但凉州石窟在唐
代以后的文献中已不见记载。那么凉州石窟到底在哪里？它的
整体面貌怎样？其在石窟艺术发展史的地位究竟如何？这是学
术界最为关注的事。因此，只有找到凉州石窟，这些困扰学术
界的诸多问题才能迎刃而解，于是寻找凉州石窟便成了一代学
者的梦想。1942 年，向达应国立中央研究院之邀，参加西北
史地考察组，在去敦煌考察途经武威时，曾以凉州石窟之所在
叩问郝仁甫，郝先生并不知道凉州石窟，但提到武威城南近百
里的张义堡山中有大佛寺（即天梯山石窟），佛为石镌，寺左
右石崖上有石窟遗迹。1927 年武威大地震，石崩崖摧，多不
可辨。向达便怀疑它是凉州石窟之所在，但遗憾的是未能到现
场进行考察[51]。1952 年，冯国瑞由兰州到武威，听说唐榴亭
副县长曾推测天梯山便是凉州石窟，于是与朱祖鳌同行对天梯
山石窟做了试探性的踏查，并在甘肃日报上发表了一则简单的
报道，引起了考古界的极大关注。根据种种迹象，学术界似乎
看到了破解凉州石窟之谜的曙光。1953 年，史岩参加中央美
术学院敦煌文物考察队去西北，在由敦煌返回途中，在唐副县
长的帮助下，调查了天梯山石窟，做了比较详细的记录、测
绘，并拍摄了照片。根据洞窟形制等特点，他认为天梯山就是
唐道宣所记北凉沮渠蒙逊开凿的凉州石窟。由于天梯山最大的
洞窟第 18 窟已在地震中坍塌，并被泥沙所掩埋，这次考察史
岩只是听说了大中心柱窟的存在，所以怀疑这座淹没的洞窟为

沮渠蒙逊所创，但推测洞窟现在已经不存在了[52]。1958 年，因在天梯山西侧修建黄羊河水库，估计水位有可能将石窟群淹没，故由敦煌文物研究所和甘肃省博物馆对石窟内的塑像和壁画进行了搬迁与清理。这次搬迁发现了第 1、4 窟北凉时期菩萨、莲花化生、忍冬纹带等壁画。最重要的是发现并清理了第 18 窟[53]。据此，可以确定所谓凉州石崖就是今天的武威城南 50 公里处的天梯山石窟[54]。

天梯山石窟是由北凉皇室经营的，开凿石窟的目的除了做功德外，最重要的是石窟造像可以长久保存下来，以备法灭。这与《涅槃经》在凉州的翻译以及末法思想在凉州的流行有密切关系。在某种程度上，凉州石窟的开凿受到了末法思潮的影响。天梯山石窟中的北凉洞窟有第 1、4、16 至 18 窟。开窟年代约在北凉统治者沮渠蒙逊自张掖迁姑臧（今甘肃武威）之后（412 年），到蒙逊去世以前（433 年）。其中第 18 窟规模最大，居于窟群西部的最显要位置。该窟分前后室，前室较宽，前壁和窟顶已坍塌，从侧壁可以看出原来窟顶为人字披式，前壁地面残留有三个门道的遗迹。从遗迹可以看出，前室平面为横长方形，面宽 14.9 米，进深 5.5 米，高 5.5 米。有仿木式的人字披顶和三个可供出入的门道。后室略窄，平面方形，面宽 10.5 米，进深 8.6 米，高 5 米。覆斗顶式。后室正中凿出三层塔式的中心柱，每层塔均上大下小，呈倒梯形，这是河西中心柱窟的特点之一。下面二层每面开三个稍大的圆拱尖楣龛，上层每面开五个稍小的圆拱尖楣龛，龛梁下垂为龛柱，这是较为原始的圆拱龛样式。每个龛内均有一石胎泥塑的结跏坐佛。佛像曾经明代重妆，但泥皮剥落后露出塑像原貌。佛像身体宽厚，身着袈裟，右肩处有袈裟衣边，这种形象与出土的北凉石

塔中的佛像是一致的（图一二）。第17窟位居第18窟之上，
两窟规模相当，构成一洞窟组合（中心柱窟与大像窟的组合）。
遗憾的是第17窟大部分已毁。从残迹看，洞窟平面为横长方
形，面宽15.4米，进深约9.2米。窟顶形制不清，左右壁无
像，后壁西侧现残存有木骨泥塑像，原窟极有可能与第16窟
相同，属于大像窟。第1、4、16窟构成了中心柱与大像窟的
组合形式。三窟规模均较小，紧邻第17、18窟。洞窟呈上下
层分布，下层第4窟和中层第1窟均为方形，覆斗顶。窟内中
央设中心柱，形制与第18窟相仿。第4窟中心柱为二层塔式，
第1窟中心柱为三层塔式。每层一般开一龛，窟内三面均有
千佛影塑。第16窟窟顶及前壁已毁，正壁雕一石胎泥塑的立

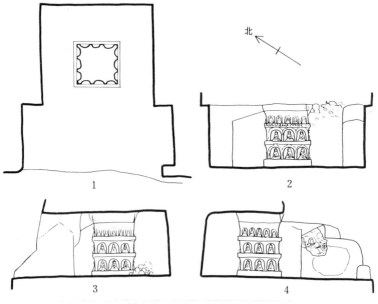

图一二　天梯山第18窟平面及中心柱四面立面图

佛像。这种形制的大像窟与新疆古龟兹地区石窟寺的大像窟是不同的，但中心柱窟与大像窟的组合可能受到来自古龟兹地区石窟寺的影响，尤其是第1、4窟剥出壁画中的北凉菩萨像。如第4窟的胁侍菩萨像头束低平的发髻，发辫垂搭于后背及双肩，脸庞浑圆，细眉上挑，大眼尖鼻，双唇较厚，披巾从身后前绕双臂下垂，颈下垂挂珠饰项圈，宽肩细腰，胯部扭向左侧，上身袒露，下身着紧身长裙，左手上举，右手下垂持净瓶，体态优美，这种形象颇有西域情调。第1窟的供养菩萨亦与此同，但此种样式与同时期的炳灵寺第169窟的菩萨像不太相同。这些作品造型之生动，绘画水平之高超，堪称北凉时期的艺术佳作。

天梯山石窟是河西走廊现存有年代可考的最早的石窟寺之一，它对河西早期石窟影响较大。如作为主要窟形的中心柱窟，在河西地区延续的时间较长。年代略晚于天梯山石窟的金塔寺和马蹄寺的中心柱窟基本上都承袭了凉州石窟[55]。敦煌早期中心柱窟第251、259窟等前室都使用了天梯山第18窟人字披结构，这种做法在敦煌石窟中延续时间很长，可以说与凉州石窟是一脉相承的。云冈第二期开凿的第11、6、1、2窟，中心柱为方形，二或三层楼阁塔式，其形制也明显承袭了凉州石窟。因此，凉州石窟的发现对于研究这一地区的石窟寺以及其与云冈石窟的关系具有重要的学术意义。

（四）张掖金塔寺与马蹄寺石窟

除了天梯山石窟外，河西走廊分布着许多早期石窟，其中张掖地区祁连山一带分布较多，如金塔寺石窟和马蹄寺石窟。

早在 40 年代，学术界已经注意到张掖地区的早期石窟寺。
1942 年，西北史地考察团地理组吴印禅、李承三、周廷儒曾
考察过马蹄寺石窟，但未见考察资料发表。50 年代史岩又曾
做过许多调查，发现了散落在祁连山的石窟寺[56]。1963 年，
甘肃省文物工作队组织考古人员进行了详细的考察[57]。80 年
代，甘肃省文物考古研究所在 1963 年调查的基础上又做了勘
察与研究，编著了《河西石窟》一书，发表了大量 60 年代和
80 年代拍摄的石窟造像与壁画的图片[58]。这批资料的刊布对
于研究河西石窟的发展演变以及与中原和新疆石窟的关系具有
重要意义。1994 年北京大学考古学系对河西石窟重新做了调
查、实测、记录和摄影，又有不少新发现。

金塔寺石窟位于张掖之南约 60 公里的肃南裕固族自治县
境内临松山西面的崇山峻岭中。这里地势高峻，海拔约在
3000 米以上。山上云杉茂密，白云缭绕，气候寒冷，即使在
盛夏，亦能感受到阵阵寒意。山前峡谷中大都麻河缓缓流过，
洞窟即开凿在西岸的红砂岩崖壁上。洞窟共有二个，称为东窟
和西窟。两窟均为方形覆斗顶的中心柱窟，前壁均已坍塌。东
窟规模较大，中心柱三层四面开龛（图一三）。下层每面正中
开一圆拱龛，龛楣下端塑出反顾的龙头，龛内塑一身结跏坐佛
像，龛外两侧除北面为二弟子外，均塑二胁侍菩萨像。中层每
面各开三个圆拱形浅龛，龛内塑佛像，其中东、西、中龛内为
交脚佛，西壁南龛为释迦苦修像，佛像身后塑半身菩萨像、千
佛和飞天等。上层塑出十佛和十一菩萨像。窟内三壁正中各绘
一铺一佛二菩萨说法图，周围为千佛像。窟顶绘成排立佛像，
佛像脸部有西域流行的晕染。西窟规模略小，中心柱亦分
上下层，布局与东窟大体相似。下层每面各开一龛，龛内塑一

图一三 金塔寺东窟中心柱西壁立面图

结跏趺坐佛。中层依壁塑佛像，正壁主尊为明代塑菩萨像，其他三壁分别绘交脚佛、半跏思惟菩萨、倚坐佛。这种造像组合形式比较特殊。上层塑小佛像。最引人注目的是：窟顶下缘绘出一排侧身的供养菩萨像，顶部则绘成排的飞天。供养菩萨头束髻，侧脸右面，双手合十，或持供物，作半跪状。飞天头束髻或似戴帽，亦为侧身和侧脸，深目高鼻，下巴突出，所表现的明显为胡人形象。飞天身着袒右式袈裟，或上身袒露，下着长裙，体格魁伟，身姿呈"U"形。这些人物形象与敦煌早期洞窟壁画有明显的差异，而与新疆古龟兹的石窟寺比较接近。绘画形象均先用朱色勾出身体轮廓，再涂其他颜色。

马蹄寺石窟位于张掖市马蹄区公署马蹄山及其附近，分为千佛洞、南寺、北寺三个区域。南、北寺开凿年代较晚，大部分洞窟属于蒙元时期。千佛洞区属于早期洞窟，开凿于马蹄山北面3公里处陡峭的红砂岩崖面上，前临马蹄河，视野十分开阔。洞窟共有八个，主要开凿于北朝时期。保存稍好的有第1至4窟和第8窟。第1窟为大像窟，具前后室。前室横长方形，人字披披顶。后室方形，窟内中央设中心柱。中心柱仅正壁开一大龛，龛内雕一尊立佛像，佛像经后代重妆，已失原貌。左、右、后三壁较低，凿成券形顶，从而构成隧道式的礼拜道。这种窟形与新疆地区的大像窟有相似之处。窟内诸壁及中心柱左、右、后三壁原均有壁画，但为后代泥皮所覆盖。从暴露出的壁画看，有"地神奉花供养"的人物形象。第2窟紧邻第1窟，为方形中心柱窟。中心柱分上下四层，下层每面各开一龛，龛内塑一身佛像，龛外塑胁侍菩萨像。上面三层每面均塑三身佛像。上层之上，发现了附有榜题的十方佛壁画题材。第4和第8窟也为方形中心柱窟，与天梯山中心柱窟不同的是，窟内左右壁前侧各凿一龛。第8窟为平顶，中心柱分上下二层。下层四面各开一圆拱龛，束腰藤座式龛柱，柱头上为回首反顾的龙，龛内原塑主尊佛像，60年代正壁龛外尚有身着通肩袈裟的立像，右壁龛内在北魏晚期时绘有释迦多宝对坐像。上层塑上、中、下三排小佛像。第4窟前部为人字披，围绕中心柱为券顶式的甬道。中心柱为单层，仅正壁一龛，龛内塑结跏趺坐佛，龛边泥皮剥落处可见北魏时期所绘供养菩萨像、弟子像以及世俗供养人行列，人物形态十分生动。左右壁前侧龛内各塑一立佛像，与中心柱正壁构成三佛组合。第3窟为三壁三龛式洞窟，保存有北魏晚期的壁画。三壁三龛窟是中原地区流行的洞窟形制，河西地区较为少见。从这一点可以看出，北魏时期的河西石窟也受到中原石窟的很大影响。

（五）酒泉文殊山石窟

文殊山石窟位于距酒泉城26公里的肃南县祁公乡乡政府附近。石窟分前山区和后山区两部分。1954年，史岩曾做过调查，共发现了六个中心柱窟，他将其年代定为北朝时期[59]。1963年，甘肃省文物工作队经过考察，对前山区的千佛洞和万佛洞做了详细报道[60]。1994年，北京大学考古学系又进行了详细调查，新发现了二个中心柱窟及禅窟等早期洞窟，另外还有一百余座不易判断年代的洞窟。文殊山保存有塑像和壁画的洞窟均为中心柱窟。中心柱窟平面均为方形，围绕中心柱为券顶式的甬道。中心柱一般为上下二层，个别为单层，每面开一圆拱尖楣龛，龛柱为圆形，柱头饰覆莲（图一四）。保存较好的有前山千佛洞，中心柱上下二层，龛内均塑一结跏趺坐佛，龛外两侧塑胁侍菩萨像。佛像头均毁，身体宽厚，双手施禅定印，身着通肩袈裟，左肩外有偏衫衣角，袈裟上用细阴线刻划出田相格。菩萨像上身袒露，披巾绕双臂外扬，有的刻折带纹，下身着裙，亦刻划出田相格。窟内右壁保存一幅完整的释迦说法图，释迦头上有伞盖，身后为火焰背光，身着袒右式袈裟,右肩有偏衫衣角,双手施说法印。两侧菩萨头扎上飘

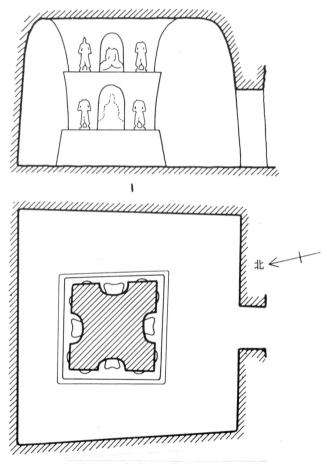

图一四　文殊山万佛洞平、剖面图

的宝缯，颈下戴项圈，上身斜披络腋，下身着裙，身体有明显
的扭动，表现出优美的体态。说法图旁为世俗供养人。前壁壁
画分成三栏，下栏为忍冬纹带，其下为三角垂饰。中栏一列立

佛像，据榜题可知为十方佛。佛像下为身着汉装的世俗供养人行列，上为千佛。上栏为凹凸平台及甬道顶部的飞天。佛、菩萨、飞天的脸部均采用西域流行的晕染法。最为重要的是后山千佛洞保存的大量壁画，虽然有些为后代重妆，但透过外层，可以看到最早的壁画内容。如中心柱正壁上层绘有一排七身天宫伎乐像，窟内四壁上栏每排绘十身，中栏似为说法图和千佛，下栏不明。天宫伎乐的构图与敦煌早期洞窟的构图相似，下为凹凸平台，上为圆拱形龛，龛柱为"T"字形，龛内有半身伎乐像和菩萨形象。甬道顶部保存着原有斗四平棊的壁画图案，每个平棊的中心为莲叶翻转的莲花图案，边饰的植物花纹种类繁多，有波状忍冬纹、环形忍冬纹、四出忍冬纹等。尤其是甬道转角处所绘二身飞天和对鸟图案，非常引人注目。飞天头束髻，脸形丰满，大眼厚唇，丰乳细腰宽臀，身体健壮，颇有西域情调。对鸟的构图为二鸟相对，鸟首均朝向一面，颈部似扎短巾，长尾，双足立于莲叶上。这种图案是西域流行的样式，为研究河西走廊早期石窟的渊源提供了新的资料。禅窟平面为纵长方形，券洞式窟顶。窟内后壁开二个小禅室，左右壁各开四个小禅室。这种三壁附有小禅室的洞窟源于古代印度的石窟寺，在新疆地区石窟寺中较为多见，但在河西地区，以前仅见于敦煌莫高窟北魏时期的第 487 窟和西魏开凿的第 285 窟，敦煌以东则未有实例。这个禅窟的发现说明：5 世纪时，河西地区已经出现了这种形制的洞窟。

（六）河西地区其他早期石窟寺

50 年代以来，河西地区还发现了不少早期石窟寺，重要的有玉门昌马、张掖下观音洞、民乐童子坝和肃北五个庙石窟。

昌马石窟位于玉门镇东南90公里处祁连山境内的昌马河畔。石窟有大坝和下窖二处，前者塑像与壁画已不存，后者保存稍好。下窖共有窟龛十一个，其中第2、4窟保存较好。这两个窟平面略呈纵长方形，窟内前部为横券顶，后部中央设中心柱，围绕中心柱为较低的券顶式甬道。中心柱分上下层，每面各开一圆拱龛，龛内塑一佛二菩萨像。窟内其他壁面均为西夏时期所绘壁画。佛像面相长圆丰满，身着通肩袈裟，双手施禅定印。整体形象与云冈石窟孝文帝时期开凿的第二期洞窟十分相似。菩萨像的形象则与文殊山石窟比较接近。据此，昌马石窟的开凿年代约在北魏孝文帝时期。

下观音洞位于张掖金塔寺附近，为一大型中心柱窟。洞窟分为前后室。前室较宽，平面为横长方形，人字披顶，并雕刻出脊檩。比较特殊的是前室右壁下方凿有一小禅窟。后室略窄，平面为方形，覆斗顶，后室前侧两角及中心柱四角雕刻有立柱，中心柱下为束腰须弥座式的坛基。中心柱为方柱体，分上下二层，每层均开一龛，龛内塑像已不存。窟内及中心柱壁面均为后代泥皮所覆盖，从中心柱后壁剥落处可以看到早期飞天的形象。从洞窟形制看，其与天梯山第18窟较为相似，但开凿年代略晚，应在北魏后期。

童子坝石窟位于民乐县城东10公里处的翟寨子水库对面山上，属于早期洞窟的共有三个中心柱窟。洞窟残破严重，平面均为方形，券顶式甬道。中心柱单层四面开龛，龛内塑像已不存。窟内壁面原绘有壁画，但为后代泥皮所覆盖，从剥落处原有千佛题材、佛像面部均用晕染画法来看，其开凿年代应在北魏时期。

肃北五个庙石窟位于肃北蒙古族自治县城北 20 公里处，现存六个洞窟，其中第 1、5、6 窟为中心柱窟，2、4 窟为三壁一龛窟。早期壁画已基本不见或被覆盖，现存多为西夏时期所绘。从第 5 窟的洞窟形制看，中心柱为上下二层，每层上大下小，呈倒梯字形。三壁一龛窟为人字披顶，龛均浮塑龛柱、龛楣和龛梁。这些特点与敦煌北朝晚期洞窟相似，故五个庙石窟应开凿于北朝时期[61]。

河西走廊早期石窟寺是中国石窟寺艺术发展演变中的一个重要环节，它的发现为研究石窟寺的传播路线以及西域与中原石窟的关系提供了实物资料。除了天梯山石窟有文献可证为北凉时期开凿外，其他河西走廊的早期石窟寺均缺少相关的文献和文字记录，故目前学术界对河西走廊早期石窟寺的开凿年代看法不尽相同。董玉祥在《河西石窟》一书《河西走廊马蹄寺、文殊山、昌马石窟群》一节中认为："现存于金塔寺、千佛洞等石窟内一些早期洞窟的形制、造像与壁画，其特点与风格，都与武威天梯山早期洞窟极为一致。这种一致性，绝不是偶然的巧合，而说明了它们之间不可分割的关系……初步估计可能在北凉时期。"[62]张宝玺在《河西北朝中心柱窟》一文中从河西石窟最主要的窟型——中心柱窟入手，对敦煌莫高窟、五个庙石窟、昌马石窟、文殊山石窟、金塔寺石窟、马蹄寺石窟、天梯山石窟等十二处石窟的洞窟形制、造像组合和造像特点进行了分析，认为河西地区现存的中心柱窟为北魏时期开凿，金塔寺、马蹄寺、文殊山等早期洞窟的开凿年代约在北魏孝文帝太和年间，年代晚于云冈的中心柱窟，而且较多地受到中原佛教石窟艺术的影响[63]。这是一篇较为系统的研究河西地区中心柱窟的文章，文章所论有一定的道理。但作者未能亲眼看到天梯山第17、18窟等遗迹，故提出了天梯山三个中心柱窟是否为北凉遗迹值得研究的疑问。这种观点尚缺少说服力。宿白在《凉州石窟遗迹与"凉州模式"》一文中总结了河西早期洞窟的特点，概括出我国新疆以东现存最早的佛教石窟模式——凉州模式，其内容大体包括："1.有设置大像的佛殿窟，较多的是方形或长方形平面的塔庙窟。塔庙窟窟内的中心柱，每层上宽下窄，有的方形塔庙窟还设有前室，如酒泉文殊山千佛洞之例。2.主要佛像有释迦、交脚菩萨装的弥勒。其次有佛装弥勒、思惟菩萨和酒泉文殊山前山千佛洞出现的成组的十方佛。以上诸像，除成组的十方佛为立像外，皆是坐像。3.窟壁主要画千佛。酒泉文殊山前山千佛洞中出现说法图，壁下部出现了供养人行列。4.边饰花纹有二方连续式的花生忍冬。5.佛和菩萨的面相浑圆，眼多细长型，深目高鼻，身躯健壮。菩萨、飞天姿态多样，造型生动。飞天形体较大。"作者结合有十六国西秦建弘元年题记的炳灵寺第169窟塑画特点进行分析，将凉州系统的石窟造像分为两个阶段。"早期可参考天梯山残存遗迹、酒泉等地出土的北凉石塔和炳灵寺第一期龛像；晚期可参考肃南金塔寺、酒泉文殊山前山千佛洞和炳灵寺第二期龛像"。认为：金塔寺东、西窟和文殊山前山千佛洞要早于敦煌现存最早的第272、275、254、259等窟，"因此，早于敦煌莫高窟现存早期洞窟的这三座塔庙窟的开凿，有可能出自北凉时期；或是北凉亡后，这里沿袭了凉州佛教艺术的系统而开凿的"[64]。除了分期以外，宿白又探讨了凉州系统窟龛造像的渊源，指出凉州窟龛造像主要来源于新疆，龟兹盛小乘，多凿石窟；于阗习大乘，盛建塔寺。这两个系统的佛教

及其艺术，于新疆以东首先融会于凉州地区。而靠东的炳灵寺
石窟则更多地受到长安的影响。此外，日本学者八木春生也探
讨了河西石窟与云冈石窟的关系[65]。

注 释

[1] 此碑现存敦煌研究院，石已破损，北京大学图书馆藏有旧拓本，参见宿白
《〈李君莫高窟佛龛碑〉三种拓本与两种录文合抄》，刊于宿白《中国石窟寺研
究》附录三，文物出版社 1996 年版。

[2] 宿白认为建平公有可能在 558～560 年之间或 564～578 年之间出任瓜州刺史，
并开凿了第 428 窟。参见《东阳王与建平公（二稿）》，《敦煌吐鲁番文献研究
论集》第四辑，北京大学出版社 1987 年版。

[3] 宿白根据敦煌出土文书中有关元荣写经的尾题，以及与元荣有关的写经尾题，
比照第 249 窟的主要题材内容，确定了第 249 窟为元荣所开凿的一个大窟
（《东阳王与建平公（二稿）》，《敦煌吐鲁番文献研究论集》第四辑，北京大学
出版社 1987 年版）。敦煌研究院贺世哲则认为东阳王元荣所修大窟应是第
285 窟（《从供养人题记看莫高窟部分洞窟的营造年代》，《敦煌莫高窟供养人
题记》，文物出版社 1986 年版）。

[4] 如辽宁义县万佛堂石窟的西区第 1 窟中心柱窟，中心柱四角上方小塔下即有
盘龙缠绕的须弥山。参见刘建华《万佛堂北魏石窟窟龛形制之研究》图九，
文刊吉林大学考古系编《青果集·吉林大学考古系建系十周年纪念文集》，知
识出版社 1998 年版。

[5] 第 39、44 窟被定为盛唐洞窟，参见史苇湘《关于敦煌莫高窟内容总录》，《敦
煌莫高窟内容总录》，文物出版社 1982 年版。

[6] 据第 156 窟晚唐人所书《莫高窟记》记载："（武周）延载二年（695 年），禅
师灵隐共居士阴祖等造北大像，高一百四十尺。开元中（为开元九年，721
年）僧处谚与乡人马思忠等造南大像，高一百二十尺。"参见宿白《〈莫高窟
记〉跋》，原刊于《文物参考资料》1955 年第 2 期，后收入《中国石窟寺研
究》一书。

[7] 关于这些中心佛坛的用意，学者们根据窟内的佛教内容做出了种种推测：莫
高窟第 305 窟与龙门的擂鼓台南洞都含有密教的内容，它们的中心矮坛有可

能是用作密教曼荼罗的。参见宿白《敦煌莫高窟密教遗迹札记（上）》，《文物》1989 年第 9 期；阎文儒、常青《龙门石窟研究》第十章《伊水东岸之擂鼓台三洞、看经寺区与万佛沟》，书目文献出版社 1995 年版。

[8] 据段文杰统计，初唐经变画主要有八种，其中阿弥陀经变二十八铺、法华经变二十铺、观无量寿经变十七铺、弥勒经变十七铺、维摩诘经变十一铺、东方药师经变六铺、涅槃经变五铺、劳度叉斗圣变一铺。参见段文杰《唐代前期的莫高窟艺术》，《中国石窟·敦煌莫高窟三》，文物出版社 1987 年版。

[9] 参见段文杰《唐代后期的莫高窟艺术》，《中国石窟·敦煌莫高窟四》，文物出版社 1987 年版。

[10] 贺世者、孙修身《瓜沙曹氏与敦煌莫高窟》，《敦煌研究文集》，甘肃人民出版社 1982 年版。曹元忠修建的洞窟有第 256、25、61、469、53、55 窟。

[11] 刘玉权《关于沙州回鹘洞窟的划分》，《1987 年敦煌石窟研究国际讨论会文集·石窟考古编》，辽宁美术出版社 1990 年版。刘玉权根据回鹘供养人题记以及回鹘佛教艺术的特点，对莫高窟、榆林窟和西千佛洞进行比对，区分出二十三个回鹘洞窟，其中敦煌十六个、西千佛洞五个、榆林窟二个。

[12] 参见段文杰《莫高窟晚期的艺术》，《中国石窟·敦煌莫高窟五》，文物出版社 1987 年版。

[13] 如清嘉庆年间著名的西北史地专家徐松曾游历了莫高窟，其所著《西域水道记》卷三中即对石窟做了记述，并较详细地记载了有关碑碣资料和建窟年代。

[14] 斯坦因《西域考古记》（Serindia, *Detailed Report of Explorations in Central Asia and Westernmost China*），牛津克拉兰顿出版社 1921 年版。

[15] 伯希和《敦煌石窟图录》（Paul Pelliot, *Les Grottes de Touen – houang*，Paris，1920～1926），巴黎，1920～1926 年。

[16] 伯希和《伯希和敦煌石室笔记》（Poul Pelliot, *Grottes de Touen – houang*，*Carnet de Notes de Paul Pelliot*），1981～1984 年陆续出版。

[17] 关于该书的学术价值，可参见耿昇《〈伯希和敦煌石室笔记〉及其学术价值》，《1987 年敦煌石窟研究国际讨论会文集·石窟考古编》，辽宁美术出版社 1990 年版。

[18] 参见华尔纳《中国西北考察记》（Langdon Warner, *The Long Old Road in China*，1927），英国阿罗史密斯公司，1927 年版。

[19] 松本荣一《敦煌画の研究》，东方文化学院东京研究所，1936 年。

[20] 如罗振玉编《敦煌石室书目》（1909 年）、《鸣沙石室佚书》（1928 年）等；

罗振玉、蒋斧等辑《敦煌石室遗书》(1909 年)。

[21] 参见陈万里《西行日记》,北平朴社 1926 年版。

[22] 向达《西征小记》,收入《唐代长安与西域文明》,三联书店 1957 年版。

[23] 张大千《张大迁遗著莫高窟记》,台北,1986 年。

[24] 谢稚柳《敦煌艺术叙录》,1957 年出版。该书以张大千编号为序,对四百一十五个洞窟按窟、塑像、壁画、供养人题记等项目逐一记录,并附有尺寸。

[25] 史岩《敦煌石室画像题识》,成都比较文化研究所石印本,1947 年。

[26] 何正璜《敦煌莫高窟现存佛洞概况之调查》,《说文月刊》第 3 卷第 10 期,1943 年 5 月。文中记录了莫高窟三百零五个洞窟的内容,但较简略。

[27] 石璋如《莫高窟形》,台湾中央研究院历史语言研究所,台北,1996 年。

[28] 马世长《敦煌石窟考古的回顾与反思》,《文物》2000 年第 8 期。

[29] 参加考察的有赵正之、莫宗江、宿白、余鸣谦等,陈明达执笔撰写了《敦煌石窟勘察报告》,文刊《文物参考资料》1956 年第 2 期。

[30] 1944 年,阎文儒参加了西北科学考察团历史考古组对西北的调查,调查完成后先后撰写了《安西榆林窟调查报告》(《历史与考古》1946 年第 1 期)和《莫高窟的石窟构造及其塑像》(《文物参考资料》1951 年第 2 卷第 4 期)。

[31] 金维诺《敦煌本生图的内容与形式》,《美术研究》1957 年第 3 期;《敦煌窟龛名数考》,《文物》1959 年第 4 期。

[32] 福山敏男《敦煌石窟编年试论》,《佛教艺术》第 197 号,大阪,1953 年。

[33] 宿白《参观敦煌第 285 窟札记》,《文物参考资料》1956 年第 2 期。

[34] 1962 年敦煌文物研究所油印本。《敦煌七讲》未能正式出版,有关题目宿白先生先后整理专文发表。如"敦煌二千年"改为《两汉魏晋时期的敦煌》,"有关敦煌石窟的几个问题"分别撰写为《敦煌莫高窟早期洞窟杂考》、《莫高窟现存早期洞窟的年代问题》、《敦煌莫高窟密教遗迹札记》,均收入宿白《中国石窟寺研究》一书中,文物出版社 1996 年版。

[35] 刘玉权《敦煌莫高窟、安西榆林窟西夏洞窟分期》,《敦煌研究论文集》,甘肃人民出版社 1982 年版。

[36] 文刊《中国石窟·敦煌莫高窟一》,文物出版社 1982 年版。

[37] 文刊《莫高窟隋代洞窟分期》,《中国石窟·敦煌莫高窟二》,文物出版社 1984 年版。文中将保存较好的八十个洞窟进行了分期。根据四个有纪年的洞窟,将隋代洞窟分为三期。第一期七个窟,隋开皇初至开皇九年(584 左右~589 年)。第二期三十四个窟,开皇九年至大业九年(589~613 年)。第

三期三十九个窟，大业九年至唐武德年间（613～626 年）。

[38] 樊锦诗、刘玉权《莫高窟唐前期洞窟的分期》，《敦煌研究文集·敦煌石窟考古篇》，甘肃民族出版社 2000 年版。

[39] 樊锦诗、赵青兰《吐蕃占领时期莫高窟洞窟的分期研究》，《敦煌研究文集·敦煌石窟考古篇》，甘肃民族出版社 2000 年版。

[40] 李崇峰《敦煌莫高窟北朝晚期洞窟的分期与研究》，文刊敦煌研究院编《敦煌研究文集·敦煌石窟考古篇》，甘肃民族出版社 2000 年版。文中将北朝洞窟分为三期。第一期为西魏大统十一年至北周武成二年（546～560 年）。第二期为北周武成二年至建德三年（560～574 年）。第三期为北周大象元年至隋开皇四年（579～584 年）。

[41] 薄小莹《敦煌莫高窟六世纪末至九世纪中叶的装饰图案》，《敦煌吐鲁番文献研究文集》第五辑，北京大学出版社 1990 年版。赵青兰《敦煌莫高窟中心塔柱窟的分期与年代》，文刊敦煌研究院编《敦煌研究文集·敦煌石窟考古篇》，甘肃民族出版社 2000 年版。

[42] 宿白《莫高窟现存早期洞窟的年代问题》，收入《中国石窟寺考古》一书中，文物出版社 1996 年版。

[43] 参见潘玉闪、马世长《莫高窟窟前殿堂遗址》，文物出版社 1985 年版。

[44] 彭金章、沙武田《敦煌莫高窟北区洞窟清理简报》，《文物》1998 年第 10 期。

[45] 向达考察过榆林、西千佛洞。参见《西征小记》，《唐代长安与西域文明》，三联书店 1957 年版。阎文儒《安西榆林窟调查报告》，《历史与考古》第 1 期（1946 年 10 月）。张大千曾做过编号。

[46] 敦煌文物研究所《安西榆林窟勘察简报》，《文物参考资料》1956 年第 10 期。

[47] 敦煌研究院编《中国石窟·安西榆林窟》，文物出版社 1997 年版。书中附有段文杰《榆林窟的壁画艺术》；张学荣、何静珍《西千佛洞概说》；霍熙亮《敦煌地区的梵网经变》。

[48] 向达《莫高、榆林二窟杂考》，《文物参考资料》1951 年第 5 期。

[49] 参见马世长撰写的《中国大百科全书·考古学》榆林窟条，中国大百科全书出版社 1986 年版。

[50] 段文杰《榆林窟的壁画艺术》，《中国石窟·安西榆林窟》，文物出版社 1997 年版。

[51] 向达《西征小记》，收入《唐代长安与西域文明》，三联书店 1957 年版。

[52] 史岩《凉州天梯山石窟的现状和保存问题》,《文物参考资料》1955 年第 2 期。

[53] 搬迁的塑像和壁画现藏于甘肃省博物馆。第 18 窟是在石窟搬迁工程中发现的, 河西地区的中心柱窟大多源于凉州石窟, 因而凉州石窟的发现具有重要的学术价值。

[54] 近来, 敦煌研究院和甘肃省博物馆将 50 年代的这批资料共同整理出版(《武威天梯山石窟》, 文物出版社 2000 年版), 这是天梯山石窟最为完整的资料。

[55] 张宝玺《河西北朝中心柱窟》,《1989 年敦煌石窟研究国际讨论会文集·石窟考古》, 辽宁美术出版社 1990 年版。

[56] 史岩《甘肃酒泉文殊山的石窟寺院遗迹》,《文物参考资料》1956 年第 7 期;《散布在祁连山区民乐县境的石窟群》,《文物参考资料》1956 年第 4 期。

[57] 甘肃省文物工作队《马蹄寺、文殊山、昌马诸石窟调查简报》,《文物》1965 年第 3 期。

[58] 甘肃省文物考古研究所《河西石窟》, 文物出版社 1987 年版。

[59] 史岩《甘肃酒泉文殊山的石窟寺院遗迹》,《文物参考资料》1956 年第 7 期;《散布在祁连山区民乐县境的石窟群》,《文物参考资料》1956 年第 4 期。

[60] 甘肃省文物工作队《马蹄寺、文殊山、昌马诸石窟调查简报》,《文物》1965 年第 3 期。

[61] 80 年代, 张宝玺和王惠民均做过调查。参见张宝玺《五个庙石窟壁画内容》,《敦煌学辑刊》1986 年第 1 期。王惠民《肃北五个庙石窟内容总录》,《敦煌研究》1994 年第 1 期。

[62] 甘肃省文物考古研究所《河西石窟》, 文物出版社 1987 年版。

[63] 张宝玺《河西北朝中心柱窟》,《1987 年敦煌石窟研究国际讨论会文集——石窟考古编》, 辽宁美术出版社 1990 年版。

[64] 宿白《凉州石窟遗迹与"凉州模式"》,《考古学报》1986 年第 4 期。该文后来收入宿白《中国石窟寺研究》(文物出版社 1996 年版)一书中。

[65] 八木春生《河西石窟群年代考——兼论云冈石窟与河西石窟群的关系》,《美术史研究集刊》第四期, 国立台湾大学, 1997 年。

三 甘宁黄河以东地区石窟寺的
发现与研究

这一地区的石窟寺地点很多，分布范围较广。最早的石窟寺开凿于十六国时期，年代与河西走廊大体相当，如天水麦积山和永靖炳灵寺石窟，后者有西秦时期的纪年题记。

（一）永靖炳灵寺石窟

炳灵寺石窟是新中国成立以来最重要的考古发现之一。石窟位于甘肃省永靖县西南 35 公里处的小积石山，共有编号窟龛一百八十四个。这里滔滔黄河由西而来，在此形成大的回转，浊浪翻滚，惊涛拍岸，气势磅礴。沿岸群峰耸峙，陡壁峭立。石窟群就开凿在河北岸大寺沟内西面的悬崖峭壁上。最早发现石窟的是甘肃省的冯国瑞。1951 年他在参加临夏土改工作时，首次考察了炳灵寺石窟[1]。1952 年，中央文化部社会文化事业管理局与西北文化部组织了炳灵寺石窟考察团，以赵望云、吴作人和常书鸿为正副团长，一行十三人，对石窟进行了比较详细的调查、编号和记录工作[2]。但由于规模最大的第 169 窟窟前栈道已毁，故未能考察该窟。1963 年，甘肃省文物工作队进行了第二次调查，首次冒险攀登上了距当时地面高约 60 余米的第 169 窟，发现了十六国时期西秦建弘元年（420 年）造像墨书题记以及许多壁画题材榜题和供养人题记[3]。同年发表了调查简报，认为第 169 窟大部分塑像属于西秦时期，个别塑像为北魏中晚期所塑[4]。长期以来，由于缺少相关的纪年题记资料，关于甘肃早期石窟寺的年代一直是学术界所关心和探讨的问题，这次第169窟西秦题记的重大发现，为解决早期石窟寺的年代问题提供了可资比较的尺度，具有重要的学术价值。壁画题材和供养人题名也是研究西秦佛教的重要实物资料。1967年因修建刘家峡水库，对部分在淹没区内的窟龛进行了搬迁，并在窟区前修建了拦水大坝。1973年，修通了登临第169窟及其他洞窟的栈道。90年代，甘肃省文物考古研究所对第169窟做了全面测绘，出版了《炳灵寺一六九窟》专刊，系统地介绍了第169窟的情况[5]。西秦窟龛的发现，引起了学术界广泛关注。董玉祥《炳灵寺石窟的分期》一文对炳灵寺石窟做了分期研究，指出：第169窟内所开诸龛比较零乱，没有统一的规划与布局，时代上有早晚关系，个别塑像和壁画早于建弘年间。第169窟塑像在某种程度上受到中印度秣菟罗式造像的影响[6]。张宝玺《炳灵寺的西秦石窟》一文对西秦窟龛的分布、造像和壁画的特点以及西秦石窟的源流做了充分的论述，指出"炳灵寺西秦石窟的形成和发展与中原和西域的佛教艺术有着密切的关系"[7]。常青《炳灵寺169窟塑像与壁画的年代》一文在全面考察的基础上，注意到第169窟塑像与壁画的差异，根据壁画和塑像的叠压打破关系，以建弘元年（420年）纪年龛像为标尺，对第169窟塑像和壁画进行了分期与年代的探索，提出第一期塑像和壁画早于建弘元年，约在公元412至420年之间。第二期塑像和壁画的制作年代在公元420年左右。第三期塑像和壁画的年代在公元420至471年之间。并且认为：第169窟有凉州石窟的因素，但更多地受到当时的佛教中心——长安的影响[8]。

炳灵寺石窟的开凿从西秦一直延续到唐代。东晋十六国时期，炳灵寺称为唐述谷寺[9]，到唐代称灵岩寺，宋代始有炳灵寺之称。《太平御览》卷五十四引《秦州记》是这样描述炳灵寺石窟的："河崖旁有二窟，一曰唐述窟，深四十余丈，高四十余丈，中有三佛寺，流泉浴池，凿石像三百余区。其西二里则曰时亮窟，高百丈，广二十丈，深三十丈，亦有泉水。"[10]《秦州记》为刘宋时人郭仲产所著，其记述大概是十六国时期炳灵寺的情况。有的学者怀疑所谓唐述窟就是第169窟，这种怀疑是有道理的。十六国西秦时期开凿的主要是第169窟和第1龛。第169窟为平面略呈不规则椭圆形的天然洞穴，面宽27米，深19米，高14米。窟口距现存地面高30余米，70年代重新修建了盘旋而上的木构阶梯可供登临。窟内左、右、后三壁共保存着不同时期的造像七十一尊以及大面积的壁画。造像多为泥塑或石胎泥塑。由于自然风化等原因，有的造像泥皮剥落，仅存石胎。其中窟内北壁西秦建弘元年塑造的第6龛最具代表性，龛内主尊为无量寿佛，佛面相浑圆，长耳垂肩，眼大，双肩宽厚，身体尤显雄壮，身着袒右式袈裟，右肩有偏衫衣角，双手施禅定印，结跏趺坐于覆莲座上（图一五）。两侧分别为观世音和得大势至菩萨立像，其左上侧为十方佛和西秦建弘元年题记。根据纪年造像的时代特点，比较窟内其他造像，可以看出窟内主要塑像和壁画均属西秦时期。如第7龛立佛像亦面相浑圆，双肩宽厚，身体雄壮，身着通肩袈裟，衣纹单薄贴体，透出健壮的躯体，衣褶稠叠，下垂感很强，颇有中印度秣陀罗佛像样式的特点（图一六）。造像和壁画题材均为大乘佛教的内容，主要有表现西方净土的无量寿佛、观世音、得大势至菩萨，表现《法华经》题材的释迦多宝，

图一五　炳灵寺第169窟第6龛坐佛像

图一六 炳灵寺第169窟第7龛立佛像

此外还有《维摩诘经》中的维摩像、《华严经》中的十方佛，以及释迦说法（图一七）、三佛、五佛、七佛等题材。而且有一定数量的大型立佛像。另外壁画中还有"阿育王施土因缘"。这种造像样式和题材与凉州石窟是有差别的。北凉佛教重视禅观，而末法思想在凉州也极为流行，故凉州造像题材主要是表现佛法传承的七佛和释迦佛[11]。因此，炳灵寺石窟可能有来自长安造像的因素，而炳灵寺最流行的无量寿净土题材或是受南方造像题材影响的结果[12]。从壁画的技法看，有西域流行的晕染法和中原式不晕染两种。这表明炳灵寺石窟在受中原影响的同时，也受到西域文化和绘画的影响。第 169 窟还保存着大量的供养人像及榜题，其中有著名的"□国大禅师昙摩

图一七　炳灵寺第 169 窟说法图壁画

毗之像"。此人即是《高僧传》卷十一《玄高传》中提到的"时乞伏炽磐跨有陇西，西接凉土，有外国禅僧昙无毗，来入其国，领徒立众，训以禅道"。题记中还有"乞佛□罗使之像"，很可能与西秦皇室有关。

北魏时期的重要洞窟有第126、128和132窟。三窟左右毗邻，平面布局相同，均为方形，覆斗顶，三壁设坛，坛上雕像，正壁为释迦多宝佛，左壁为交脚弥勒菩萨，右壁结跏坐佛，构成了三佛组合。造像形象为典型的"秀骨清像"样式。其中第126窟有北魏延昌二年（513年）曹子元造像题记，可见流行于中原地区的新的造像样式已经影响到甘肃的石窟造像。

（二）天水麦积山石窟

20世纪40年代，中国石窟寺最重要的发现莫过于麦积山石窟了。麦积山石窟坐落在甘肃省天水市北道区东南约30公里处，因山崖突兀而起，陡壁峭立，形似麦垛，所以称之为麦积山。石窟就开凿在朝阳的弧形崖面峭壁上，洞窟间以凌空构筑的栈道相连，层层相叠，气势非凡。窟区周围林木茂密，鸟语花香，自然环境十分幽雅。但在解放前，这里长期为土匪盘踞。大概由于这一原因，麦积山石窟在许多大型石窟寺中，诸如云冈、龙门和敦煌石窟，是惟一没有被外国列强所染指和盗窃过的石窟寺，长期以来也很少为世人所知[13]。与新疆、敦煌、云冈和龙门石窟不同的是，麦积山石窟的调查工作是由中国学者进行的。1941年，甘肃天水冯国瑞等六人首次冒险到麦积山石窟进行考察。同年出版了《麦积山石窟志》。该书将石窟造像分为四个区域，即睡佛石窟、东阁石窟、中阁石窟和西阁石窟，每区以高数丈的大佛像为中心，附列其他大小石窟造像。但冯氏的记述极为简单。1946 年，冯国瑞第二次登临麦积山调查，对洞窟进行了记录和编号[14]。1951 年将调查成果《天水麦积山石窟介绍》一文发表于《文物参考资料》1951 年第 10 期。文中对麦积山的历史、调查经过、石窟现状做了简单的叙述。1945 年，阎文儒由河西考古归来，在西北师范学院任教半年，放假后路由天水，专程赴麦积山石窟调查[15]。1947 年，敦煌艺术研究所的李浴亦曾做过调查，撰有万余字的《麦积山石窟调查报告》，记录了一百六十九个洞窟的雕塑和壁画内容，可惜该报告未见发表。由于当时客观条件所限，即连接各窟的许多栈道已经毁坏，故有相当数量的洞窟未能进行实地踏查。因此，40 年代的调查只能说重新发现了麦积山石窟，真正的调查工作则是在 50 年代。麦积山石窟以其精美的雕塑披露于世后，引起国内学术界极大的重视和关注。1952 年，由西北文化部组织，敦煌文物研究所所长常书鸿率领的麦积山石窟勘察小组，对石窟进行了为期一个月的勘察、摄影、考证、测绘和重点临摹工作[16]。1953 年，中央文化部又组织了以吴作人为团长的麦积山考察团，对一百九十四个窟龛进行了编号，测量了能够攀登的九十二个窟龛，临摹了部分壁画，拍摄了一千多张图片，并做了内容总录[17]。1954 年出版了《麦积山石窟》图录[18]。1953 年日本学者福山敏男梳理了有关地方志并与石窟相对照，撰写了《麦积山石窟寺》一文，对部分洞窟的开凿年代做了推断[19]。1956 年，日本人名取洋之助在麦积山进行了三天摄影，出版了《麦积山石窟》图录[20]。日本町田甲一利用名取的图片进行了研究，主要是将麦积山石窟塑像与其他有纪年的石窟和单体造像做对比，由此推断出麦积山石窟部分洞窟的年代约与龙门石窟的年代相当[21]。"文化大革命"期间，麦积山文物保管所重新修筑了连接各窟区的栈道，使以前无法攀登的五十三个洞窟得以顺利登临，并发表了新发现部分洞窟的考察纪要[22]。50年代以来，国内外学者对麦积山石窟的开创年代、艺术风格、塑像渊源等问题进行了专题研究和探讨[23]。问题的焦点主要集中在麦积山石窟的开凿年代上。如阎文儒根据《高僧传·玄高传》和麦积山南宋题刻等资料，认为："全窟群最早期造像的风格与炳灵寺石窟建弘元年（420年）造像风格相同的情况，更证明开创的时间，起码在西秦割据陇右的阶段内"[24]。金维诺赞同后秦说，并将第76窟佛座墨书题记释读为"南燕主安都侯……"，以此证明第76窟开凿于弘始九年（407年）[25]。董玉祥、黄文昆、张学荣等也主张麦积山石窟开凿于十六国后秦时期[26]。张宝玺则根据第78窟供养人题名中的"仇池镇"的设置，将早期洞窟的年代定为北魏时期[27]。邓健吾采取了折中的观点，认为：麦积山石窟创凿于后秦姚兴（394～416年）是有背景的，第74、78窟现存造像的营造年代较云冈第19、20窟稍早些（北魏文成帝即位后，452年），并推测"后秦、西秦时代的造像，很可能在北魏废佛时被破坏掉了，现有造像与造窟年代的时期很可能是不同的"[28]。张学荣、何静珍对张宝玺的观点提出反对意见。认为，麦积山最早的是第57窟，而第74、78窟以及第100、80、128、148窟等早期洞窟都曾经历了一场大火，在洞窟内的木制佛座边框留下了被烧过的痕迹，附有"仇池镇"的供养人像叠压在这些痕迹之上，故应是重修时绘制的。并推测这一火烧事件与北魏太武帝灭法有关。因此第74、78窟最早开凿的年代要早于"仇池镇"的设置，重修年代在北魏文成帝复法以后[29]。这种通过遗迹现象来推断洞窟的年代是有一定道理的，但火烧事件是否与北魏太武帝灭法有关仍需深入研究[30]。关于麦积山石窟的分期断代研究工作目前做得还较少，比较重要的文章有阎文儒《麦积山石窟的历史分期及其题材》。他根据1961年的调查资料，将麦积山石窟分为八期，并论述了各个时期的题材和造像特征等问题[31]。董玉祥《麦积山石窟的分期》一文，依据窟龛形制、造像内容、造像特点及有关的历史文献和造像铭文，将麦积山石窟分为十六国（包括后秦、西秦）、北魏、西魏、北周、隋、唐、宋八期[32]。由于缺少对洞窟进行考古学的类型排比和横向比较研究，其分期断代仍缺乏足够的证据和说服力。初师宾在《石窟外貌与石窟研究之关系——以麦积山石窟为例略谈石窟艺术断代的一种辅助方法》一文中则另辟蹊径，从麦积山整个崖面的布局和使用情况出发，论证了部分洞窟开凿的先后关系。这种对石窟外貌进行研究的方法，确实是石窟分期的重要手段之一[33]。

历史上的秦州地区是地震多发区，故麦积山石窟所在的崖面坍塌情况十分严重，如崖面中部一段岩体崩塌较多，东部第4窟下亦有大面积岩体崩塌。现存洞窟分布于崖面的东、西两面上，共计编号窟龛一百九十四个。麦积山洞窟的开凿次序是有一定规律的。大体上西崖洞窟开凿较早，东崖洞窟开凿较晚。另外从东崖向东，即今麦积山石窟研究所接待室的北面山崖上还有未编号的北朝时期的小型洞窟十九个。洞窟规模很小，且无造像，有可能是麦积山的禅窟群。可惜的是，这些洞窟至今未能引起足够重视，亦无完整资料发表。

麦积山以其幽雅的环境，成为秦州最具魅力的形胜之地。

早在 5 世纪初，就有著名的高僧来到麦积山活动。《高僧传》卷十一《玄高传》记载："（玄）高乃杖策西秦，隐居麦积崖。山学百余人，崇其义训，禀其禅道。时有长安沙门释昙弘，秦地高僧，隐在此山，与高相会，以同业友善。"这是最早关于高僧在麦积山活动的文献记载，但文献中并没有记载这一时期开凿洞窟的事，因此，麦积山石窟的始凿年代是否在十六国后秦时期目前还难以证明。现第 4 窟（上七佛阁）的阶梯入口处有南宋绍兴年间（1131～1162 年）题刻云："麦积山胜迹，始建于姚秦，成于元魏。"由于无现存实物作印证，南宋人所谓"始建于姚秦"的说法仍然疑团重重，难以令人信服。麦积山现存最早的洞窟是居西崖东部显要位置的第 74、78 窟。两窟东西相邻，规模、形制和题材完全一致，有可能属于一组双窟。洞窟平面均圆角方形，三壁设坛式，坛上塑像，正壁及左右壁均为一尊结跏坐佛像，合为三世佛组合。正壁佛像两侧各塑一胁侍菩萨像，菩萨上方各凿一小龛，龛内分别塑交脚菩萨像和半跏思惟菩萨像。佛像多为水波纹发髻，脸庞浑圆，眼睛细长，身体浑厚，身着袒右式袈裟，衣纹细密，且有分叉。菩萨像头束髻，发辫长披于肩，上身斜披络腋，身体健壮。这些特点与云冈石窟昙曜五窟相比确有许多相同之处。那么是否意味着麦积山石窟早于云冈石窟呢？幸运的是，在"文化大革命"时期从第 78 窟右壁佛坛上剥离出里层供养人壁画。供养人身着鲜卑胡服，旁有题名。其中二处提到"仇池镇"，北魏太武帝于太平真君四年（443 年）灭仇池国，七年（446 年）设置仇池镇。太武帝时期推行灭法政策，到文成帝时才复兴佛教。故其开凿年代不可能早于文成帝复法之年。孝文帝太和十二年（488 年）仇池镇改为梁州[34]。这样麦积山石窟这组最早的洞窟亦约与云冈石窟的开凿年代（460年）大体相同或稍后，下限不晚于太和十二年。与第74、78窟同时期的洞窟有西崖的第51、165、90等洞窟。这些洞窟的形制与造像题材相同，只是塑像经后代改妆，已失原貌。第169和69窟是一组双龛，龛作圆拱形，两龛之间雕造有二龙缠绕的形象。龛内分别塑出交脚弥勒菩萨像、坐佛像以及胁侍二菩萨像（图一八）。佛像和菩萨像的造型与第74、78窟大体相同，可以估计这组双龛的塑造年代大约在北魏太和时期。

麦积山石窟的洞窟形制多样，有方形窟、三壁二龛窟、三壁三龛窟、三壁一龛窟、三壁七龛窟、横长方形窟和崖阁式窟等。北魏时期主要流行方形窟、三壁二龛窟和三壁三龛窟，窟顶均为平顶，其中方形窟出现最早，延续时期也较长。西魏时期主要流行方形窟、横长方形、三壁三龛窟和崖阁式窟。这一时期最大的变化是，窟顶大多为四角攒尖顶，窟内四角有立柱，壁顶有横枋，四披转角有角梁，构成仿木式佛帐结构。北周时期的洞窟主要承袭了西魏洞窟的形制，新出现了三壁一龛窟和三壁七龛窟，这两种窟形是为塑造七佛题材而专门设计的。麦积山石窟富有特色的是崖阁式窟（实际上是仿木建筑形式的洞窟，因在崖面上凌空开凿，故有此称）。现存有第1、4、5、43、49、28、30窟七座。除第4窟面宽七间外，均为面宽三间的廊庑式建筑。外立面雕立柱，柱头有斗拱，上承屋檐、瓦垄、屋脊和鸱尾，屋顶均作庑殿式。崖阁式洞窟的出现可能与麦积山现存宋代《秦州雄武军陇城县第六保瑞应寺再葬佛舍利记》残碑所记"昔西魏大统元年，再修崖阁，重兴寺宇"[35]一事有密切关系。有的崖阁窟的开凿则与帝后陵墓有关。如《北史》卷十三《后妃传上》记载：文宣文皇后乙弗氏，

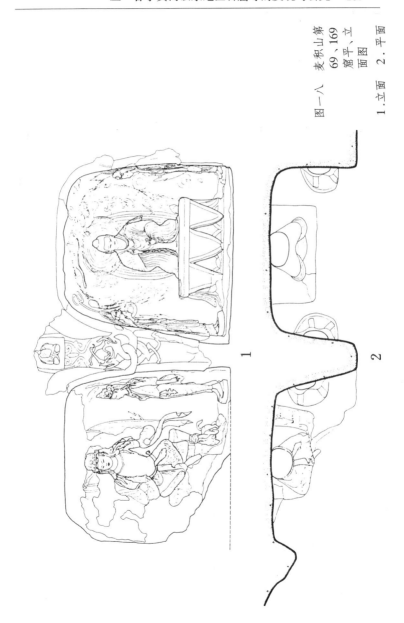

图一八　麦积山第
69、169
窟平、立
面图

1.立面　2.平面

"（文）帝复徙后居秦州，依子秦州刺史武都王"。大统六年
（540年），乙弗后被迫自尽。"凿麦积崖为龛而葬，……后号
寂陵"。可知麦积山有西魏大统六年（540年）凿龛而葬的乙弗
后陵。据研究，该陵就是麦积山第43窟[36]。崖阁窟中规模最大
的洞窟是上七佛阁（第4窟），它与第3窟、168窟为一整体设
计的巨大仿木式建筑，即梯道、过廊和殿堂。殿堂面宽七间，
庑殿顶，有开阔的前廊，前廊内部有平棊，平棊内绘有故事画。
前廊后部为七个方形大龛，龛与龛之间雕刻天龙八部，龛楣为
帷帐式，龛楣上方有塑画相结合的薄肉塑的飞天。每龛内原均
塑有一组佛像，现存为宋代所塑。过廊采用人字披式仿木建筑，
外壁开有窗户，内壁雕刻千佛。这座庞大的洞窟组合是北周大
都督李允信所开凿的，留寓于北朝的著名南朝文人庾信为此还
撰写了《秦州天水郡麦积崖佛龛铭并序》[37]，铭文是这样描述
它的宏伟的："麦积崖者，乃陇坻之名山，河西之灵岳。高峰寻
云，深谷无量。……是以飞锡遥来，度杯远至，疏山凿洞，郁
为净土。拜灯王于石室，乃假驭风；礼花首于山龛，方资控鹤。
大都督李允信者，籍于宿植，深悟法门。乃于壁之南崖，梯云
凿道，奉为亡父造七佛龛。似刻浮檀，如攻水玉，从容满月，
照曜青莲。影现须弥，香闻忉利。如斯尘野，还开说法之堂。"
学者们一般将麦积山第4窟与《佛龛铭》所记做比较，从而将
该窟定为李允信所凿之窟，这种观点有一定道理[38]。但也有学
者提出了不同意见，如金维诺认为李允信所开凿的应是中七佛
龛（第9窟）。黄文昆同意金维诺的观点，并认为只有秦州刺史
宇文广及其家属才有资格开凿上七佛阁（第4窟）[39]。然史籍中
并没有记载宇文广信佛事，将李允信所开洞窟比定为中七佛龛，
其所具特征无法与铭文对应。因此，在没有足够证据的情况下，

很难判断宇文广是否在麦积山开凿了洞窟。

麦积山石窟与敦煌石窟相同,主要以塑像和壁画为主。由于麦积山石窟所在气候潮湿,因而保存下来的壁画并不多。但麦积山石窟的塑像保存较好,数量很多,这些塑像制作精细,形象生动,被誉为"雕塑艺术的宝库"。仔细观察,不同时期的塑像有不同的时代特征。如早期洞窟的塑像多体格健壮、身材魁伟、庄严肃穆。佛和菩萨像都身着袒右式袈裟或斜披络腋的旧样式,表现了较早的艺术特点。进入北魏晚期,受洛阳雕塑艺术的影响,塑像的变化十分显著,佛像一般身着褒衣博带式袈裟,身体消瘦,菩萨和弟子像更塑造得眉清目秀,栩栩如生,艺术水平之高,令人赞叹。到了北周时期,塑像的风格则追求表现人体丰满圆润。这种风格与南朝流行的张僧繇的"张家样"塑画风格是一致的,应是受到来自南朝的影响。壁画保存较好的为西魏时期开凿的第127和135窟,两窟正壁龛上涅槃变、左壁的维摩诘变、右壁的西方净土变,第127窟窟顶本生故事等壁画(图一九),场面宏大,构图精细,多是北朝晚期的经典之作。

(三) 固原须弥山石窟

须弥山石窟是50年代发现的古代规模最大的石窟寺之一,位于宁夏回族自治区固原县西北55公里的须弥山东麓,这里是古代原州到河西走廊的交通要道。洞窟分布在大佛楼、子孙宫、圆光寺、相国寺、桃花洞、松树洼、三个窑和黑石沟八个区域,共计一百五十一个洞窟。

原州是丝绸之路东段北道的军事和文化重镇,须弥山石窟对于研究古代丝绸之路沿线佛教文化与艺术的交流具有重

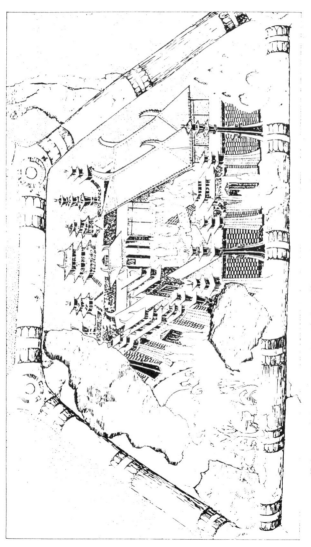

图一九　麦积山第 127 窟窟顶本生故事

要意义。但由于须弥山石窟的地理位置比较偏僻，长期以来，并不为世人所知。直到 1956 年，才有学者进行调查，首次报告了须弥山石窟的概况[40]。1961 年，又有学者发表了考察纪要[41]。但这两篇文章对石窟的介绍比较简略，发表的几张照片亦不清晰。1962 年，宁夏回族自治区文化局曾组织人员对石窟做了初步调查，将造像保存较好的二十个洞窟做了编号，但调查资料和编号均未公布。因而在 80 年代以前，须弥山石窟并没有引起学术界的关注。1982 年，宁夏自治区文管会与中央美术学院美术史系组成联合调查组，对石窟做了全面调查并重新将石窟编号。1988 年，合作出版了《须弥山石窟》一书。书中概括叙述了须弥山石窟各个时期的开凿活动和时代特征，并附有《内容总录》。这是迄今为止惟一比较全面介绍须弥山石窟的专著[42]。1986 年，北京大学考古学系与自治区文化厅文物处合作，全面考察了须弥山石窟，并对圆光寺一区的洞窟进行了测绘、记录、照相和考古报告的撰写工作，1997年整理出版了《须弥山石窟内容总录》[43]。1990 年，陈悦新首次采用考古学方法，根据洞窟的分布特点和组合关系，对须弥山唐以前五十六个早期洞窟进行了分期研究，这是一篇研究该石窟分期的重要论文[44]。1994 年，林蔚对须弥山唐代洞窟做了分期研究，提出唐代洞窟的开凿可以分为三个时期：第一期为唐高宗晚期至武周初期，第二期为武周、中宗时期，第三期为玄宗至代宗时期。并分析认为须弥山唐代洞窟开凿活动的中止与代宗广德元年（763 年）原州被吐蕃攻陷，城池沦为废墟有关[45]。这两篇文章基本上解决了须弥山石窟的编年问题，为进一步研究须弥山石窟提供了年代标尺。

须弥山石窟的开凿大约经历了北魏、西魏、北周、隋唐五个时期。

北魏和西魏洞窟主要集中在子孙宫区。北魏洞窟数量较少，洞窟规模一般都不大，多中心柱窟，另有修禅和居住皆用的僧禅窟。中心柱窟平面为方形，覆斗顶。窟门上方有明窗，壁面大多不开龛。中心柱上小下大，多层四面开龛。这种多层塔式的中心柱窟与云冈石窟较为接近，应是受东部石窟影响而出现的。造像题材多一佛二菩萨像，还有交脚弥勒、乘象菩萨以及佛传故事中的乘象入胎、逾城出家等。有的僧禅窟结构比较特殊，如第 23 窟主室两侧附有二僧房，窟顶是在平顶的基础上，中心部位凿成穹隆顶式。这种形制在中原北方地区石窟寺中尚无同样例子，但在新疆地区石窟寺中却颇为常见，很可能与来自西域而定居在原州的商胡有关。西魏时期开凿的洞窟数量明显增多。一般洞窟的规模与北魏洞窟大体相当，个别洞窟规模稍大。比较典型的中心柱窟，如第 33 窟为方形覆斗顶、双层礼拜道的中心柱窟，这种形制是目前所见中心柱窟中的孤例。第 32 窟中心柱七层，四面开龛。其他还有方形佛殿窟、三壁三龛窟和僧禅窟。这些洞窟往往与中心柱窟成为组合。

北周是须弥山石窟开凿的高潮。洞窟主要分布在圆光寺和相国寺区，以大型中心柱窟为主，其次为三壁三龛窟、方形、后壁设坛窟和方形无像窟。这些洞窟往往构成组合形式，如礼拜窟与僧房窟和生活设施水井组成一组。同时出现了影窟群。保存较好的中心柱窟有第 45、46、51 窟。第 45 和 46 窟两窟比邻，形制结构一致，平面为方形，覆斗顶，均雕有仿木佛帐结构。中心柱单层四壁各开一龛，窟内四壁均开龛。龛形以帐形龛为主，窟顶雕飞天，中心柱基座前雕刻神王、伎乐或供养人。特征明显的各类神王题材在中原东部地区北朝石窟寺中是非常流行的，由此可以看出，须弥山北周洞窟受东部地区石窟寺的影响较大。第51窟是一座特大型洞窟，由前后室和南北两耳室构成。主室平面方形，覆斗顶，窟内雕刻仿木式框架结构。这种仿木式的佛帐结构是西部原州、秦州（麦积山）北朝晚期石窟寺的特点之一，东部地区石窟寺则不见这种形式。第51窟窟内中央设中心柱，中心柱单层，四面各开一龛。窟内四壁均开龛，东、南、北三壁中部各开一窟门。但这个大型洞窟并没有完工，只完成了中心柱龛像和西壁（正壁）三尊高达6.2米的大佛及南壁西侧一佛二菩萨像。其他为隋代续凿的龛像。从布局看，原洞窟设计雕刻的主尊题材为七佛。其北周时期的造像特点比较明显，均身体健壮。佛像的肉髻宽而低平，脸庞方圆，双肩宽平，身着通肩袈裟或双领下垂式袈裟。菩萨一般头戴冠，脸庞亦方圆，披巾交叉穿环和横于腹膝二道，璎珞为联珠纹，交接于腹部莲花饰上，或垂于膝部。这些大型洞窟的开凿可能与北周重臣原州李贤、李穆兄弟有一定关系。值得注意的是：除第51窟外，第47、48、37窟也未能如期完工。这样多的大型洞窟的工程突然中止，恐怕不是偶然的，很可能与周武帝灭法事件有关[46]。

隋代是须弥山石窟营造的低潮时期，开凿的洞窟很少，主要有相国寺区的第66、67、70窟以及在前期洞窟中补凿的一些龛像。第67和70窟为中心柱窟。洞窟形制基本上承袭了北周洞窟的作法，为方形覆斗顶，中心柱单层四面各开一龛。中心柱顶部出现了仿木式斗拱结构。造像特点明显是北周样式。

唐代是须弥山石窟开凿的繁荣期。洞窟数量多达六十一个，分布在大佛楼、相国寺、桃花洞等区。洞窟形制以方形覆斗顶的佛殿窟为主，窟内四壁一般设坛基，坛上雕成铺造像。

其次为方形穹隆顶三壁开龛的佛殿窟以及方形或横长方形的僧房窟。大佛窟和中心柱窟较少，但规模很大。如大佛楼第5窟为敞口大像龛式，龛内雕高达20.6米的倚坐弥勒大佛（图二〇），开凿于唐高宗晚期和武周初期。这是现存年代较早的倚坐弥勒大像。桃花洞第105窟为特大型中心柱窟，约开凿于中宗和玄宗时期。洞窟有前后室。前室近方形，露顶，两侧壁均凿有龛像。前室外左右两侧崖面上下各凿一方形佛殿窟，窟内雕有成铺造像，构成了一组庞大的洞窟组合。前室后壁开一窟门，上有明窗。主室方形平顶，设中心柱，中心柱单层四面开龛，龛内主尊分别为正壁一倚坐弥勒佛，南壁一半跏坐观世音菩萨，西壁一坐佛，北壁一僧人装束的半跏坐地藏菩萨。窟内

图二〇　须弥山第5窟倚坐弥勒大佛

左右壁各开二龛，后壁正中开一门，门左右各开一龛。唐代洞窟的造像题材一般以三世佛为主，组合形式为一坐佛二立佛，或二坐佛一倚坐弥勒佛。造像组合多一佛二弟子二菩萨二天王二力士像，有的还增加了二狮子。约在玄宗时期出现了密宗题材，如多臂观音、地藏菩萨等。

（四）庆阳南北石窟寺

南北石窟寺是陇东地区最大的石窟寺，为北魏永平二年和三年（509～510年）泾州刺史奚康生所创建。南石窟寺发现较早，1925年，陈万里到西北考察时，曾经调查过泾川南石窟寺，并预言与南石窟寺相对应必然有北石窟寺[47]。但北石窟寺究竟存在与否，所在地在哪里，始终是一个谜。1959至1960年，甘肃省博物馆文物工作队陈贤儒、赵之祥在陇东地区进行文物古迹普查时，终于在庆阳县西峰镇西南25公里处的蒲河和茹河交汇处的东岸覆钟山发现了北石窟寺[48]。1961至1962年，甘肃省博物馆再次进行调查，清理了第165窟窟前殿堂遗址，新发现一批窟龛，并在北石窟寺之北又发现了楼底村石窟。70年代以后，甘肃省博物馆又多次进行勘察[49]。在全面考察的基础上，甘肃省文物工作队与庆阳北石窟寺文管所编著了《庆阳北石窟寺》一书，对北石窟寺做了全面介绍和分期研究，同时对造像题材和各个时期的造像艺术特色进行了研究，最后附有北石窟寺内容总录[50]。

北石窟寺共有编号窟龛二百九十五个，从北魏一直延续到盛唐。南石窟寺位于泾川县东7.5公里处泾河左岸的崖面上，共有编号洞窟五个。两处最重要的石窟是：北魏奚康生在任泾州刺史时所开凿的北石窟寺第 165 窟和南石窟寺第 1 窟。第 165 窟开凿于永平二年（509 年）。洞窟平面为横长方形，覆斗顶，面宽 21.7 米，进深 15.7 米，高 14 米。窟门上方有大明窗，窟门外雕二天王像。窟内左、右、后三壁设低坛基，坛上雕像。正壁三尊立佛四尊胁侍菩萨像，左右壁各二尊立佛三尊胁侍菩萨像，组成七佛题材（图二一），前壁两侧各雕一尊倚坐或交脚弥勒菩萨，靠近窟门处分别雕刻阿修罗像和骑象菩萨像，壁面上部雕刻场面宏大的佛传和本生故事（图二二）。第 1 窟的形制、题材、布局、造像形象与第 165 窟完全相同，只是规模略小些。其面宽 18 米，进深 13.2 米，高 11 米。窟内也雕刻七佛二交脚弥勒，窟顶雕刻多个情节的佛传故事画。这两个洞窟规模之大、保存之完整、雕刻内容之丰富，堪称陇东地区北魏石窟的代表作。此外，北石窟寺北 1 号窟也是陇东地区北魏石窟中具有代表性的洞窟。洞窟为平面方形，平顶，中心柱窟。面宽 5 米，进深 6.5 米，高 4.6 米。窟内正壁（西壁）雕刻几乎与窟等高的一立佛二菩萨像，南北壁分上下二层开龛，龛内雕坐佛或释迦多宝。窟内中央设中心柱。中心柱亦分上下二层开龛。下层平面方形，上端四角均雕刻象首，四面开龛，内雕一佛二菩萨，龛楣上雕刻思惟菩萨。上层平面为八角形，每面各开一龛，龛内雕一佛二菩萨。这种上下层不同的中心塔柱形制与泾川王母宫石窟相似，前者应是模仿后者而开凿的。

（五）泾川王母宫石窟

　　王母宫石窟位于泾川县城西郊汭河和泾河交汇处的宫山脚下，与南石窟寺仅相隔 8 公里。1924 年，美国华尔纳组织的

图二一 北石窟寺第165窟东壁（正壁）立面图

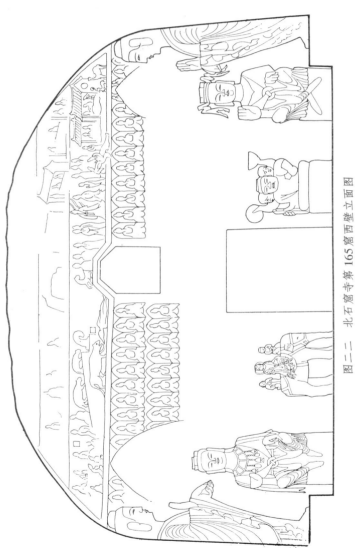

图二二　北石窟寺第 165 窟西壁立面图

第一次西北考察团，在循着佛教传入中国内地的古道考察时在泾川发现了该石窟[51]。80 年代，甘肃省博物馆发表了详细的调查报告[52]。王母宫石窟仅为一座大型中心柱窟。洞窟坐东朝西，平面方形，前壁已崩塌，面宽 12.6 米，残深 8 米，高 11 米。窟内三壁布局相同，分上下开龛，下层三龛，上层五龛。其中南壁保存较好，下层为并列的三个楣拱龛，中间一龛内雕一坐佛，左右龛内各雕一立佛。上层五个龛内各雕一坐佛。中心柱分上下二层开龛。下层平面方形，上端四转角处均雕刻一大象。柱体四面开龛，除南面龛雕释迦多宝外，余均雕一佛二菩萨。龛外两侧均浅浮雕佛传故事。上层平面为八角形，底面（即下层顶面）四角各雕一多层方塔，为下层大象所驮。柱体八面均开一龛，龛内雕一佛二菩萨。王母宫石窟的佛像均面相浑圆，下颏丰满，身体健壮，身着褒衣博带式袈裟。洞窟的结构和佛像的样式与云冈第 6 窟中心柱窟惊人的相似。因此可以说王母宫石窟直接仿自云冈第 6 窟，是"云冈模式"向西影响和传播的最佳例证，它的开凿年代应当在北魏迁都洛阳前后。

（六）武山拉稍寺石窟群

武山拉稍寺石窟群位于甘肃省武山县城东北 25 公里处的榆盘乡钟楼村鲁班峡的崇山中。50 年代，在文物普查时被发现[53]。1985 年，董玉祥、臧志军发表了调查报告，比较详细地介绍了该石窟寺的情况[54]。武山石窟群分为千佛洞、拉稍寺、水帘洞、显圣寺等地点。其中最引人注目的是拉稍寺浮雕一佛二菩萨像。这铺造像雕造在高约 60 米的陡直崖面上。佛像通高近 40 米，肉髻低平，面相浑圆，身着通肩大衣，双手施禅定印，结跏趺坐于方形仰莲台座上。莲座上的浮雕颇具特色，共有三层动物图案。下层为一排九身大象，居中大象为正面形象，两侧大象为侧面形象，均面朝外侧。中层为卧鹿。上层为卧狮，亦为九身组合，居中者因凿有龛像而不明，两侧鹿和狮子与大象相同，均面朝外侧。这种动物的排列方式及狮子的形象颇有中亚艺术的特征。佛像两侧的菩萨略低于佛像，头戴花冠，脸庞浑圆，上身斜披僧祇支，下身着百褶裙，侧身朝向释迦佛，双手持一莲花，直立，双足呈八字形。根据北侧菩萨身旁所刻造像题记："维大周明皇帝三年岁次己卯二月十四日，使持节柱国陇右大都督秦、渭、河、鄯、凉、甘、瓜、成、武、岷、洮、邓、文、康十四州诸军事秦州刺史开国公尉迟迥与比丘释道藏于渭州仙崖敬造释迦牟尼像一区，愿天下和平、四海安乐。众生与天地长久，周祚与日月俱永。"可知其雕造年代在北周明帝三年（559 年），功德主为北周的实权人物秦州刺史尉迟迥。

注　释

[1] 冯国瑞《永靖发现西秦创始炳灵寺石窟》，《文物参考资料》1953 年第 1 期。

[2] 炳灵寺石窟勘察团《炳灵寺石窟第一次勘察报告》、《炳灵寺石窟编号及其内容》，均刊《文物参考资料》1953 年第 1 期。

[3] 关于建弘元年墨书题记有"岁在玄枵"，玄枵为子年，建弘五年为甲子年，故日本学者福山敏男在《炳灵寺石窟的西秦造像铭について》一文中认为：建弘元年是五年之误。文刊《美术研究》第 276 号，1971 年。邓健吾在《麦积山石窟的研究及早期石窟的两个问题》一文中即采用福山敏男的观点。文刊《中国石窟·麦积山石窟》，文物出版社 1998 年版。近来王惠民在《炳灵寺建弘纪年应为建弘五年》一文中亦持同样观点。文刊《敦煌研究》1998 年

第3期。

[4] 甘肃省文物工作队《调查炳灵寺石窟的新收获——第二次调查（1963年）简报》，《文物》1963年第10期。

[5] 董玉祥主编《炳灵寺一六九窟》，海天出版社1994年版。

[6] 董玉祥《炳灵寺石窟的分期》，《中国考古学会第一次年会论文集》，文物出版社1980年版。

[7] 张宝玺《炳灵寺的西秦石窟》，甘肃省文物工作队、炳灵寺文物保管所编《中国石窟·炳灵寺石窟》，文物出版社1989年版。

[8] 常青《炳灵寺169窟塑像与壁画的年代》，北京大学考古学系编《考古学研究（一）》，文物出版社1992年版。

[9] 《法苑珠林》卷三十九记载："晋初河州唐述谷寺者，在今河州西北五十里。"

[10] 郦道元《水经注》亦引《秦州记》，但内容不如《太平御览》所引全面。

[11] 北凉石塔的造像题材一般都是七佛（过去六佛、现在释迦佛）和弥勒菩萨，表现了过去现在未来三世。参见王毅《北凉石塔》，《文物资料丛刊》一，文物出版社1977年版。

[12] 江南无量寿佛的信仰十分流行，造无量寿佛像的记载亦很多。而南朝与西秦之交往，可以通过河南道，即经益州到达西秦。《高僧传》卷三《昙无竭传》记载：宋永初元年（420年）昙无竭、智猛等西行求法时，路由河南国（即西秦）。故颇疑无量寿信仰与南朝有关。关于河南道，可参见唐长孺《南北朝期间西域与南朝的陆道交通》，文收录于唐长孺《魏晋南北朝史论拾遗》，中华书局1983年版。

[13] 大村西崖在《支那美术史雕塑篇》中曾提到北周都督李允信在麦积崖营造七佛龛，庾信作龛铭事，大正四年（1915年），佛书刊行会图像部。

[14] 参见冯国瑞《麦积山石窟志》，1941年陇南丛书编印社出版，1989年天水报社印刷厂重印。重印本将冯国瑞《天水麦积山西窟万佛洞铭》、《天水麦积山石窟介绍》、《麦积山石窟大事年表》三文作为附录附于书后。洞窟的编号是作者1946年调查时所编，共计一百二十一个编号。作者在《天水麦积山石窟介绍》一文中（原刊于《文物参考资料》1951年第2卷10期），将麦积山石窟与敦煌石窟做了比较。

[15] 参见阎文儒主编《麦积山石窟》序言，甘肃人民出版社1984年版。

[16] 《西北文化部完成麦积山石窟勘察工作》，《文物参考资料》1953年第1期。

[17] 麦积山勘察队《麦积山勘察团工作报告》，《文物参考资料》1954年第2期。《麦积山石窟内容总录》分五部分，刊于《文物参考资料》1954年第2～6期。

[18] 文化部社会文化事业管理局编印《麦积山石窟》，北京，1954 年版。

[19] 福山敏男《麦积山石窟寺》，《美术史》第 9 号，1953 年。如将第 133 窟、127 窟和 121 窟的年代推定为北魏末至西魏时期，这是比较正确的，但将第 114 窟的年代推定为 5 世纪前半叶，显然过早了。

[20] 名取洋之助《麦积山石窟》，岩波书店 1957 年版。

[21] 町田甲一《麦积山石窟の北魏佛について》，《佛教艺术》第 35 号，1958 年。

[22] 麦积山文物保管所《麦积山石窟的新通洞窟》，《文物》1972 年第 12 期。至此，除 178、176、177、144、143、145、147、146 等窟外，其余洞窟均有栈道可以通达。这次调查还在第 78 窟右侧基座上剥出十八身世俗供养人像，发现了"仇池镇□生王□□供养十方诸佛时"等题记，这为确定早期洞窟的年代提供了依据。

[23] 较重要的文章有：张宝玺《麦积山石窟开凿年代及现存最早洞窟造像壁画》（《中国考古学会第一次年会论文集》，文物出版社 1980 年版），张学荣《麦积山石窟的创建年代》（《文物》1983 年第 6 期），黄文昆《麦积山的历史与石窟》（《文物》1989 年第 3 期）。上述三文对麦积山石窟的开创年代做了论证。史岩《麦积山石窟北朝雕塑的两大风格体系及其分布情况》（《美术研究》1957 年第 1 期），步连生《麦积山石窟塑像的源流辨析》（阎文儒主编《麦积山石窟》，甘肃人民出版社 1984 年版），张宝玺《麦积山石窟壁画要说》，（《中国石窟·麦积山石窟》，文物出版社 1998 年版），作者分别论述了麦积山石窟的雕塑和壁画。傅熹年《麦积山石窟中所反映出的北朝建筑》，（《文物资料丛刊》四，文物出版社，1981 年），对麦积山北朝建筑形象及有关问题进行了研究。

[24] 阎文儒主编《麦积山石窟》，甘肃人民出版社 1984 年版。

[25] 金维诺《麦积山石窟的兴建及其艺术成就》，《中国石窟·麦积山石窟》，文物出版社 1998 年版。

[26] 董玉祥《麦积山石窟的分期》，张学荣《麦积山石窟的创建年代》，均刊《文物》1983 年第 6 期。黄文昆《麦积山的历史与石窟》，《文物》1989 年第 3 期。

[27] 张宝玺《麦积山石窟开凿年代及现存最早洞窟造像壁画》，《中国考古学会第一次年会论文集》，文物出版社 1980 年版。

[28] 邓健吾《麦积山石窟的研究及早期石窟的两三个问题》，《中国石窟·麦积山石窟》，文物出版社 1998 年版。

[29] 张学荣、何静珍《再论麦积山石窟的创建年代及最初开凿的洞窟——兼与张宝玺先生商榷》,《敦煌研究》1997 年第 4 期。

[30] 按张学荣的观点,大火过后所有的塑像基本上都是按原式原样复修的。这里的问题是晚于第 74、78 窟的第 100、80、128、148 等窟,在年代上亦被定为十六国时期,这样这批较早的洞窟与其他北魏洞窟之间在时间上存在着明显的缺环。而从洞窟形制和塑像特点看,他们的延续关系比较清楚。又张宝玺提出,覆压佛坛边框的泥皮无法确定就是绘有仇池镇供养人这一层。而供养人里层是否有壁画也仅仅是猜测,不足为据。故仍坚持原有北魏开凿的观点。参见张宝玺《再议麦积山石窟石岩寺年代及第 78 窟创建年代——兼答张学荣何静珍先生》,《敦煌研究》1999 年第 1 期。

[31] 阎文儒《麦积山石窟的历史分期及其题材》,阎文儒主编《麦积山石窟》,甘肃人民出版社 1984 年版。

[32] 董玉祥《麦积山石窟的分期》,《文物》1983 年第 6 期。

[33] 初师宾《石窟外貌与石窟研究之关系——以麦积山石窟为例略谈石窟艺术断代的一种辅助方法》,《西北师院学报》1983 年第 4 期。

[34]《魏书》卷一百六《地形志下》南秦州条记载:"真君七年置仇池镇,太和十二年为渠州,正始初置,治洛谷城。"唐长孺点校注云,渠州应为梁州。

[35] 碑铭录文参见杨爱玲《关于麦积山石窟文献和刻石的注释》,《麦积山石窟》,甘肃人民出版社 1984 年版。

[36] 参见傅熹年《麦积山石窟中所反映出的北朝建筑》,《文物资料丛刊》四,文物出版社 1981 年。

[37]《文苑英华》卷七八五,中华书局 1987 年版。

[38] 参见傅熹年《麦积山石窟中所反映出的北朝建筑》,《文物资料丛刊》四,文物出版社 1981 年版。

[39] 参见金维诺《麦积山石窟的兴建及其艺术成就》,《中国石窟·麦积山石窟》,文物出版社 1998 年版。黄文昆《麦积山的历史与石窟》,《文物》1989 年第 3 期。

[40] 刘敏《甘肃固原的石窟造像》,《文物参考资料》1956 年第 4 期。

[41] 朱希元:《宁夏须弥山圆光寺石窟》,《文物》1961 年第 2 期。

[42] 宁夏回族自治区文物管理委员会、中央美术学院美术史系《须弥山石窟》,文物出版社 1988 年版。王泷、牛达生撰写了《须弥山石窟》专文;韩有成、于存海编录了《须弥山石窟内容总录》。

[43] 参见宁夏回族自治区文物管理委员会、北京大学考古学系编著《须弥山石窟

内容总录》，文物出版社 1997 年版。

［44］陈悦新《须弥山早期洞窟的分期研究》，《华夏考古》1994 年第 4 期。

［45］参见林蔚《须弥山唐代洞窟的类型和分期》，刊于北京大学考古学系编《考古学研究（三）》，科学出版社 1997 年版。

［46］《历代三宝记》卷十一记载：周武帝灭法，"毁破前代关山西东数百年来官私所造一切佛塔，扫地悉尽。融刮圣容，焚烧经典。八州寺庙出四千，尽赐王公，充为宅第。三方释子减三百万，皆复军民，还归编户"。须弥山许多北周洞窟工程的中止，应与周武帝灭法事件有关。

［47］参见陈万里《西行日记》，北平朴社 1926 年版。

［48］陈贤儒《甘肃庆阳、镇原等县发现三处石窟》，《文物》1961 年第 2 期。

［49］甘肃省博物馆《甘肃泾川南石窟寺调查报告》，《考古》1983 年第 10 期。

［50］甘肃省文物工作队、庆阳北石窟寺文管所《庆阳北石窟寺》，文物出版社1985 年版。

［51］华尔纳《中国西北考察记》（Langdon Warner, *The Long Old Road in China*, 1927），英国阿罗史密斯公司出版，1927 年。

［52］甘肃省博物馆《甘肃泾川王母宫石窟调查报告》，《考古》1984 年第 10 期。

［53］张仲生《武山县发现古代石窟》，《文物参考资料》1957 年第 10 期。

［54］参见董玉祥、臧志军《甘肃武山水帘洞石窟群》，《文物》1985 年第 5 期。

四　陕西地区石窟寺的发现与研究

陕西地区石窟寺的开凿年代较晚，地点较为分散，每个地点的洞窟数量并不多，最早的石窟地点可能早到北魏晚期，大量的石窟则为唐、宋时期开凿，地方特点比较明显，是研究晚期石窟造像的重要地区。

（一）彬县大佛寺石窟

彬县大佛寺位于彬县城西 10 公里泾河南岸的清凉山上。泾河从清凉山前蜿蜒东流。现存窟龛一百一十六个，其中保存有造像的洞窟约有十余个。大佛寺石窟见于明清的地方志记载。1902 年，晚清著名金石学家叶昌炽曾经游览过大佛寺，著录了石窟寺内的碑刻题记一百零三品[1]。对大佛寺的科学考察始于 20 年代。1928 年，崔盈科发表了《陕西邠县之造像》，介绍了大佛寺石窟寺的概况[2]。50 年代以来，陆续又有简报发表[3]。1979 年，陕西省考古研究所员安志对大佛寺做了比较详细的调查，著录了部分石刻铭记，并对大佛寺进行了分期与年代的探讨[4]。90 年代初，西安美术学院李淞曾三次赴大佛寺进行调查，发现了千佛洞中的唐代武太一造像题记，结合文献记载考证，认为大佛洞是由唐太宗李世民于武德初年开凿的[5]。1994 年和 1996 年，常青两次对大佛寺进行了详细的调查，重新做了编号。在 1998 年出版的《彬县大佛寺》一书中较全面地论述了大佛寺石窟的分期与年代，并结合长安附近的其他石窟寺资料，对长安佛教造像样式进行了归纳和总结。这是迄今为止，较为全面地记录和论述大佛寺石窟的专著[6]。

彬县大佛寺始凿年代并没有明确的文字记载，从西崖第1、2、3、5窟看，这些洞窟平面为圆角方形，三壁设坛式，窟顶穹隆形或平顶。第1、3、5窟为三身结跏趺坐佛；第2窟正壁为倚坐菩萨，左右壁分别为结跏趺坐佛和半跏思惟菩萨，这种组合形式十分罕见。三佛组合和倚坐菩萨像都是北周和隋代流行的题材。造像样式颇显敦厚，与隋代造像较为一致。因此，这批洞窟有可能是隋代开凿的。

初唐时期最重要的洞窟是唐贞观二年（628年）完工的大佛洞。洞窟平面椭圆形，顶略呈穹隆形，窟顶正中做出横向的人字披，窟内正壁前设高达20余米的坐佛像，佛像身后凿出礼拜隧道，这种做法与云冈石窟第20窟和第5窟较为接近。左右壁雕高达17余米的二菩萨像。主佛身体表面虽经重塑，但基本上体现了原有造像的特点：佛像的肉髻较高，身躯丰壮，胸腹平坦，身着褒衣博带式大衣，衣纹的写实感不强（图二三）。二菩萨像分别头戴化佛冠和宝瓶冠，可知这两尊菩萨像分别为观世音和大势至菩萨，主尊坐佛则应为西方阿弥陀佛。菩萨面相浑圆，身体丰满，呈"S"形扭动，表现出与隋代造像不同的风格（图二四）。佛像的背光上有"大唐贞观二年十一月三日造"题记。这座大佛洞究竟是谁建造的呢？新发现的千佛洞正壁幽州长史武太一题记云：应福寺（即大佛寺）"武圣皇帝平薛举时所置也"。唐太宗平薛举为唐武德元年（618年），因此这座大佛窟应是武德元年开始开凿的，功德主可能是唐太宗。其他洞窟及龛像大都为高宗至玄宗时期雕造

图二三　彬县大佛寺大佛洞佛像

的，其中有武则天的堂侄女彭城县主武氏造像龛。彬县大佛寺是长安附近规模最大的石窟寺，其造像样式和题材应反映了长安佛教造像流行的时尚。因此大佛寺是研究长安造像样式重要的石窟资料。

（二）麟游慈善寺石窟

慈善寺石窟位于陕西麟游县城东约 8 公里漆河西岸的崖面上。共有洞窟三座，为高宗时期开凿。另外在南山崖面上还有佛龛九个。1958 年，陕西省文物管理委员会曾做过初步调查[7]。90 年代，常青亦多次调查该石窟，发表了比较详细的考察报告[8]。第 1 窟平面为椭圆形，穹隆顶。窟内凿出凹字形坛，正壁坛向外伸至窟中央，坛上主尊佛像为圆雕，身后与正壁间形成甬道，左右壁坛上依壁各雕一坐佛，三尊佛像均高 4 米余。第 2 窟为大像窟，平面为马蹄形，穹隆顶。窟内正壁依壁雕造高达 4.7 米的立佛像。左右壁各有一尖拱形浅龛，内雕一菩萨像。第 3 窟未完成。慈善寺石窟佛像着双领下垂式袈裟或通肩袈裟，衣纹突起，裙摆紧裹双腿，显露足形。菩萨像头戴冠，上身斜披络腋，下身着裙，身体健壮，有明显的扭曲。此外在南崖发现《如来在金棺嘱累清静庄严敬福经》。该经为中土所撰之伪经，宣扬造像写经与来世获福之因果关系。麟游慈善寺石窟东邻长安，又地处唐代避暑胜地九成宫附近。因此慈善寺石窟所具有的应是长安流行的造像样式，《敬福经》的发现也为唐代佛教造像进一步世俗化提供了经典依据。

图二四 彬

…洞二菩萨像

（三）延安地区石窟寺

陕北延安地区是石窟寺开凿较多的地区之一，尤其是宋金时期的石窟寺最具特色，是研究中原北方地区晚期石窟造像的艺术宝库。由于延安地区的石窟寺地点较为分散，每个石窟寺规模较小，洞窟数量不多。所以，延安石窟寺的调查和研究工作做得并不多。50年代曾有过两次简单的调查。第一次是1956年陕西省博物馆和文管会调查了富县石泓寺和阁子头石窟，做了编号、测绘和记录[9]。第二次是1959年古代建筑修整所张智等人在赴陕北考察革命文物时，顺路调查了黄陵县万佛寺和延安万佛洞石窟[10]。这些调查资料的刊布并没有引起足够的重视。"文化大革命"以后，有关部门和学者加大了对这一地区石窟寺调查工作的力度。1979年，延安地区文化局对全区石窟寺进行了普查[11]，1978年至1982年，靳之林等在陕北考察，新发现了一批北朝时期的石窟寺和摩崖造像[12]。1982年靳之林编著出版了《延安石窟艺术》图录，比较详细地介绍了从北朝到宋金各个时期的石窟造像[13]。1983年，延安地区群众艺术馆编著了《延安宋代石窟艺术》图录，重点介绍了七处宋代石窟寺[14]。1985年，陕西省考古研究所对富县石泓寺等二十余处石窟寺进行了考察[15]。90年代，又有一些调查报告相继问世[16]。这些调查资料的刊布，使我们对陕北地区的石窟寺有了一定的认识。

陕北北朝时期的石窟寺大约有十五处，保存状况均不太好，比较重要的是安塞县城西1公里的真武洞石窟。此为一平面椭圆形、穹隆顶的大像窟，窟内正壁雕一身立佛，佛像高达

6.2 米，形体高大，占据窟内较大的空间。佛像身着褒衣博带式袈裟，身体健壮，其身后凿有礼拜道。大像窟的形制与云冈昙曜五窟十分相似，尤其是与云冈第 18 和第 16 窟两座以立佛为主像的洞窟更为接近。而佛像样式则与云冈第 6 窟和甘肃庆阳北石窟寺奚康生所开凿的第 165 窟佛像相似。毫无疑问，这座大像窟受到了来自云冈石窟的影响，因此可以估计大像窟的开凿年代约在北魏迁都洛阳前后。从真武洞大像窟的发现可以看出在"云冈模式"向西传播的过程中，陕北地区是一条极为重要的传播路线，这条路线正是北魏平城通往河西走廊的交通要道，应当引起学术界的关注[17]。宜君县福地水库石窟是一座佛道合开的洞窟，开凿于西魏大统元年（535 年），雕刻有佛像和老君像。这是目前发现最早的佛道混合窟，是陕西地区道教兴盛的反映。

陕北地区最富特色的是宋金时期的石窟寺。比较重要的有子长县北钟山石窟[18]，延安万佛洞石窟[19]，黄陵县万佛寺石窟[20]，富县石泓寺和阁子头石窟，安塞县黑泉驿、万佛寺、石寺河石窟等[21]。这些石窟地点比较分散，每个石窟地点的洞窟数量较少，但不乏大型洞窟。从洞窟形制看：一般以单一的佛坛窟为主，也有以佛坛窟为主的成组洞窟，另外有少量的中心柱窟、佛殿窟、禅窟和瘗窟。

佛坛窟是延安地区最富特色的洞窟形制，一般规模较大，题材丰富，雕刻精美。从佛坛窟的平面布局看，形制变化是比较复杂的，大体可以分为坛柱式、坛屏式和坛式等多种形式。

坛柱式的典型洞窟有子长县钟山石窟第 3 窟、富县石泓寺第 2 窟、安塞县招安第 3 窟等，它们均为大型洞窟。平面一般为方形，窟门甬道较深。窟内中央设佛坛，坛上雕主尊佛像，四角各雕立柱，与窟顶相接。立柱上雕刻千佛。佛坛之上的窟顶雕刻圆形或八角形藻井，有些洞窟的顶部边缘雕出一斗三升式斗拱。窟内四壁有的开龛造像，有的通壁绘千佛、菩萨、罗汉以及说法和涅槃题材等故事画。安塞县招安第3窟则有前室，前室中部雕二立柱，构成面宽三间的仿木式窟檐。子长县钟山石窟第3窟的规模最大，平面作横长方形，有三个窟门。窟内中央设横长方形佛坛，坛上前后两排各有四根立柱，构成三开间的佛坛，主尊佛像分别置于各间中部靠后侧。

坛屏式的典型洞窟有富县石泓寺第5窟、富县大佛寺第3窟[22]和延安万佛洞石窟[23]。石泓寺和大佛寺二窟平面均为方形，单门道。窟内中央设高坛，坛上后部中央及坛左右边共有五根直通窟顶的屏板，每根屏板上雕刻一佛二弟子和二菩萨像。万佛洞石窟平面为横长方形，有二个门道，其中一个门道左右壁雕刻文殊、普贤骑狮象。窟内中央设横长方形佛坛，佛坛上左右侧各立直通窟顶的屏壁，后侧无屏壁。佛坛上方窟顶有三个并列的覆斗形藻井。佛坛上原有的三身造像已不存。窟内壁面雕刻释迦、倚坐弥勒佛、观音、文殊、普贤、弟子和罗汉等稍大造像，以及一座十五层佛塔。其他壁面均为千佛像。

坛式的典型洞窟有志丹县城台石窟、顺宁石窟，富县马渠寺第2窟，安塞县黑泉驿石窟等。城台石窟规模很大，有前后室，前室平面为横长方形，且宽于后室，面宽25米，进深6米。前室前部雕刻直通顶部的四根方形立柱，构成面宽五间的仿木式前廊，前室后壁开三个门道。后室平面亦为横长方形，窟内中央设长方形佛坛，佛坛上置主尊佛像，窟内左、右、后三壁开龛造像。顺宁石窟第5窟平面布局与城台石窟大体相似，有宽度相同的前后室，前室雕刻四根八角形立柱，构成面宽五间的仿木式窟檐。

中心柱窟较少，典型洞窟有黄陵县万佛寺和富县柳圆石窟。万佛寺石窟为一大型洞窟，坐东朝西，具前后室。前室雕出四根八角形立柱，柱下有覆莲柱础，柱头间置阑额，柱头上承斗拱及撩檐枋，使整个外观构成面宽三间的仿木建筑样式。前后室之间有长甬道相连。主室平面为方形，窟内中央设方坛，方坛东面敞开，南、北、西三面凿出背屏式石壁，与窟顶相连，南北壁前端雕出抹角柱。这样方坛之上实际构成了中心柱，中心柱内为平面方形的深龛[24]，龛内正壁雕倚坐弥勒佛，左右壁各雕一铺佛像。甬道及窟内皆雕刻造像。富县柳圆石窟平面近弧方形，窟内中央设中心柱，中心柱四面开龛造像。

延安地区宋金石窟比较突出的特点是洞窟形制完全模仿了地面寺院的佛殿建筑形式。如方形和长方形洞窟平面形制和仿木式前廊，与寺院佛殿建筑平面布局一致。窟内方形佛坛或横长方形佛坛，也与佛殿内设置佛坛及坛上塑像的做法相同。

（四）淳化金川湾石窟

金川湾石窟是1981年新发现的，它位于陕西淳化县城东南15公里处金川湾村南的石崖上，仅一个洞窟，平面方形，平顶，面宽9米，残深5米，高7.5米。正壁雕主尊高达4.3米的佛像，佛像两侧各有一胁侍菩萨像。"文化大革命"期间，石窟遭到破坏。该石窟最为重要的是窟内东西两壁雕刻了三阶教的经典《七阶佛名经》、《明诸经中对根时深发菩提心法》、《大集经月藏分经略》、《佛说大方广十轮经序品》等[25]。因此，可以确定该窟造像和刻经应是三阶教徒所为。三阶教为隋信行禅师所创，唐武则天和唐玄宗均认为三阶教是邪说，武则天将三阶教经典列为伪经，玄宗则禁断《三阶集录》。从如意元年（692 年）至开元十三年（725 年）三阶教多次遭禁[26]。从造像样式看，该窟明显具有初唐后期的特点。因此，该窟很有可能与武则天禁三阶教的历史背景有关。三阶教刻经石窟的发现对于研究三阶教在长安的活动情况及经典的流传有着重要的学术意义。

注　释

[1] 叶昌炽《邠州石室录》，文物出版社 1982 年版。

[2] 崔盈科《陕西邠县之造像》，《中山大学语言历史学研究所周刊》第 5 卷第 56 期，1928 年。

[3] 贺梓城《陕西邠县大佛寺石窟》，《文物参考资料》1956 年第 11 期。

[4] 员安志《彬县大佛寺石窟的调查与研究》，《中国考古学研究论集——纪念夏鼐先生考古五十周年》，三秦出版社 1987 年版。

[5] 李淞《唐太宗建七寺之诏与彬县大佛寺》，《艺术学》第 12 期，台北艺术家出版社 1994 年版。李淞《彬县大佛寺开凿时间新考》，《文博》1995 年第 4 期。

[6] 常青《彬县大佛寺造像艺术》，北京现代出版社 1998 年版。

[7] 陕西省文物管理委员会《陕西麟游的摩崖造像和石窟》，《文物参考资料》1958 年第 11 期。

[8] 常青《陕西麟游慈善寺石窟的初步调查》，《考古》1992 年第 10 期。中国社会科学院考古研究所西安唐城队、麟游县博物馆《陕西麟游慈善寺南崖佛龛与〈敬福经〉的调查》，《考古》1997 年第 1 期。

[9] 陕西省博物馆、陕西省文管会《鄜县石泓寺、阁子头寺石窟调查简报》，《文物》1959 年第 12 期。

[10] 张智《黄陵万佛寺、延安万佛洞石窟寺调查记》，《文物》1965 年第 5 期。

[11] 延安地区文化馆姬乃军《延安地区的石窟寺》，《文物》1982 年第 10 期。文章介绍了 1979 年以来延安地区文化局对本地区石窟寺的调查情况，主要报道的石窟地点有：延安城东清凉山万佛洞（现存三个洞窟）、子长县安定镇北钟山石窟（一个洞窟）、黄陵县双龙千佛寺石窟（也称万佛洞石窟，一个洞窟）和富县石泓寺石窟（共七个洞窟）四个石窟。另外简要介绍了志丹县

城台石窟、何家洼石窟，安塞县石寺河石窟、招安石宫寺石窟，富县段家庄石窟、川庄石窟和窑子沟石窟。延安地区文物普查队、子长县文物管理所《子长钟山石窟调查记》，《考古与文物》1982年第6期。

[12] 参见靳之林《陕北发现一批北朝石窟和摩崖造像》，《文物》1989年第4期。

[13] 靳之林《延安石窟艺术》，人民美术出版社1982年版。

[14] 延安地区群众艺术馆编著《延安宋代石窟艺术》，陕西人民出版社1983年版。

[15] 员安志《陕西富县石窟寺勘察报告》，《论富县石泓寺、松树沟金元石刻造像的年度与特征》，均刊于《文博》1986年第6期。

[16] 参见杨宏明《安塞县石窟寺调查报告》，《文博》1990年第3期。刘合心、段双印《洛川县寺家河唐代密宗造像石窟》，《文博》1992年第5期。李圣廷《米脂万佛洞石窟》，《文博》1992年第5期。

[17] 参见李淞《陕西古代佛教美术》，陕西人民教育出版社2000年版。

[18] 延安地区文物普查队、子长县文物管理所《子长钟山石窟调查记》，《考古与文物》1982年第6期。

[19] 延安地区文化馆姬乃军《延安地区的石窟寺》，《文物》1982年第10期。

[20] 张智《黄陵万佛寺、延安万佛洞石窟寺调查记》，《文物》1965年第5期。

[21] 杨宏明《安塞县石窟寺调查报告》，《文博》1990年第3期。

[22] 参见员安志《陕西富县石窟寺勘察报告》，《论富县石泓寺、松树沟金元石刻造像的年度与特征》，《文博》1986年第6期。

[23] 参见姬乃军《延安地区的石窟寺》，《文物》1982年第10期。

[24] 参见张智《黄陵万佛寺、延安万佛洞石窟寺调查记》图一，黄陵万佛寺平面图、横断面图、正立面图，《文物》1965年第5期。

[25] 参见姚生民《淳化唐代刻经石窟》，《中国文物报》1997年2月23日第4版。李淞《陕西古代佛教美术》图113，陕西人民教育出版社2000年版。

[26] 三阶教为隋信行禅师所创，武则天和唐玄宗均认为三阶教是邪说，武则天将三阶教经典列为伪经，玄宗则禁断《三阶集录》。从如意元年（692年）至开元十三年（725年）三阶教多次遭禁。参见汤用彤《隋唐佛教史稿》第四章隋唐之宗派，中华书局，1982年。从造像样式看，该窟明显具有初唐时期的特点，因此该窟应开凿于则天朝以前的初唐时期。

五

晋豫及以东地区石窟寺的

发现与研究

晋豫及其以东地区不仅是中国封建王朝政治、经济和佛教文化的中心，也是对外进行物质文化交流的中心。统治集团利用全国的财力、最优秀的工匠，进行石窟寺的开凿活动。因而以都城为中心，以皇家开凿的大同云冈石窟、洛阳龙门石窟、邯郸响堂山石窟为主流，吸收和融合中西文化的精髓，不断创造出新型的石窟造像模式。这些主流石窟不仅洞窟数量多、规模大，而且题材丰富、雕刻精美，往往引导着石窟寺开凿的潮流，并对周边地区石窟寺的开凿产生巨大的影响。因而这一地区是中国石窟寺的精粹所在。

（一）大同云冈石窟

1. 云冈石窟的概况

云冈石窟是中国三大石窟之一，位于山西省大同市西 16 公里处的武周山之阳、武州川北。原称石窟寺，又称恒安石窟或北台石窟寺。明代为防边患，在该窟旁设云冈堡，故近人调查时称之为云冈石窟。云冈石窟开凿于北魏都平城时期，是由北魏皇室和高僧经营的国家石窟大寺。最早记载云冈石窟的是北魏郦道元的《水经注·漯水》条："武周川水又东南流，水侧有石，祇洹舍并诸窟室，比丘尼所居也。其水又东转，迳灵岩南，凿石开山，因崖结构，真容巨壮，世法所缔，山堂水殿，烟寺相望。"唐道宣《续高僧传》卷一《昙曜传》则描绘了云冈石窟壮丽奇伟、冠于一世的风貌："龛之大者，举高二十余丈，可受三千许人，面别镌像，穷诸巧丽，龛别异状，骇动人神，栉比相连三十余里。"按自然分布，石窟分为东、中、西三部分，有洞窟五十一个。由东向西进行编号。东部为第1至4窟，中部为第5至20窟，西部为第21至51窟。另外在云冈之西还有鲁班窑、吴官屯和焦山石窟，东西绵延15公里，是云冈附属的小石窟。

云冈石窟的开凿历史大约经历了三个阶段。

第一阶段开凿的洞窟共有五个，即第16至20窟，位居云冈石窟群的中部偏西。这就是《魏书》卷一一四《释老志》所记北魏文成帝和平初年至和平五年（460～464年）由著名禅僧昙曜主持开凿的，俗称"昙曜五窟"。洞窟东西毗邻，规模宏大。学术界一般都认为是昙曜为太祖道武帝以下五帝所造，窟内五尊主尊佛像是"令如帝身"的模拟像，分别象征着北魏道武、明元、太武、景穆和文成帝这五位皇帝。昙曜为什么要为帝王开凿五个大窟呢？这当然有其深刻的历史背景。昙曜是来自凉州（今甘肃武威市）的北凉禅僧。凉州又是佛教和开窟造像的兴盛之地。《魏书》卷一一四《释老志》称"凉州自张轨以后，世信佛教"。特别是到了占据河西走廊的十六国北凉王朝，由于帝王崇信佛教，组织道场，翻译佛经，开凿石窟，使凉州成为西北一隅的佛教中心。凉州佛教除了重禅之外，末法思想的产生和弥漫也是凉州佛教的特色。北凉统治者沮渠蒙逊开凿凉州石窟时便考虑到石窟可以长久保存下去，以备法灭。公元439年，北魏太武帝灭北凉，"徙其国人于京邑，沙门佛事皆俱东，象教弥增矣"（《魏书》卷一一四《释老志》）。

凉州佛教的输入，使魏都平城佛教发展到一个新的阶段，从而形成了以凉州禅僧为主导的佛教僧团。公元 446 年，太武帝颁布灭法诏书，"土木宫塔，声教所及，莫不毕毁矣"（同前）。太武帝灭法前后长达七年，而《涅槃经》所预示的末法时代，正由灭法运动得到了验证。所以在经历了北凉灭亡和太武帝毁佛之后，凉州禅僧集团对于末法是深信不疑的。文成帝复法后不久，出任沙门统的凉州禅僧昙曜便"慨前凌废，欣今载兴，故于北台石窟寺内集诸僧众，译斯传经，流通后贤，庶使法藏住持无绝"（《历代三宝记》卷九）。昙曜译经的目的是很明确的，就是要使佛法永存不坠。与译经相呼应，昙曜在平城之西武周山为北魏皇帝开凿了五座大窟，很显然昙曜是利用帝王之尊来达到其护法目的。正是由于这种特殊的政治原因，云冈第一期洞窟的形制和造像题材都别具特色。洞窟均为大像窟，造像题材均为过去、现在和未来的三世佛，用以表现佛法的源远流长。值得注意的是：三世佛中正壁主像形体高大雄伟，身体健壮，占据大部分空间，而两侧佛像形体较小。显然昙曜特别强调"令如帝身"的主尊形象的崇高和伟岸，由此可见昙曜对洞窟的构造和主尊像的设计是用心良苦的。

昙曜五窟的开凿次序为第 19、20、18、17 和 16 窟，各窟平面形制均为马蹄形，窟顶作穹隆式，有学者认为这种窟形应是模拟古代印度的草庐形式。洞窟前壁均设有长方形窟门和高大的明窗。我们现在所看到的象征着云冈石窟第 20 窟露天大佛的原来形制也是有窟门和明窗的，只不过在洞窟完成后不久的北魏时期，因所处窟区地质条件不佳而崩塌了[1]。各窟内雕刻三世佛，正壁主尊均为高达 15～17 米余的巨形佛像，佛像占据了窟内大部分空间。从窟前远处穿过明窗仰望，即可看到主尊佛像的面相，可见洞窟的设计别具匠心。窟内两侧为形体略小的佛像。各窟三世佛的表现形式不完全相同，第 17 窟以交脚弥勒菩萨为主尊（图二五），其余均以释迦佛为主尊。第 19 窟正壁为结跏坐佛，另两身为倚坐佛，分别雕刻在门两侧胁洞里。第20窟正壁主尊为结跏坐佛，两侧壁为立佛。第16

图二五　云冈第 17 窟正壁交脚弥勒菩萨像

窟（此像完工年代较晚）和 18 窟主尊为立佛，第 17 窟为交脚弥勒菩萨。造像的形象特点突出，佛和菩萨均广额方颐，身体魁伟。佛身着通肩袈裟或袒右式袈裟，右肩覆偏衫衣角。菩萨斜披络腋，下着长裙。以造像服饰论，云冈石窟明显受到西方造像样式的影响，这里既有中亚犍陀罗造像风格的特点，如第 20 窟主尊衣纹分叉和厚重的服饰；也有印度笈多时期秣陀罗造像样式的因素，如第 18 窟主尊衣纹单薄贴体的服饰。这种造像样式与甘肃早期石窟佛像大体相同。尤其是炳灵寺第 169 窟的塑像，与云冈第一期造像更为相似，因此云冈一期造像有可能有西部长安造像样式的因素。可以推测云冈造像样式是"沿着西方旧有佛像服饰的外观，模拟当今天子之容颜风貌，是一种新型的佛像融合"[2]。云冈开凿大像窟也可能与新疆古龟兹地区和河西凉州石窟的大像窟有一定的关联，前者或受此启发。

　　云冈石窟开凿的第二阶段集中在中部和东部，即中部第 5 至 13 窟和东部第 1 至 3 窟。开凿年代约在北魏迁都洛阳前的孝文帝时期（471～494 年）。另外在第一阶段的洞窟里开凿了许多小龛。这一时期的洞窟数量急剧增多，除了皇室外，还有官吏和上层僧尼参与开凿。洞窟形制呈现出多样化。除了马蹄形窟外，主要有中心柱窟、方形和横长方形窟以及禅窟。成组的双窟和模拟汉式传统建筑样式的洞窟是云冈二期洞窟最显著的标志，如第 1、2 窟，5、6 窟，7、8 窟，9、10 窟都属双窟之制。双窟的表现形式多样，第 7、8，9、10 窟之间分别凿有圆拱形通道，以沟通两窟。第 5、6 窟，7、8 窟均有双塔和丰碑，第 9、10 窟仅有双塔，但这组双窟和 12 窟均在窟外凿成仿木建筑样式，窟内顶部大都雕成平棊式。双塔、仿木建筑及窟顶形制应是模拟地面寺院建置和建筑而产生的[3]。双窟制的出现是与北魏冯太后曾两度临朝称制，朝野权贵多并称冯太后和孝文帝为"二圣"的历史背景有关。这一时期洞窟雕刻日趋富丽，窟内雕像琳琅满目，雕刻手法精湛，技艺高超，洞窟壁面流行分层分段附有榜题的汉式作法，壁面上部一般雕有天宫伎乐，下部有成排的供养人礼佛行列，中部除龛像外还雕刻连环画式的本生和佛传故事。主尊题材流行三世佛、成组合的释迦和交脚弥勒菩萨、释迦多宝、维摩文殊等。佛和菩萨像的样式仍然面相浑圆，身体健壮。佛像一般身着袒右式袈裟和通肩袈裟，菩萨斜披络腋。但与昙曜五窟造像相比已有一定的差别，如第20窟主尊衣纹分叉和厚重的服饰，在本阶段的洞窟佛像中已不流行，取而代之的是佛像袈裟以平行的衣褶来表示。到这一时期的后段，出现了褒衣博带式袈裟的新型样式。这种服饰是汉族士大夫的常服，在云冈最早出现于第11窟上方太和十三年（489年）纪年铭的释迦多宝龛，第6窟佛像则完全采用了褒衣博带式袈裟。这种新型服饰的出现，正反映了北魏孝文帝推行汉化政策、进行服制改革的这一历史事实。

双窟中开凿年代最早的是第7、8窟，大约完成于孝文帝初年。洞窟具前后室，前室露顶，雕刻风化较为严重。前后室之间凿窟门和高大的明窗。后室平面为横长方形，正壁上下开龛，左右壁上下四层开龛，下层龛下雕刻供养人行列。窟顶为平棊，满雕飞天。两窟的正壁主尊题材略有差别。第7窟上龛为交脚弥勒菩萨像，配二倚坐佛（图二六）。下龛为释迦多宝。第8窟上龛为倚坐佛，配二交脚菩萨像。下龛风化不清。一般认为上龛为三世佛题材，但也有可能是三身弥勒的组合。从双窟的关系考虑，这两个窟所表现的是释迦、弥勒和释迦多宝。前后室还分层分段布置了本生故事浮雕和表现佛传故事

图二六 云冈第7窟正壁上层龛

的佛龛。

　　其次开凿的是第9、10窟,这是云冈双窟雕刻最为富丽的一组双窟,前人据《金碑》推断为孝文帝宠阉钳耳庆时于"太和八年(484年)建,十三年(489年)毕"工的洞窟[4]。洞窟具有前廊后室。前廊比较宽敞,左、右、后三壁均上下开龛(图二七),有仿木建筑式的屋形龛、圆拱形龛。龛内雕交脚菩萨、交脚佛、倚坐佛,或雕释迦多宝。下龛之下壁面浮雕本生故事,壁顶一般雕出天宫伎乐。后室平面略呈方形。第9窟后室正壁前雕有高9.8米的倚坐佛像,左右壁为形体较小的二立

图二七　云冈第10窟前室东壁立面图

菩萨像。第10窟后室正壁前的大像与第9窟相仿，但风蚀严重。从残迹看，原来主尊为交脚弥勒菩萨像，左右壁为二菩萨像，其中东壁为半跏思惟菩萨，西壁菩萨经后代改妆，作倚坐之姿。这两个窟后室主像背后均开凿了一条礼拜隧道，壁面上也残存有飞天与供养人雕刻[5]。一般认为两窟的主尊分别是释迦和弥勒。这种组合方式与第7、8窟上层龛相同，即主尊为倚坐佛（释迦）和交脚菩萨（弥勒）。表现了弥勒继释迦之后而成佛的传承过程。

第5、6窟约开凿于北魏孝文帝太和十三年至十九年间（489～495年）。两窟的形制并不相同。第5窟承袭了昙曜五窟的形制，平面为马蹄形，穹隆顶，窟内正壁雕一尊高达17米的结跏趺坐佛像，占据了窟内的很多空间，左右壁分别雕一尊高约8米的立佛，构成三世佛组合。正壁主佛背后有隧道式的礼拜道，其壁面雕有供养人列像。窟内还有许多没有统一的布局小龛，开凿年代有早有晚，说明第5窟并没有按计划完工。第6窟为中心塔柱窟，平面方形，平顶。主室正中凿高二层的中心塔柱。塔柱下层四面开龛，南龛雕坐佛，西龛雕倚坐佛，北龛雕释迦多宝，东龛雕交脚弥勒。上层四面各雕一尊立佛像，四转角处各雕一座九级方形佛塔，佛塔下有大象承托。窟内四壁分层开龛。前壁窟门上方大龛内正中雕刻释迦坐佛，佛像左右分别雕刻维摩和文殊像。塔柱下层四面佛龛的两侧与窟内四壁雕刻了三十多个内容连续的佛传故事，有的佛传故事与龛内主尊佛像有机地结合在一起，如降魔成道（图二八）、初转法轮龛。

第1、2窟为一组中心柱窟，开凿年代约在第9、10窟与第5、6窟之间。洞窟平面均为纵长方形，平顶，中心塔柱式。

图二八　云冈第6窟西壁佛传故事龛

窟内四壁分层分段布局，以壁面中部列龛为中心，龛上为莲瓣纹带与千佛，近窟顶处为三角垂璋纹带及天宫伎乐。龛下雕刻连续的本生故事，再下为供养人行列。窟内正壁开一楣拱大龛。其中第1窟主尊为交脚弥勒菩萨像，两侧各有一尊半跏思惟菩萨。第2窟主尊为释迦坐像，两侧胁侍风化不清。可知这组双窟主要表现的是释迦和弥勒。左右壁共有四个列龛，龛内分别雕有释迦、交脚弥勒菩萨、释迦多宝。前壁窟门两侧各一屋形龛，东龛内雕维摩居士，西龛内雕文殊菩萨。中心塔柱设在窟内中部略靠后侧，中心柱与窟顶相接处雕刻围绕着中心塔柱的巨龙和山峦，象征着由龙护卫的须弥山。第1窟中心塔柱为二层，第2窟为三层，每面均开龛，分别雕有释迦、交脚弥勒菩萨。

第3窟是一座未完工的大型洞窟。该窟原计划开凿的是一组双窟，规模之大，超过云冈其他洞窟。窟上层大体完成，雕出两座塔。后因孝文帝迁都洛阳，开凿工程被迫中止，所以第3窟是一座未完工的大窟。90年代对窟前遗址进行了发掘，发现了辽金时期的柱基夯土，间距5米左右，结合窟前崖面梁孔的布局，可知这是一处面宽九间、规模宏大的辽金建筑遗迹[6]。

第11、12、13窟为三窟一组，以第12窟为中心窟。该窟具前廊后室，前廊雕成面宽三间的仿木式建筑，形制与第9、10窟相似。前廊内左右壁上下开龛，上龛为屋形龛，主尊均为交脚弥勒，东龛以二思惟菩萨作胁侍，西龛以二倚坐佛作胁侍。后壁上下四龛均为坐佛。主室正壁分上下龛，上龛主尊为交脚弥勒，下龛为释迦多宝。第11窟为中心塔柱窟，此窟未能按计划完工，大多为续凿的龛像。窟内东壁有太和七年（483年）铭小龛。因此，第11窟的最初开凿应在太和七年之前。第13窟为平面马蹄形、穹隆顶的大像窟，窟内正壁雕刻高达13.5米的交脚弥勒菩萨像，窟内壁脚雕刻供养人礼佛行列。此窟亦未按计划完成，前壁和左右壁均有许多小龛，布局杂乱无序，前壁窟门上方后代续凿七佛立像，佛像身着褒衣博带式袈裟。

第三阶段洞窟主要集中在西部，另外在中部和东部的第4、14、15窟以及二区外壁崖面上亦有一些补凿的小型窟龛。

开凿年代在北魏孝文帝迁都洛阳前后（494年），至北魏正光四年（523年）。这一时期，平城虽然仍然作为上都，但随着政治中心的转移，皇室和大臣亦将开凿石窟的中心转移到了龙门石窟。这样云冈石窟大规模的开凿活动停止了，取而代之的是一般官吏和世俗善信继续在云冈进行的开凿活动。第三阶段的洞窟显然无法与前期相比，洞窟规模都比较小，没有成组的双窟。洞窟形制有中心塔柱窟、椭圆形穹隆顶窟、方形或横长方形窟，新出现三壁三龛窟。窟口流行忍冬纹券面，窟顶一般雕刻有平棊。造像题材流行三世佛、释迦、弥勒、释迦多宝以及维摩文殊，本生、因缘和佛传故事也较为常见。造像样式与第二阶段有明显的差别，无论是佛还是菩萨、弟子、飞天等均面相清瘦，身体修长，为典型的"秀骨清像"样式。佛像多身着褒衣博带式袈裟，宽博的裙摆长覆于座前。菩萨披巾多交叉于腹部，或于腹交叉穿环。飞天上身着对襟衫，下身着长裙。典型的中心塔柱窟为第39窟，洞窟平面为方形，平顶。窟内中央设中心塔柱，塔高五级，下大上小，层层收分，每层均雕六柱五间，上有斗拱及塔檐。从塔的造型看，完全模仿了寺院的佛塔形制。第38窟是内容比较丰富的洞窟，窟内北壁开一龛，龛内雕释迦多宝。龛外左侧为释迦涅槃浮雕故事，右侧为罗睺罗因缘，龛下有骑象菩萨和骑马菩萨，可能是佛传故事中乘象入胎和逾城出家。东壁上下二龛，上龛为交脚弥勒菩萨，下龛为释迦坐佛，龛外两侧有阿育王输土和儒童本生。西壁开一龛，内雕倚坐佛。南壁窟门两侧分别雕刻了降魔成道、初转法轮、降服三迦叶、佛从忉利天化现三道宝阶降下、雕鹫怖阿难入定等故事。

除了云冈之外，另外值得提及的是大同鹿野苑石窟，这是北魏都平城时期开凿的重要石窟之一，可以弥补云冈石窟在洞窟形制方面的不足。这处石窟是 80 年代云冈文物保管所在大同西北 10 公里处的小石寺村大沙沟北发现的。石窟由一个礼佛窟和八个小禅窟组成，构成礼拜窟与禅窟相结合的新的组合形式。礼佛窟平面为马蹄形，穹隆顶。面宽 3.2 米，进深 2.53 米，高 3.5 米。窟内正壁雕一结跏坐佛，佛像较大，高达 2.6 米，占窟内很大空间。佛身着袒右式袈裟，衣纹厚重，呈突起分叉式，这是云冈第 20 窟佛像衣纹的延续。两侧壁各雕一胁侍菩萨。窟门外两侧各雕一力士像。这种形制与云冈昙曜五窟也是一致的。禅窟面积较小，窟内无雕刻，面宽 1.5 米，进深 2 米左右，适于禅僧坐禅的需要。该石窟正是《魏书》卷一一四《释老志》所记北魏"高祖（孝文帝）践位，显祖（献文帝）移御北苑崇光宫，览习玄籍，建鹿野苑佛图于苑中之西山，去崇光右十里，岩房禅堂，禅僧居其中焉"的习禅之所[7]。《魏书》卷六《显祖纪》记载：皇兴四年（470 年）"十有二月甲辰，幸鹿野苑石窟寺"。看来鹿野苑石窟应开凿于皇兴四年前。而礼拜窟与禅窟相结合的新形式，表现了献文帝与坐禅的密切关系[8]。

2. 云冈石窟的调查与研究

从学术意义上讲，云冈石窟最早的调查与研究者是日本东京帝国大学的建筑学家伊东忠太。1902 年，他有目的的到云冈石窟进行了考察，意识到云冈石窟的重要性，同年发表了云冈考察报告：《北清建筑调查报告》和《支那山西云冈の石窟寺》[9]。在报告中他认为云冈石窟造像是受西方犍陀罗艺术的影响。法国著名的汉学家沙畹（E.Chavannes）从 1907 年开始，陆续调查了云冈、龙门、巩县和山东济南石窟造像。1915

年，在巴黎出版了《北中国考古图录》（*Mission Archeologique dans La Chine Septenrioale*），其中有关云冈石窟的图版是最早的一批图像资料[10]。云冈石窟的图像资料披露于世后，在日本曾出现了讨论云冈石窟造像的渊源问题。如大村西崖在《支那美术史雕塑篇》中认为云冈早期雄伟的造像形象是表现了北魏拓跋鲜卑民族最理想的形象[11]。松本文三郎和关野贞对云冈造像渊源于犍陀罗的观点提出了自己的看法，认为中印度笈多造像风格在很大程度上影响了云冈造像艺术[12]。塚本善隆《支那佛教史迹研究·北魏篇》中《云冈三则——昙曜五窟与五帝について》一节认为：昙曜五窟是为太祖道武帝以下五帝所造[13]。20年代，又有一批关于云冈石窟的专著和论文发表，如1921年，日本木下奎不郎、木村庄八编著的《大同石佛寺》，从艺术欣赏的角度叙述了云冈石窟，这本书虽不是学术著作，但影响还是比较大的。1925年，瑞典学者喜龙仁（Osvald Siren）编著的《中国雕刻——从五世纪到十四世纪》（*Chinese Sculpture- from the Fifth to the Fourteenth Century*）一书[14]，对云冈石窟的雕刻特点进行了论述，认为云冈造像明显地具有两种风格。一种是印度式的，主要表现在大像雕刻上，这种风格仅仅保留了犍陀罗艺术的基本特征，就其渊源而言，云冈造像与秣陀罗风格更为接近。另一种是中国本土风格，主要表现在小型造像上。此书在欧美影响很大，欧美人对云冈的了解主要是参照了该书。1926年，关野贞、常盘大定编撰了大型图录《支那佛教史迹》，其中第二辑主要是有关云冈石窟的图版，在第二辑评解中对云冈石窟的开凿动机、年代以及造像样式做了一般性的概述，并没有新的观点。1924年，日本春山武松在《东方学报》创刊号上发表了《从佛像发生看秣陀罗派的雕刻》一文，作者注意到了犍陀罗和秣陀罗艺术的研究，认识到在云冈石窟造像中，秣陀罗的影响比犍陀罗更为重要。同年，小野玄妙在《极东三大艺术》一书中对云冈石窟的源流提出了新的看法。认为：云冈、龙门和敦煌三大石窟艺术造像手法和题材内容十分相似，三地在佛教信仰上是一致的，从而勾画出从犍陀罗沿丝绸之路发展到龙门的谱系，突破了以前云冈研究的地区性。这种观点对以后的中外研究者是有一定影响的。

我国最早研究云冈石窟的学者是陈垣先生，1919年，他在《东方杂志》第16卷第2、3号上发表了《记大同武州山石窟寺》，从史料学的角度对云冈石窟的史料进行了系统的考证。1929年，在《燕京学报》第6期又发表了《云冈石窟寺的译经与刘孝标》[15]，该文首次论及云冈译经事，指出昙曜既是云冈石窟的创凿者，也是石窟译经的创始者。1935年，白志谦《云冈石窟寺记》（中华书局1936年版）对云冈现存情况做了客观的调查记录，尤其注意到了云冈石窟窟檐遗迹的记录，这是中国学者比较详尽的调查。30年代，梁思成、林徽因、刘敦桢等调查了云冈石窟，在《云冈石窟中所表现的北魏建筑》一文中系统地分析了云冈石窟中的北魏建筑样式，并指出云冈北魏建筑的西方因素和汉文化传统因素[16]。这是一篇从建筑学的角度来研究云冈石窟的重要论文。值得一提的是：从事佛教史研究的汤用彤，在1938年出版的《汉魏两晋南北朝佛教史》一书中，从《高僧传·玄高传》检出云冈石窟的创凿者昙曜是来自凉州（今甘肃武威市）的禅僧，认为："武州造像，必源出凉州且昙曜亦来自凉土，开窟又为其所建议。凉州佛教影响于北魏者，此又一大事也。"同时，他对早期石窟的特点、石窟与禅的关系做了非常精辟的论述。这些论断对于当今研究石窟者仍具有指导性意义[17]。1938年至1944年，日本人水野清一、长广敏雄等（这一时期正值中国八年抗日战争）对云冈石窟进行了全面调查、记录和实测工作，同时对部分窟前遗址（第7至13窟和龙王庙）做了小规模的发掘。第二次世界大战结束后，转入室内整理和报告的编写工作，为50年代前期整理出版十六卷本考古学报告做了准备。40年代，水野清一所著《云冈石窟とその时代》（东京1939年版）、《半跏思惟像について》（《东洋史研究》第1卷第4号，京都，1940年）和《云冈石佛群》（1941年版），长广敏雄所著《云冈石佛艺术论》（高桐书院1946年版）、《云冈石窟における佛像の服制について》（《东方学报》，京都，第15卷第4册，1947年），以及小川晴旸所著的《大同云冈石窟》（1944年版）等相继出版。这些专著和论文对云冈石窟的特点、艺术渊源、造像服饰等等问题做了论述。1951年至1956年，水野清一、长广敏雄以京都大学人文科学研究所研究报告的形式陆续出版了十六卷三十二册大型考古学报告：《云冈石窟——西历五世纪における中国北部分窟院の考古学的调查报告》（由日本写真印刷株式会社出版），前15卷每卷一册图版、一册文字记录和洞窟实测图，第16卷为补遗和索引各一册，各卷均附有专题研究论文。即：第1卷《云冈石窟序说》（1952年），第2卷《云冈石佛寺》（1955年），第3卷《云冈石窟の历史背景》（1955年），第4卷《云冈石窟装饰の意义》（1955年），第5卷《云冈石窟调查概要》（1951年），第6卷《云冈石窟の系谱》（1951年），第7卷《云冈石窟と佛教雕刻》，附《云冈发掘记1》（1952年），第8、9卷《云冈图像学》（1953年），第10卷

《云冈样式かり龙门样式へ》（1953 年），第 11 卷《云冈以前
の造像》（1953 年），第 12 卷《云冈雕刻の西方样式》（1954
年），第 13、14 卷《昙曜と云冈石窟》（1954 年），第 15 卷
《中国における石窟寺院》，附《云冈发掘记 2》和《云冈周边
调查记》（1955 年），第 16 卷《云冈造像次第》，《附大同近旁
调查记》（1956 年）。这部专著卷帙浩大，内容广博，全面总
结了过去的研究成果，在云冈石窟开凿背景、渊源、开凿年代
等问题的研究上都有新的突破，是 50 年代日本学者研究云冈
石窟集大成的代表作。

　　由于文献资料的不足，云冈石窟部分洞窟开凿年代次序的
排列仍有不少问题。这一方面的突破性研究缘于碑刻资料的新
发现。1947 年，宿白在参加整理北京大学图书馆善本书籍时，
发现了缪荃荪传抄的《永乐大典》天字韵《顺天府志》条所引
《析津志》文内的《大金西京武州山重修大石窟寺碑》。1956
年，宿白发表了《〈大金西京武州山重修大石窟寺碑〉校注》
一文[18]，指出《金碑》"记述详细，征引宏博，所述自唐迄金
一段云冈的兴修、设置，正好弥补了云冈历史的空白页，而引
用现已佚亡的北魏铭刻和文献记录考订云冈石窟的时代，也给
今天研究云冈各个石窟开凿先后的问题提供了绝好的参考材
料"。从而肯定了金碑的史料价值。通过对《金碑》所述云冈
十寺等内容的研究，排列出第二阶段洞窟开凿的先后次序以及
第三阶段中止的年代。1978 年，宿白发表了《云冈石窟分期
研究》一文，对云冈的分期及其历史背景做了全面阐述[19]。
1987 年，宿白撰写了《平城实力的集聚和"云冈模式"的形
成与发展》一文，将云冈石窟的三个发展阶段与北魏历史发展
结合起来，证实云冈的分期正是北魏历史的具体表现。并且提

出了"云冈模式"的概念，强调了云冈石窟在中国石窟寺研究中的特殊地位[20]。这是全面总结云冈石窟的文章，对云冈石窟今后的研究工作具有指导意义。

70年代以来，对云冈石窟窟前遗址的发掘又有新的发现和收获。如1972年，云冈石窟保管所为了弄清云冈第9、10窟窟前建筑的规模，在该窟前进行了大面积的清理和发掘[21]，发现了前后二期窟前建筑遗迹。第一期建筑遗迹共有八个大方形柱穴，与洞窟立壁上的长方形梁孔相对应，其中有一个柱础叠压在第10窟窟前北魏所雕莲花地面上，且破坏了原有地面雕饰纹样的完整性，这种情况可以说明：这是一处面宽七间北魏以后辽代以前的窟前建筑。有的学者怀疑这就是《大金西京武州山重修大石窟寺碑》所记："唐贞观十五年守臣重建"之遗迹。第二期有六个方形柱础，是辽金时期的建筑。同时在第9、10窟立柱上方风化严重的崖面上发现屋顶出檐和人字形叉手的遗迹。上述建筑遗迹的发掘和窟檐遗迹的发现，证明了北魏时期第9、10窟整个外观是一座面宽五间且十分壮观的仿木构窟檐建筑，从而解决了一个长期以来悬而未决的窟檐问题。1973年又在第12窟窟上部发现庑殿顶屋檐。这种仿木构窟檐建筑既是研究平城时期北魏建筑的重要实物资料，同时它又对以后的石窟开凿具有很大的影响。1992年至1993年，山西省考古研究所和云冈石窟文物研究所就云冈石窟的部分窟前遗址做了清理发掘工作，出土了一批从窟内崩塌下来的贴金佛像残块和四处建筑遗址，最重要的是第3窟窟前遗址的发掘具有重要的学术价值。第3窟是云冈石窟中规模最大，但未完工的大窟。这次发掘，发现了窟前面宽九间规模宏大的辽金建筑遗迹，同时在窟内外发现了北魏时期基岩地面未凿完的遗迹现象，揭示了石窟的开凿程序、方式等前所未知的情况，对于研究像云冈这样大的石窟工程的开凿次序和操作方式具有重要意义[22]。

（二）洛阳龙门石窟

1. 龙门石窟的概况

龙门石窟是中国三大石窟之一，坐落在河南省洛阳市城南13公里的龙门口。这里东西两山对峙，伊水穿流其间，形成天然的门阙关隘，是洛阳城南的惟一通道，故东汉以来就有伊阙之称。约从北魏太和十七年（493年）开始，达官显贵利用西山天然洞穴（即古阳洞）凿龛造像。北魏孝文帝迁都洛阳以后，由皇室经营的洛阳龙门石窟大规模开凿活动开始了。这在《魏书》卷一一四《释老志》中有明确的记载："景明初（500年），世宗诏大长秋卿白整准代京灵岩寺石窟，于洛南伊阙山，为高祖、文昭皇太后营石窟二所。……永平中（508～512年），中尹刘腾奏为世宗复造石窟一，凡为三所。"学者们都认为：这三所洞窟就是现在龙门西山宾阳三洞。到了"神龟、正光之际，府藏盈溢"（《魏书》卷一一〇《食货志》），以孝明帝、胡太后为首的北魏统治集团竞相在洛阳城郭大造佛寺。此时龙门石窟的开凿也达到了鼎盛。公元534年，北魏分裂以后，洛阳失去了都城的地位，并一度成为东魏、西魏、北齐、北周争霸的战场，以至沦为废墟。洛阳佛教遭受沉重打击，寺院荒芜，石窟开凿也基本停止，偶见零星补凿或续凿的小龛像。到唐太宗贞观十五年（641年），来自长安的魏王李泰为其生母长孙皇后在龙门宾阳南洞雕凿大像[23]，李唐皇室才在洛阳龙门陆续开凿石窟。高宗显庆二年（657年）置东都，以后高宗则天长期留居东都。著名的大卢舍那像龛便是高宗所开凿，则天皇后出脂粉钱助营而成。这一时期皇室臣僚在龙门的开窟造像活动达到了高潮。到玄宗天宝以后，洛阳为安史乱军所占，石窟开凿基本中止。

经过北魏至唐诸朝陆续营造，龙门石窟形成了横跨东西两山、南北长达1公里的石窟群。现有编号窟龛二千三百四十五个，造像十万躯，浮雕石塔四十多座，碑刻题记二千七百八十品，其中有纪年者七百余品，是中国石窟题记最多的一处，尤以"龙门二十品"驰名中外。龙门石窟的营造高峰是北魏和唐两个时期。

北魏营造的洞窟主要有古阳洞、莲花洞、宾阳中洞、火烧洞、慈香洞、魏字洞、皇甫公窟、路洞；北魏营造北齐时完工的有汴州洞；北魏开窟中辍、唐代继而造像的有宾阳南洞、宾阳北洞、药方洞、赵客师洞和唐字洞等。龙门魏窟是在承袭云冈石窟北魏洞窟特点的基础上形成和发展起来的。窟形主要仿自云冈石窟昙曜五窟马蹄形、穹隆顶的草庐形式，最为典型的是古阳洞和宾阳洞。

古阳洞居西山南部，是龙门开凿最早、内容最丰富的大窟，原系天然洞穴。太和十七年（493年）以后，一批随孝文帝迁都洛阳的王公贵族，陆续在此修整洞窟，发愿造像。窟内后部雕一佛二胁侍菩萨像，据学者的研究，这铺造像是为孝文帝雕造的。主尊释迦佛为高肉髻，面相长圆，身着褒衣博带式大衣，结跏趺坐于长方形台座上。菩萨头戴花蔓冠，冠侧宝缯先上折再下垂于头两侧。脸庞清秀，面含微笑，颈下戴桃尖形项圈。双肩敷搭披巾和璎珞，含胸挺腹，姿态优美。窟内左右壁上下各有三层大龛，每层各四龛，窟顶和四壁雕满各式各样的小龛。这些大小龛像大都有施主造像发愿文，包括了北魏皇室成员、贵族和高僧。著名的有长乐王丘穆陵亮夫人尉迟氏、北海王元祥、北海王太妃高氏、广川王祖母太妃侯氏、安定王元燮、齐郡王元祐、辅国将军杨大眼、始平公之子比丘慧成等。著名的龙门二十品中有十九品就在古阳洞。

宾阳三洞是龙门最典型的魏窟，为宣武帝"准代京灵岩寺石窟"，即仿自云冈石窟模式而开凿的。所以这种洞窟形制与昙曜所凿五窟和第5窟有相似之处。洞窟的开凿从景明初一直持续到正光四年（500～523年），其中南洞和北洞因统治集团内部的政治斗争而未能完工。宾阳中洞窟门上雕双龙交缠形象，门外两侧各开一屋形龛，龛内雕力士像。门甬道南侧浮雕大梵天，北侧浮雕帝释天。窟内主尊造像为三世佛，正壁雕一坐佛二弟子二菩萨像（图二九），侧壁各雕一立佛二菩萨像（图三〇、三一）。前壁自上而下雕刻文殊菩萨与维摩诘居士对坐说法图（图三二、三三）、萨埵太子本生、大型帝后礼佛图、十神王。礼佛图后被盗劫国外。

方形三壁三龛式窟是龙门比较常见的窟形，如皇甫公窟、魏字洞、普泰洞等，比较典型的是胡太后之舅皇甫度所开凿的皇甫公窟，洞窟完工于北魏孝昌三年（527年），是龙门魏窟中惟一有纪年的洞窟。窟内正壁龛内雕一佛二弟子二菩萨二思惟菩萨（图三四）。南壁龛雕弥勒菩萨，北壁雕释迦多宝佛。龛下均有精美的礼佛图。窟顶有大莲花，八身伎乐天手持各种乐器作凌空飞舞状，姿态十分优美。另外还有圆形或圆角方形的三壁设坛式窟，如慈香洞、六狮洞等；纵长方形的火烧洞等。其中火烧洞因岩石剥落或因雷火所击而崩塌严重，但正壁

图二九　龙门宾阳中洞正壁立面图

南侧还有东魏孝静帝母子的造像龛题记，窟门楣上雕刻了汉式传统的二身天人乘龙的形象，有人以为是东王公和西王母题材，十分罕见。

龙门有许多洞窟外观雕出屋脊、瓦垅等仿木建筑窟檐，或雕出火焰尖拱门楣，这是云冈石窟完整仿木窟檐的简化形式，但使用并不普遍。穹隆顶上一般都雕有一朵大莲花，周围环绕一圈细腰长裙、飘逸自如的伎乐飞天，有祥云烘托，象征着天穹（图三五）。宾阳中洞和皇甫公窟等窟的地面上也刻出以莲花为母题的装饰图案。各大窟内还有大量的小龛，形制多样，变化复杂，有方形龛、圆拱龛、屋形龛、帐形龛和盝顶龛等基本龛形，有的甚至两种或三种龛形雕刻在一起，组成新的龛形。龛楣雕刻华丽，由龙、凤、鹿、饕餮、童子、华绳、忍冬纹、火焰纹、联珠纹、三角垂璋纹、垂幔、流苏等组成变幻无穷的装饰图案。楣面还雕刻七佛、佛本行故事、维摩文殊说法

图三〇 龙门宾阳中洞南壁立面图

图三一　龙门宾阳中洞北壁立面图

以及飞天。

　　北魏洞窟的主尊造像主要流行释迦牟尼和表现在兜率天宫
的交脚弥勒菩萨，还有表现佛法传承的三世佛题材和表现《法
华经》题材的释迦多宝二佛并坐说法。此外有无量寿佛、观世
音菩萨和定光佛等，但比较少见。除主尊造像外，壁面还雕刻
大量连环画式的佛传、本生和因缘故事等浮雕以及大量的供养

图三二 龙门宾阳中洞前壁左侧立面图

图三三　龙门宾阳中洞前壁右侧立面图

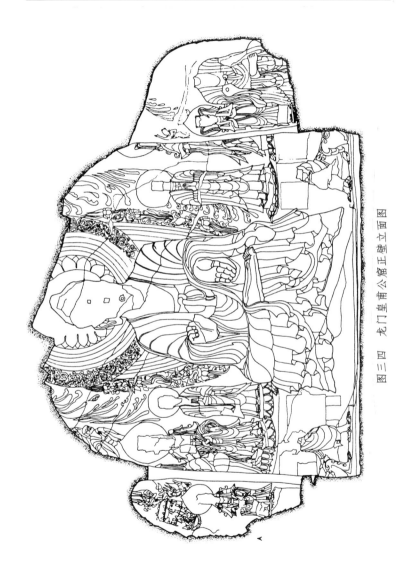

图三四 龙门皇甫公窟正壁立面图

图三五　龙门莲花洞窟窟顶莲花飞天

人和大型帝后礼佛图。尤其是维摩居士和文殊菩萨问答的题材很多，一般在龛外两侧上方比较显要的位置。这些题材与当时流行《法华经》、《弥勒上生经》和《维摩诘经》等佛典以及帝王臣僚热烈崇佛的历史背景有密切关系。主尊造像的配置主要有一佛二菩萨和一交脚弥勒菩萨二菩萨组成的"三身式"、一佛二弟子二菩萨组成的"五身式"以及一佛二弟子二菩萨二力士组成的"七身式"。在洞窟中佛、菩萨、弟子、飞天和力士的造型，前后有明显的变化，迁洛前后开凿的古阳洞部分龛像中的佛像和菩萨肩宽体壮，佛身着袒右式袈裟，菩萨斜披络腋，这些都保留了云冈早期造型和服饰的旧样式。宣武帝景明以后旧样式消失。同时古阳洞出现面容清瘦，双肩下削，身材纤细，重在表现人物神与骨的"秀骨清像"形象，这种形象成为北魏流行的新样式。佛像身穿汉族士大夫的褒衣博带式大衣，衣褶层叠稠密，披覆于佛座前。菩萨身披宽博的披巾，于腹部交叉和交叉穿环。这种样式来源于南朝造型艺术的影响，同时也符合中原汉民族的审美情趣。这种艺术造型的流行是拓跋鲜卑模拟南朝制度、进一步推行汉化政策的具体表现。

唐代的主要洞窟有药方洞、唐字洞、宾阳南洞、宾阳北洞、潜溪寺、敬善寺、双窑、老龙洞、破窑、惠简洞、奉先寺、万佛洞、奉南洞、清明寺、净土堂、摩崖三佛龛、龙华寺、极南洞、火下洞、八作司洞以及东山的大万伍千佛龛、擂鼓台南洞、北洞、高平郡王洞、大弥勒洞、四雁洞、二莲花洞、看经寺等。此外，还有数以百计的小窟和数以千计的小龛。唐代在北朝洞窟的基础上有新的发展，流行圆形或圆角方形的列像窟，三壁前一般设低坛基，坛上雕成组列像。洞窟外观的处理较为简略，不见北魏时期流行的仿木建筑窟檐或火焰尖拱门楣。往往在窟门正上方雕出造像碑或题额，如"北市采帛行净土堂"、"大万伍千佛龛"、"新罗像龛"、"北市丝行像龛"等表现开凿者身份和造像内容的题额。新出现一种窟内中部设佛坛、坛上置佛像的佛坛窟，其在龙门石窟中始见于武周时期开凿的东山擂鼓台中洞和南洞，如中洞佛坛雕有倚坐弥勒二菩萨像。正壁及南北壁下部刻二十五西土付法弟子像。南洞坛上置大日如来像[24]。这种形制的出现可能与密宗有关。除列像窟外，还有摩崖大佛龛、供僧人禅修的禅窟和瘗埋亡者的瘗窟。

　　唐代皇室在龙门开窟造像始于宾阳南洞，这是北魏中途废止的洞窟，唐太宗第四子魏王李泰为了给他的生母长孙皇后做功德，在窟内正壁坛上雕造了一佛二弟子二菩萨五身大像，贞观十五年（641年）完工。这组造像上承北朝晚期造像艺术的风韵，具有典型的初唐时期质朴敦厚的艺术风格。主尊阿弥陀佛为旋涡纹发髻，面相圆满，神情庄严；身着双领下垂式袈裟，身体丰满圆润，但略显稚拙；手施说法印，结跏趺坐于束腰须弥座上。弟子像形体较小，为一老一少形象，身披袈裟，双手合十，神情谦恭。菩萨头戴高花蔓冠，面相丰圆，颈下戴项圈，身披披帛和联珠纹璎珞，下身着百褶长裙，身体呈直筒状，立于莲台上。

　　龙门唐窟规模最大、雕刻最精的当数唐高宗主持修造的奉先寺"大卢舍那像龛"，根据唐开元十二年（724年）镌刻的《大卢舍那像龛像记》记载：龛像为"大唐高宗天皇大帝之所建也"，咸亨三年（672年）武则天皇后出脂粉钱二万贯助营此工程，上元二年（675年）龛像竣工。工程主持人为司农寺卿韦机等人。该龛辟山而造，平面呈倒凹字形，摩崖敞口式。龛前三壁设坛基，坛上正壁雕高达17.14米的大卢舍那佛（图三六），两侧依次雕二弟子二菩萨二天王二力士像，造像的高度亦在10米以上。整组群雕布局严谨，主次分明，气势磅礴，是龙门石窟的象征。

　　唐代造像内容丰富，除了北朝已有的释迦牟尼佛和三佛组合外，反映各佛教宗派的题材明显增多，如许多洞窟以净土宗供奉的西方阿弥陀佛为主尊，净土洞左右壁甚至出现《观无量寿佛经》中的"九品往生"经变画，单身观世音菩萨龛也较多见，而且出现成组合的观世音菩萨和地藏菩萨，观音、地藏作

图三六　龙门奉先寺卢舍那像龛立面图

为阿弥陀佛的胁侍形式出现。同时出现的还有与华严宗有关的奉先寺卢舍那佛，与密宗有关的擂鼓洞大日如来像、万佛沟的千手千眼观音以及四臂、八臂观音像等，与禅宗有关的大万五佛洞和看经寺二十九身传法祖师像。这些题材的出现与唐代佛教宗派确立并在洛阳地区广泛流行的历史背景有关。另外龙门还出现大量的优填王像。这一时期主尊造像的配置主要流行一佛二弟子二菩萨二天王二力士组成的"九身式"。

唐代是佛教造像艺术发展的巅峰时期，雕刻艺术家们侧重于表现人物造型丰满圆润的肌体和优美健硕的身姿，具有浓厚的写实意味。佛像、菩萨等均面相浑圆丰满，宽肩细腰，肢体丰满健美，而不显臃肿。尤其是菩萨造型，双肩略宽，胸部和腹肌微微鼓起，下身穿紧贴臀部和双腿的长裙，整个身体扭成三道弯，显得婀娜多姿，妩媚动人。这种造型艺术的出现与唐代崇尚丰腴为美的审美观不无关系。

龙门碑刻题记中保存了大量的北魏、唐代皇室和臣僚造像功德记，是研究北魏和唐代佛教重要的实物资料。此外还有佛教经典，药方洞的古药方，外国高僧题名以及洛阳北市"采帛行"、"丝行"、"香行社"等商业行会的造像题记等，这是研究龙门石窟开凿历程、佛教宗派、古代医药、行会制度和中外文化交流的珍贵资料。

2. 龙门石窟的调查与研究

龙门石窟历来为洛阳城南名胜之地，在史书、方志和金石著作中有很多记载。但真正的学术考察则是在19世纪末和20世纪初。1899年，法国矿山技师列普林斯（Leprince Ringuet）访问了龙门石窟。1902年，他发表了调查记要[25]。1902年，日本学者伊东忠太做了三天的调查和摄影，将考察报告发表在

《建筑杂志》第 240 卷上。1906 年，塚本靖、平子铎岭做了调查和摄影工作，并以旅行记的形式将调查结果发表在《东洋学艺杂志》上[26]。1915 年，大村西崖所著《支那美术史雕塑篇》即引用了他们的图片资料。1902 年，法国著名的汉学家沙畹（Edouard Chavannes）从列普林斯处看到龙门的图片，并借用了三张照片和一张拓片，在《亚细亚学报》上做了介绍[27]。1907 年 7、8 月间，沙畹对龙门石窟做了为期十二天的调查，详细记录了龙门各洞窟的情况和碑刻资料。1909 至 1915 年，在巴黎出版了《北中国考古图录》（*Mission Arche-ologique dans La Chine Septenrioale*），其中第二卷发表的有关龙门石窟的一百一十九幅图版是最早的一批图像资料，尤其是许多石窟造像被破坏前的图片显得十分珍贵。1935 年，中国学者关百益所编《伊阙石刻图表》即是翻拍了沙畹的图录[28]。沙畹还对龙门石窟的开凿历史做了考证，并将龙门近五百造像铭记译成法语公布于世[29]。这是 20 世纪初期最重要的学术著作。沙畹的考察成果引起了学术界广泛的关注。随后关野贞（1918 年）和常盘大定（1920 年）相继做了调查，对龙门石窟的现状、开凿年代、佛像样式做了概述[30]。1918 至 1921 年，喜龙仁曾两次到龙门石窟进行考察，对古阳洞的开凿年代、宾阳洞和莲花洞的造像风格做了概述[31]。20 年代，中国学者如袁希涛、崔盈科、许同莘等都对龙门石窟做过调查和研究工作[32]。1936 年，中国营造学社梁思成、林徽因、刘敦桢等人对龙门石窟做了编号、记录、摄影，并绘制了洞窟平面图，同时对石窟的年代、洞窟构造特点和造像样式做了叙述[33]。1936 年 4 月，水野清一、长广敏雄等对龙门石窟进行了为期六天的调查，长广敏雄负责北魏洞窟的测绘，水野清一负责唐代洞窟及连络平面的测绘，摄影和拓片由其他人完成。1941年，水野清一、长广敏雄将调查成果以《龙门石窟の研究》为名出版[34]，该书分本文篇和图版篇二部分，文字部分分为序说、第一编西山石窟各说、第二编东山石窟各说、第三编龙门石窟总论，最后附录塚本善隆《龙门石窟に现れたる北魏佛教》和《龙门石刻录》。在序说中作者总结了以前龙门石窟的调查与研究情况和这次考察的概况。第一、二编对龙门各个洞窟做了详细的叙述，并附有平面图及部分立面示意图。第三编对龙门石窟的开创历程（包括各洞窟的年代，确定了宾阳三洞即是《魏书·释老志》所记宣武帝"准代京灵岩寺石窟"而开凿的洞窟）、洞窟的构造和龛的形制、装饰纹样与造像组合做了系统的探讨。最后附有龙门石窟洞名对照表并造窟年代表，罗列了各家的种种说法。这部书收集资料广泛，内容丰富，是40年代关于龙门石窟的最为详细的报告。附录中塚本善隆一文较全面地论述了云冈、龙门石窟的重要性和对北魏佛教研究的重要意义，并利用龙门石窟资料来探讨北魏佛教的兴衰。不仅如此，作者还十分注重龙门石刻铭记的研究，通过对铭记的分析，探讨了北魏至唐佛教信仰的变化。这是一篇运用石窟资料来研究佛教历史的重要文章，至今仍有重要的参考价值。

　　50年代以来，有关部门和学者对龙门石窟做了考察[35]。1955年，王去非根据1953年至1954年龙门保管所在石窟清理中新发现的惠灯洞和灵觉洞，认为这两座洞窟是专为安葬用的洞窟，首次提出龙门存在着凿龛而葬的瘗窟。同时还纠正了以前将《伊阙佛龛之碑》的雕刻年代与铭文混为一谈的说法，指出李泰造像铭是利用北魏碑而刊刻的[36]。王去非在《参观三处石窟笔记》一文中认为，唐贞观十五年《伊阙佛龛之碑》

李泰造像所指应是宾阳南洞正壁大像,而非关野贞和水野清一认为的潜溪寺。潜溪寺的开凿年代可能在高宗早期[37]。丁明夷在《龙门石窟唐代造像的分期与年代》一文中[38],从唐代小龛造像和大像的类型分析着手,将唐代造像分成三期,根据各期题材的变化,探讨了洛阳唐代宗派流行的状况。70 年代,龙门保管所在宾阳南洞西壁发现了唐高宗麟德二年(665 年)王玄策造像龛及铭记。初唐时期,王玄策曾多次出使印度,并携来西方造像图样[39]。因此这个造像龛的发现对于研究龙门造像中的西方因素提供了可贵的资料[40]。温玉成《龙门北朝纪年小龛的类型、分期与洞窟排年》[41],从龙门北朝纪年小龛的类型入手,排比出小龛发展变化的规律与时代特点,以此为标尺,进而对北朝洞窟的年代做了科学的推断。宫大中对龙门各个时期的洞窟做了详细的叙述和考证,根据古阳洞正始中辅国将军杨大眼造像龛铭记所记"路经石窟,览先皇之明踪,睹盛圣之丽迹,瞩目彻宵,泫然流感,遂为孝文皇帝造石像一区"的记载,推测古阳洞正壁主像即为孝文帝所造之"丽迹"[42]。宿白在《洛阳地区北朝石窟的初步考察》一文中对龙门二十三座北朝洞窟进行了分期,共分为四个阶段:第一阶段为孝文帝至宣武帝时期,第二阶段为胡太后时期,第三阶段为孝昌以后的北魏末期,第四阶段为东魏西魏北齐北周时期。同时又分析了龙门以外的巩县石窟、渑池鸿庆寺石窟、偃师水泉石窟等八个石窟寺等。将其归入龙门石窟相应的阶段。最后总结了各个阶段的洞窟特点,并从历史背景分析了各个阶段发生变化的原因[43]。

龙门石窟造像被盗的情况比较严重,早在 1965 年文化部文物博物馆研究所和龙门石窟保管所就联合对石窟进行了现场调查，发现被盗凿的痕迹七百二十处。1991年至1992年，龙门石窟研究所王振国又进行了复查，重点调查了破坏严重的窟龛九十六个，发现被盗佛和菩萨像主尊像二百六十二尊，其他各类造像（包括礼佛图等）一千多件。嗣后龙门石窟研究所编撰出版了《龙门流散雕像集》，书中收集了部分流散在国外的龙门石窟雕刻图片，并附有该造像被盗前的旧图片以资比较，最后附有王振国《龙门石窟破坏残迹调查》一文[44]。这是一部全面介绍龙门石窟被破坏的情况和流散于国外的龙门石刻的重要参考书。

（三）巩县石窟寺

巩县石窟寺位于河南巩县东北9公里处芒山东端大力山南麓的洛河北岸，西距洛阳旧城52公里。巩县石窟共有五个大窟，有三尊摩崖造像、三百二十八个历代开凿的龛像、七千七百余尊造像，以及造像题记和铭刻一百八十六篇。这是继龙门石窟之后洛阳地区规模最大的北魏石窟寺。根据现存于第119龛下的唐龙朔二年（662年）《后魏孝文帝古希玄寺之碑》记载，"昔魏孝文帝发迹金山，途遥玉塞……电转伊瀍，云飞巩洛，爰止斯地，创建伽蓝"[45]，可知寺院为北魏孝文帝所建。当然，寺院的创建并不等于石窟寺的开凿，而文献中也没有明确记载北魏皇室在此开凿石窟的活动。因此只能推测巩县石窟的开凿可能与北魏皇室有关，但不是定论。巩县石窟雕刻之精美、题材之丰富并不亚于龙门北魏石窟造像，而且巩县石窟以中心柱窟为主，也为龙门石窟所不见，这样巩县石窟就可以弥补龙门石窟洞窟形制等方面的不足。20世纪初，法国汉学家沙畹（E·Chavannes）首先来到巩县石窟，发表了最早的图片资料[46]。20 年代，日本学者常盘大定、关野贞[47]，瑞典学者喜龙仁等先后做了调查与研究[48]。1936 年，中国营造学社刘敦桢率研究生陈明达、赵法参对巩县石窟进行了调查，指出巩县石窟与云冈、龙门的关系："纯属北魏系统，最与云冈石窟接近，但供养人与伎乐、鬼类，则与龙门诸窟类似"[49]。1963 年，河南省文化局文物工作队编著了《巩县石窟寺》一书，发表了大量图版以及全部洞窟的实测图，并附有碑刻铭记的拓片和录文。这是 60 年代介绍巩县石窟寺最全面最完整的一部专著[50]。该书还附有陈明达《巩县石窟寺的雕凿年代及特点》一文。文章概括了巩县石窟造像的特点，认为："曾一度盛行于太和年间的所谓'秀骨清像'，在这里都看不到了……它们既保持了浓重的北魏风趣，又孕育着北齐、隋代雕刻艺术的萌芽。"这里作者虽然没有谈到产生这种变化的原因，但他的见解是非常有意义的。文章还对石窟的开凿年代和功德主提出了自己的见解，认为：第 1、2 窟是为宣武帝和胡太后所造的双窟，开凿于熙平二年至正光四年（517～523 年），第 3、4 窟是为孝明帝、后所造的双窟，开凿于熙平二年或稍后至孝昌末年（517～527 年）。第 5 窟很可能是为孝庄帝所造，开凿年代为永安三年至永熙年间（529～534 年）。作者将洞窟与帝王相联系，可备一说，但尚缺少足够的证据。1966 年，美国学者亚利山大·索珀在《北朝时期的皇家石窟寺》一文中也对巩县石窟的开凿年代和开窟功德主做了分析和研究，认为：第 1、2 窟作为帝后窟名誉上的功德主是胡太后的儿子孝明帝，实际上是胡太后为死去的丈夫和本人开凿的[51]。1969 年，日本学者北野正男在《巩县石窟》一文中推测：巩县石窟寺为南朝齐归魏贵族萧姓一族所营造[52]。1981年，安金槐在《中国石窟·巩县石窟寺》序中认为："巩县石窟寺为宣武帝景明年间所凿，而巩县石窟寺多处出现帝后礼佛题材的情况，不仅反映了石窟寺与北魏帝室的关系，这种象征帝后礼佛的供养行列，还说明了石窟寺是专供帝室礼佛的场所。"[53]1991年，宿白在《洛阳地区北朝石窟的初步考察》一文中，根据对龙门北魏洞窟分期排年的结果，与巩县石窟寺做了对比分析，从而推断巩县石窟寺第1窟开凿年代最早，次为第4窟，两窟的时间约与龙门魏字洞、普泰洞接近，即完工于胡太后被幽之前。第5窟、第3窟又次之，两窟约当皇甫公窟迄路洞之间。同时根据1979年在第1窟中心柱后壁主龛发现的"上仪同昌国公郑睿、赠开府陈州刺史息乾智侍佛时、睿妻成郡君侍佛时"铭记，认为荥阳郑氏为北魏显贵，且多与南朝有关系，故推测巩县石窟寺的开凿与荥阳郑氏家族有关[54]。虽然这仅仅是一种推测，但为研究者提供了另外一种思路。

巩县石窟第1、2、3、4窟为中心柱窟。其中第1窟规模最大，特别是窟外崖面场面宏伟的雕刻引人注目，以窟门及上方明窗为中心，左右两侧各凿一力士像龛，西龛力士龛上尚保留有菩萨、弟子大型群雕，可能表现的是礼佛的场面。二力士像龛外侧又各凿一大龛，龛内雕一立佛二菩萨像。整个崖面上方雕出一条忍冬纹带，其上雕刻一排飞天[55]。洞窟平面为方形，平棊顶。窟内中央设中心柱，中心柱下为基座，其上刻成排神王像，柱体单层，四面各开一帐形龛，东面为呈坐姿的弥勒菩萨，菩萨左足垂下（图三七、三八），这是龙门和巩县弥勒菩萨所特有的姿态。其余三龛均为结跏趺坐佛，造像组合为一佛二弟子二菩萨像。左、右、后三壁各开四龛，龛内主尊有

图三七　巩县第1窟中心柱东面立面图

图三八　巩县第1窟中心柱南面立面图

释迦多宝、坐佛像、弥勒菩萨、维摩文殊对坐像。龛下为成排的伎乐或异形兽。前壁窟门两侧为上下三排帝后礼佛图。第2窟为未完工的中心柱窟，窟内均为后代补凿的龛像。第3、4窟形制相同，均方形平棊顶，左、右、后三壁中央各开一小龛，壁脚雕伎乐或异形兽，其余均雕刻千佛像。前壁和中心柱基座与第1窟相同，为三排礼佛图及神王像。第3窟中心柱为单层，四面开龛，东壁为弥勒菩萨，余均为坐佛。第4窟中心柱为上下二层，下层东面为弥勒菩萨，西壁为释迦多宝，南北为坐佛。上层南壁为弥勒菩萨，余为坐佛。第5窟为三壁三龛窟（图三九～四二），窟门外两侧雕刻二力士像，窟门尖拱门楣雕出忍冬纹。窟内东壁为弥勒菩萨，南壁和西壁为坐佛，组成三世佛组合，前壁雕二立佛。窟顶为莲花飞天。巩县石窟的造像明显有两种不同的风格，一种类似于龙门石窟北魏造像"秀骨清像"样式，另一种则是面相方圆、体态浑厚的新样式，从后者明显可以看到南朝张僧繇"张得其肉"塑画风格的影响，为北齐人物丰满样式的确立开了先河。

洛阳地区还发现了许多北朝时期的石窟寺，比较重要的有渑池鸿庆寺第1窟、洛阳吉利区万佛山石窟、水泉石窟等。鸿庆寺第1窟为中心柱窟，窟平面为方形，窟内三壁有列龛，前壁有大型礼佛图。洛阳吉利区万佛山中心柱窟，窟平面为方形，窟内三壁有列龛。

（四）邯郸响堂山石窟

响堂山石窟是邺城地区（今河北临漳县）北朝晚期最重要的石窟寺，它是由北齐高氏皇室、大臣及高僧经营开凿的，主

图三九　巩县第 5 窟南壁立面图

要包括河北省邯郸市峰峰矿区的北响堂、南响堂、水浴寺石窟三处。东魏迁都邺城以后，伴随着洛阳佛教的输入，统治集团竭力的推崇，邺城地区塔寺林立，高僧云集，成为北朝晚期北中国佛教最为发达的中心区域。响堂山石窟正是在这种氛围下开凿的，因而它与洛阳石窟造像艺术有一脉相承的关系，同时也与邺城地区佛教的发展有密切关系。研究这一时期邺城佛教和石窟造像的关系，显然离不开响堂山石窟。

1912 年，南北响堂山石窟遭到严重破坏，不少精美的造像，如北响堂北洞佛、菩萨像头像和南响堂第 2 窟西方净土变雕刻大约是在这个时候被盗运到国外的[56]。最早注意到响堂山石窟的是中国学者顾燮光。1914 年，他调查了南北响堂山

图四〇　巩县第5窟北壁立面图

石窟，但顾氏主要偏重于碑刻的记录，对于造像内容则涉及较少[57]。1920年和1921年，日本学者常盘大定分别对南北响堂进行了调查、摄影和洞窟的编号工作，1926年将调查成果发表在《支那佛教史迹》第三辑上[58]。1936年，刘敦桢调查了南北响堂[59]，但调查记录比较简略。1935年，北平研究院史学研究会徐旭生等对南北响堂、水浴寺进行了详细的调查记录、绘图摄影和碑刻锤拓工作，惜许多资料未能整理发表[60]。1936年，日本学者水野清一、长广敏雄对南北响堂山进行了较为系统的调查、摄影、绘图和研究工作，对响堂山北齐洞窟的构造特点、雕刻样式和图像学进行了初步研究，另外还收集了流散的响堂山石刻资料。1937年，其成果发表于《响堂山

图四一　巩县第 5 窟东壁立面图

石窟》专著中[61]。这是 30 年代全面介绍和研究响堂山石窟的重要著作。1955 年，华东艺专美术史教研组调查了南北响堂。从石窟艺术的角度，研究了北朝石窟艺术中"响堂山期"的风格特点[62]。1957 年，北京大学历史系考古教研室师生组成邯郸考古队，对南北响堂、水浴寺进行了全面的测绘、记录和摄影工作，可惜这批资料在"文化大革命"中大多散失，未能整理出版。60 年代，美国学者索珀对北响堂山石窟帝王窟的施主及年代做了探讨[63]。80 年代，为了配合南响堂石窟的维修、加固工程，拆除了第 1、2 窟前室后代所砌券洞，在第 2 窟窟门外两侧龛内新发现了隋沙门道净所撰《滏山石窟之碑》，从而解决了南响堂石窟的开凿年代问题[64]。1987 年，邯郸市

图四二 巩县第5窟西壁立面图

文物保管所发表了水浴寺石窟的详细调查报告[65]。这些新资料的披露，再度引起了国内外学者的浓厚兴趣，国内外学者陆续发表了专题研究论文，对北齐石窟的造像特点、开凿年代、造像题材、石刻佛经以及邺城地区的佛教思想进行了探讨和研究。刘东光、柴俊林主要对响堂山石窟的开创年代和石窟的分期做了探讨[66]。张惠明、李文生和日本的冈田健对北齐造像的样式及其渊源和影响做了深入的研讨[67]。丁明夷和日本田村节子对响堂山石窟的特点和现状做了概括的论述[68]。曾布川宽《响堂山石窟考》一文对北响堂三座大窟的开凿年代、塔形窟的意义以及新发现的南响堂山隋代碑刻做了分析研究[69]。颜娟英《河北南响堂石窟寺初探》一文注意到刻经与造像题材的关系，颇有见地[70]。李裕群《邺城地区石窟与刻经》一文[71]，将邺城地区的刻经洞窟分为两类，一类洞窟与窟内造像题材有关，是北齐时期禅理并重的历史背景在石窟中的反映；另一类洞窟为纯刻经洞窟，是受北朝晚期流行的末法思想的影响而特意刊刻、以备法灭的。上述成果反映了对响堂山石窟和邺城佛教的研究日趋深入。

北响堂石窟是北朝晚期东部地区规模最大的石窟寺，位于鼓山西坡半山腰间，为高氏皇室所开凿，雕刻精美，气势宏伟，充分宣示了皇家造像的非凡气度，是北朝晚期石窟造像的精粹所在。北响堂主要洞窟有北洞、中洞、南洞三座大窟，另外还有五座小型洞窟以及分布于北洞、中洞下方山腰间的十五个小禅窟。根据山下常乐寺所存金正隆四年（1159年）《重修三世佛殿之记》记载："文宣帝自邺诣晋阳，往来山下，故起离宫，以备巡幸，于此山腹见数百圣僧行道，遂开三石室，刻诸尊像，因建此寺。初名石窟，后主天统间改智力，宋嘉祐中复更为常乐。"虽然北响堂三个洞窟是否都是北齐文宣帝所开，学术界仍有歧义，但为北齐皇室所凿是没有问题的。北响堂以北洞规模最大，开凿年代最早。洞窟平面为方形平顶的中心柱窟，面宽11.9米，进深12米，高11.5米。窟门坍塌，后代石砌圆拱形窟门。窟外崖面风化剥落严重，崖面上部凿有三个明窗，现明窗之上残留突出崖面的窟檐和覆钵式窟顶平座与刹尖遗迹。窟门前两侧南北明窗之下的地面残存有窟前仿木建筑立柱部分的遗迹，故可推知原窟前雕凿与中洞大体类同的仿木式窟檐建筑，其外观构成了一个塔的形式。这种独特的形制仅见于邺城地区石窟寺。窟外北壁正中雕一丰碑。窟内中心柱后部上方与后壁相连，构成隧道式礼拜道[72]。中心柱正、左、右三壁各开一龛，龛内主尊为释迦佛和二弥勒佛。主尊形体高大，雕刻精细，表现了皇家造像的风范。窟内周壁雕十六个塔形龛（图四三），内雕一佛，表现了《法华经·化城喻品》中十六佛的组合。窟内前壁还有大型世俗男女礼佛图。关于北洞的开凿年代目前尚未定论。有主张东魏，也有主张北齐的，但洞窟似乎都与高氏陵墓的传说有关联。初唐道宣所著《续高僧传》卷二十六《明芬传》是这样记载的：“仁寿下敕。令置塔于慈州之石窟寺。寺即齐文宣（高洋）之所立也。大窟像背文宣陵藏中诸雕刻骇动人鬼。”而司马光《资治通鉴》卷一百六十则记载：“太清元年（547 年）正月丙午，东魏渤海献武王（高）欢卒。……八月甲申，虚葬齐献武于漳水之西；潜凿成安鼓山石窟佛寺之旁为穴，纳其枢而塞之，杀其群匠。”不管是高欢墓洞还是文宣陵藏的传说，有一点是可以肯定的，即北洞中心柱南壁顶西起第三龛内确实凿有墓穴，穴长 3.9 米，宽 1.33 米，高 1.66 米。内无任何雕饰。墓穴用石封砌，封门石表面雕刻与中心柱顶部其他龛内一样的佛像背光，背光下凿有凹孔，原安置佛像。这种隐秘的做法确实叫人难于发现。从发现的封门石看，墓穴的年代应在北洞完成后不久。中洞和南洞窟前均雕四根八角束莲柱，上有仿木窟檐及浮雕覆钵式窟顶。中洞形制较特殊，中心柱左、右、后三壁与窟内三壁相连，呈倒凹形隧道。中心柱正壁开一龛，龛内雕释迦佛。南洞窟内为三壁三龛式，雕刻三世佛。另外窟顶覆钵内开一小窟，窟内正壁雕释迦多宝二佛并坐像，二侧壁各雕一主尊佛像，构成三佛组合。窟内外皆有北齐唐邕所刻佛经，这是北响堂惟一的刻经洞窟。根据南洞外北齐《晋昌郡公唐邕刻经记》记载[73]：“于鼓山石窟之所，写《维摩诘经》一部、《胜鬘经》一部、《孛经》

图四三 北响堂北洞塔形龛

一部、《弥勒成佛经》一部。起天统四年（568 年）三月一日，尽武平三年（572 年）岁次壬辰五月廿八日。"可知南洞的刻经始于北齐后主天统四年（568 年），完工于武平三年（572 年）。除了唐邕外，窟前廊柱上还刻有《三十五佛》、《二十五佛》以及《如来妙色声》偈语，这可能与三阶教有一定关系。

南响堂石窟居鼓山南麓，与北响堂相距 15 公里，主要编号洞窟七个，分上下二层，下层第 1、2 窟为一组双窟，上层第 3 至 7 窟。另外窟区西北有零散的小禅窟九个。根据第 2 窟窟门外两侧龛内新发现的《滏山石窟之碑》记载：南响堂石窟由北齐天统元年（565 年）灵化寺僧慧义兴凿，丞相高阿那肱资助修成，完工年代不晚于周武帝灭齐之年（577 年）[74]。

第 1、2 窟规模相当，形制相同，为平面方形平顶的中心柱窟。窟前正中雕双龙交缠的圆拱窟门，窟前共雕四根立柱，上施短柱及五铺作斗拱，斗拱之上承撩檐枋及窟檐，构成仿木建筑窟檐样式。但与北响堂石窟不同的是，窟顶并无覆钵之制。中心柱或正面开一龛，或三面各开一龛。窟内周壁开列龛，内雕十六佛。最引人注目的是窟内前壁上方有大型浮雕的西方净土变（图四四），这是目前发现最早的石刻净土变。可惜的是第 2 窟净土变于 20 世纪初被盗运到美国。第 1、2 窟还有一个特点是窟内镌刻大量的佛教经典，有《华严经》、《文殊般若经》等。这些经典与窟内造像题材当有一定的关系。第 2 窟中心柱原刻有"沙门统定禅师敬造六十佛"题记，由此可知，北齐时期的最高僧官之一亦参与了石窟的开凿。

第 3、5、7 窟均为平面方形的三壁三龛窟，造像题材均为三世佛，窟前均有仿木式窟檐建筑。其中第 3、7 窟均有面宽三间的仿木式前廊，屋顶之上有覆钵，使整个外观构成一座塔式建筑（图四五）。第5窟面宽一间，无覆钵之制，窟内有邺城地区十分少见的涅槃变图像。第4、6窟均为平面方形，周壁设坛的列像窟。主尊题材为三佛，正壁为阿弥陀佛，佛像两侧为观世音和大势至菩萨结跏趺坐于莲台上。这种坐姿菩萨像与《观无量寿佛经》中所描述的观世音和大势至二菩萨坐于莲花上是一致的。另外第4窟内还镌刻有《法华经·观世音菩萨普门品》。这种以阿弥陀佛为主尊的三佛组合以及第1、2窟大幅西方净土变的出现反映了邺城地区西方净土思想的广泛流行。

水浴寺石窟在鼓山东麓，与北响堂隔山相峙，主要有西窟及水浴寺东、西山坡上的两个瘗窟。洞窟形制与北响堂北洞相似，窟前雕出面宽三间的仿木建筑，屋顶为覆钵塔。洞窟平面为方形，平顶，中心柱。窟内左右壁各开一龛，中心柱三面开龛，造像题材为三世佛。中心柱后部凿出拱形甬道。窟内前壁雕刻供养人行列，从所刻人名中发现了参与南响堂第2窟开凿的"沙门统定禅师"题名，表明了这两处石窟的密切关系。另外在窟内后壁还发现了北齐武平五年（574年）造像题记。

（五）安阳小南海与灵泉寺石窟

小南海和灵泉寺石窟是邺城地区最重要的石窟寺之一。因洞窟保存着大量的石刻题记和佛经，所以早年的地方志和金石著作中都有记载。1914年，顾燮光在调查邺城地区的石窟寺院时，也调查过小南海和灵泉寺石窟。1934年，北平研究院又进行了考察，发表了调查报告，但调查工作仍较粗疏[75]。

图四五 南响堂第 7 窟外立面图

1983 年，河南省古代建筑保护研究所做了较为全面的调查和清理工作，1988 年发表了考察简报[76]。至此小南海和灵泉寺石窟比较全面的资料始公诸于世。1989 年出版的《中国美术全集·雕塑篇 13·巩县天龙山响堂山安阳石窟雕刻》刊登了该

石窟的部分图版[77]。1991年，河南省古代建筑保护研究所又
编辑出版了《宝山灵泉寺》一书，将小南海石窟的资料、拓
片、图片归入该书中[78]。由于小南海中窟中有著名禅师僧稠
之供养像以及窟内精美的浅浮雕，灵泉寺有地论宗著名高僧道
凭、灵裕师徒二人开凿的洞窟及刻经，因而成为学术界关注的
焦点。1988年，丁明夷发表了《北朝佛教史的重要补正——
析安阳三处石窟的造像题材》，对小南海及邻近之宝山灵泉寺
石窟做了全面的论述，认为安阳诸窟题材为卢舍那、阿弥陀和
弥勒佛，反映了邺城地区地论宗的思想[79]。1991年刘东光发
表了《有关安阳两处石窟的几个问题及补充》，对简报及丁文
作了补充[80]。1997年，李裕群发表的《邺城地区石窟与刻
经》一文对小南海和灵泉寺石窟的刻经与造像题材做了初步研
究，指出宝山有三阶教徒的灰身塔，大住圣窟的刻经很可能与
三阶教有关[81]。1999年，李裕群又发表了《关于安阳小南海
石窟的几个问题》一文，文章根据1995年调查时新发现的小
南海中窟题记，对石窟的具体开凿者、《班经题记》的刊刻者、
《大般涅槃经》与僧稠一系的禅观做了充分的论述，并考证出
中窟西壁所表现的是依据南朝宋畺良耶舍所译《观无量寿佛
经》中十六观题材内容，认为主尊三佛题材应是释迦、弥勒、
阿弥陀佛。1998年，台湾学者颜娟英在《北齐禅观窟的图像
考》一文中对小南海石窟的造像题材做了考释[82]。台湾学者
李玉珉也在《宝山大住圣窟初探》一文中探讨了大住圣窟及其
刻经问题[83]。

　　小南海石窟位于河南省安阳市西南善应村龟盖山南麓，洞
窟规模不大，有西、中、东三个小型窟。平面为方形，覆斗
顶。其中以中窟最为重要，该窟窟门外崖面上方镌刻北齐《班

经题记》，崖面右侧为《华严经偈赞》和僧稠修禅所依据的
《大般涅槃经·圣行品·四念处法》。此外还有僧稠弟子沙门统僧
贤等题记[84]。三窟中的主尊造像题材均为正壁一坐佛二弟子，
左右壁一立佛二菩萨，构成三壁三佛组合。除了主尊造像外，
中窟和东窟壁面均有大量浅浮雕题材。中窟内容最为丰富，雕
刻最精美。正壁主尊佛左侧下方为僧稠供养像，其上有出自
《大智度论》的弗沙佛度释迦菩萨故事，佛右侧有出自《涅槃
经·圣行品》的"舍身闻偈"故事。东壁为弥勒菩萨为天众说
法图和释迦牟尼初转法轮的佛传故事。西壁浅浮雕题材与主尊
一佛二菩萨像相结合，完整地表现了《观无量寿佛经》中的十
六观。前壁窟门上方为维摩、文殊问答。东窟浅浮雕题材大体
相同。正壁素面。东壁除初转法轮和弥勒菩萨说法图外，增加
了一幅弥勒下生经变画。西壁为十六观题材。根据北齐《班经
题记》记载：小南海中窟为天保元年（550 年）由灵山寺僧方
法师、故云阳公子林率诸邑人始创，天保六年（555 年）僧稠
禅师重莹而成。石窟都维那宝忻参与了石窟的开凿。从洞窟的
规模看，小南海石窟可能是《续高僧传》卷十六《僧稠传》中
所记僧稠坐禅的禅窟所在。

　　灵泉寺石窟在小南海石窟西北 5 公里的宝山南麓，有大留
圣窟和大住圣窟两座洞窟。大留圣窟俗称道凭石堂，开凿于东
魏武定四年（546 年），窟内有圆雕卢舍那、弥勒和阿弥陀三
尊佛像，这是北齐时期雕成后移入窟内的。大住圣窟是隋开皇
九年（589 年）灵裕法师主持开凿的，这在《续高僧传》卷九
《灵裕传》中有明确的记载：灵裕"又营诸福业，寺宇灵仪。
后于宝山造龛一所，名为金刚性力住持那罗延窟，面别镌法灭
之相"。根据窟外崖面所刻铭记记载[85]："大住圣窟，大隋开

皇九年己酉岁敬造窟，用功一千六百，廿四像世尊，用功九
百。卢舍那世尊一龛、阿弥陀世尊一龛、弥勒世尊一龛、三十
五佛世尊三十五龛、七佛七龛、传法圣大法师廿四人。"可知
洞窟自名为"大住圣窟"。洞窟平面为方形，三壁三龛式（图
四六）。窟门外两侧分别刻有迦毗罗神王和那罗延神王。龛内
正壁为卢舍那，左壁为弥勒佛，右壁为阿弥陀佛。龛外两侧分
别刻过去七佛和三十五佛小龛。前壁刻二十四传法圣僧线刻图
以及宣扬末法思想的石刻佛经《大集经·月藏分》、《摩诃摩耶
经》。窟外崖面刻有《法华经》、《七阶礼忏文》、五十三佛、三
十五佛、二十五佛、十方佛等佛经。这些佛经与三阶教的《七

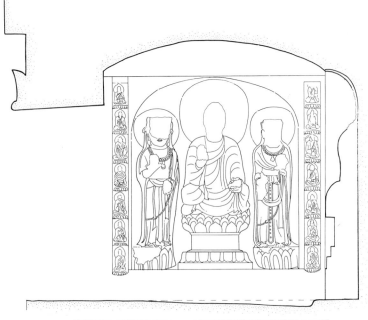

图四六　灵泉寺大住圣窟西壁阿弥陀佛龛

阶佛名》相合，有可能为三阶教徒所为[86]。另外灵泉寺还有数量众多的塔林，包括了道凭双石塔、灵裕灰身塔、灵裕弟子慧休塔以及三阶教徒灰身塔等。三阶教起源于邺城，创始人为信行禅师。信行禅师后到长安弘法，死后葬于长安终南山，其门徒僧邕等皆死后附葬于信行墓侧，以表示对祖师的尊崇。三阶教这种聚塔为林的做法，实际上来源于宝山塔林。

邺城地区是北朝晚期的佛教中心，其时佛教发展到了鼎盛。《续高僧传》卷十《靖嵩传》记载："属高齐之盛，佛教中兴。都下大寺略计四千，见住僧尼仅将八万。讲席相距二百有余，在众常听，出过一万。故寓内英杰，咸归厥邦。"正是在讲经论义中，各种佛教宗派逐渐兴起。尤其是地论宗势力最大，道凭及其弟子灵裕皆为地论大师。灵裕被称为"裕菩萨"，深受统治者的敬重。僧稠则是禅僧领袖人物，北齐文宣帝曾从僧稠受菩萨戒，特别为他修建了云门寺[87]。因此安阳两处石窟寺对于研究邺城佛教具有重要意义。

（六）太原天龙山石窟

天龙山位于晋阳古城西部（距太原市36公里）的群山之中，这里山峰奇峻、沟壑幽深、松柏苍翠，环境十分幽雅。石窟即开凿在东峰和西峰陡峭的南坡山腰间，共有洞窟二十五个，东西绵延约500余米。最早记载天龙山石窟的是明洪武十二年至十三年所修的《太原志》，但记录十分简单[88]。明《嘉靖·太原县志》的记载较前者略详，志云："圣寿寺，在县西南三十里天龙山麓，北齐皇建元年建，内有石室二十四龛，石佛四尊，隋开皇四年镌《石室铭》。"1918年，日本学者关野贞根据地方志的记载，在天龙山找到了石窟，并做了文字记录和编号工作。1922 年，关野贞再度涉足石窟进行考察[89]。1920 年和 1924 年，日本学者常盘大定[90]；1924 年和 1926 年，山中定次郎[91]；1922 年和 1928 年，瑞典学者喜龙仁都曾先后涉足天龙山，并对天龙山各个时期的造像特点提出一些有益的见解[92]。1922 年，田中俊逸调查时，对石窟进行了详细的记录、照相和系统的编号[93]。大约从 1923 年开始，天龙山石窟遭受了空前的浩劫，所有洞窟的头像几乎被盗割一空，有的造像甚至全身被盗运到国外。20 年代，日本学者小野玄妙对太原佛教状况及天龙山石窟造像的开凿年代进行了研究[94]。1933 年，国内学者王作宾考察了天龙山，记录了部分洞窟佛像被盗毁的情况[95]。50 年代初，温廷宽曾撰文，对天龙山石窟做了较为简单的介绍[96]。1962 年，阎文儒做了调查，对石窟的分期提出了自己的观点[97]。1963 年，太原图片出版社出版了《天龙山石窟艺术》图录，史岩和傅天仇在图录序言和文中概略地论述了天龙山造像的艺术风格[98]。1965 年，美国学者斯德本和玛丽琳大量收集了流失在国外各博物馆和个人收藏的天龙山石刻造像资料，根据石窟破坏前的旧图片，首次对造像进行了部分复原工作，并对各窟的年代做了分析和推断，这是一篇研究天龙山石窟的重要文章[99]。70 年代，玛丽琳又结合出自天龙山惟一的唐代造像碑刻拓片《大唐勿部将军功德记》，对部分唐代洞窟的年代做了考订与研究[100]。80 年代以后，天龙山石窟再度引起国内外学术界的兴趣和关注，研究亦日趋深入。1981 年和 1982 年，日本学者林良一、铃木洁和田村节子，分别写出了考察纪要[101]。嗣后，铃木洁又对唐代部分洞窟的编年做了研究[102]。1988 年，李裕群对石窟做了详细的调查，于1991年和1992年先后发表了《天龙山石窟调查报告》、《天龙山石窟分期研究》两篇文章，详细介绍了天龙山石窟的现状，并用考古学方法对天龙山石窟进行了分期研究，对天龙山石窟寺的渊源和历史背景做了研讨[103]。1997年，台湾学者颜娟英根据天龙山隋开皇四年《石室铭》和《大唐勿部将军功德记》碑刻重新检讨了石窟的开凿年代及相关的历史背景，对石窟编年提出了自己的观点，并且重点探讨了唐代洞窟的年代问题[104]。

　　天龙山石窟中最早开凿的是东峰第2窟和第3窟。两窟东西毗邻，大小相同，形制一致。两窟之间雕凿出螭首功德碑龛。碑早年已毁，故无从考知这组双窟具体的开凿年代、缘由和功德主了。根据洞窟形制、题材和样式，学术界一般都认为双窟的始凿年代在东魏时期。晋阳是北齐皇家的发迹地，高欢在晋阳设立大丞相府，修建定国寺，在天龙山建避暑离宫。而北齐时期的定国寺僧人又参与了天龙山石窟的开凿，因此东峰第2、3窟很可能是高欢为其父母做功德、祈福田而开凿的一组双窟。第2、3窟是天龙山石窟雕刻内容最为丰富、技艺最精的洞窟，同时也是破坏最严重的洞窟。两窟平面均为方形，覆斗顶，三壁三龛式（图四七）。龛内雕一佛二菩萨像，龛外雕刻浅浮雕，题材有维摩、文殊问答，树下思惟菩萨、迦叶、阿难、束髻供养人和世俗供养人像，四披原雕刻有栩栩如生的供养飞天。造像均为"秀骨清像"的清秀飘逸风格，佛像脸庞消瘦，双肩微溜，身体显得单薄而瘦弱。佛身着褒衣博带式袈裟。菩萨像头梳高发髻，眉清目秀，身材修长。披帛于腹部交叉穿环，或相交于腹下部，下身穿长裙。东魏造像同北魏晚期造像一样，更多地注重表现造像的精神面貌，表现手法以线条

图四七 天龙山第 2 窟平、剖面图

刻划为主，强调衣纹的动感和韵律感。从雕刻形制、造像样式和题材看，天龙山东魏洞窟明显受到来自云冈、龙门和巩县石窟寺的影响。

天龙山的北齐洞窟有东峰的第 1 窟与西峰的第 10 和 16 窟。北齐洞窟有一个共同特点，就是在洞窟主室前雕凿仿木建筑式前廊（图四八）。这种前廊后室的洞窟形制是模仿寺院大殿建筑而来的。前廊的侧壁都有一通开窟功德碑，可惜均已风化磨灭了。50 年代有学者曾在第 16 窟的功德碑上看到了北齐皇建年号，这说明该窟就是地方志上记载的并州定国

图四八　天龙山第 16 窟前廊立面图

寺僧人开凿的石窟。主室平面为方形，三壁三龛式，龛前有低坛基，坛基正面雕刻神王或伎乐，正壁坛基前雕刻二狮子和香炉，龛内雕一佛二弟子二菩萨五身像。这样窟内供奉的主像都是三佛。第1窟是以倚坐弥勒佛为主尊的三世佛。第10窟则是以释迦多宝为主尊，东壁为交脚弥勒菩萨像的三世佛。第16窟为三身结跏趺坐佛，有可能也属于三世佛。前廊后壁和主室前壁的窟门两侧一般雕刻一对金刚力士和天王像。北齐造像与东魏造像的艺术风格完全不同。它追求表现人体健壮肌肉结构的写实手法，使造像的立体感更强了。佛像肉髻低而平，面相浑圆，身体健壮而丰满，身着袒右式袈裟或双领下垂式袈裟。菩萨像头戴高花蔓冠，脸庞宽而丰满，披帛绕着双臂下垂，上身袒露，腹部微微凸起，显得十分硕壮，下身着紧身短裙，赤足立于莲座上。

　　天龙山隋代洞窟仅东峰隋开皇四年（584年）开凿的第8窟一座，这是天龙山规模最大的洞窟。根据洞窟前廊东壁《石室铭》记载：主要功德主是仪同三司真定县开国公刘瑞等人。碑文还记载了刘瑞等人为隋文帝、皇后和太子祈福的祝辞，而且特别祝愿"晋王则磐石之安"。晋王就是隋炀帝杨广。隋开皇元年至开皇六年（581～586年）和开皇九年至开皇十年（589～590年），晋王杨广两度出任并州总管。所以刘瑞有可能是杨广手下的属吏，故而为杨广祈福。第8窟的形制比较特殊。窟前为面宽三间的仿木构窟廊，窟门两侧雕二力士像。主室平面略呈方形，覆斗顶。窟内中心柱四面各一帐形龛，龛内雕一佛二弟子像。中心柱上部外侈，形成须弥山样式。窟内左、右、后三壁各开一大龛，龛内各雕一尊佛像，龛外两侧雕刻二弟子和二胁侍菩萨。隋代的造像样式延续了北齐造像的风格。

除了上述洞窟之外，其余的石窟均为唐代开凿，数量多达
十五座，占洞窟总数的三分之二以上。所以唐代是天龙山开凿
石窟的高潮期。唐代洞窟的开凿年代大致在武则天到唐玄宗时
期。现在天龙山文管所还保存着原镶嵌在第 15 窟的一块唐代
残碑刻，碑文记载了唐神龙三年（707 年）天兵中军副使勿部
珣和夫人黑齿氏在天龙山敬造三世佛像的事迹，可以说明天龙
山唐代洞窟的开凿时间在公元 700 年左右。唐代洞窟的规模都
比较小，但雕刻却十分精致。洞窟一般无仿木式前廊，个别洞
窟有额枋和斗拱设置。平面多椭圆形，窟顶以穹隆顶为主，也
有覆斗顶。窟内环壁设坛，坛上雕造成组造像。这是天龙山唐
以前洞窟所没有的，是新出现的一种洞窟形制。造像题材较为
简单，一般为三世佛组合，其中东壁大多为倚坐弥勒佛。也有
以倚坐弥勒佛为主尊的一佛窟。造像组合一般为一佛二弟子二
菩萨像，或一佛四菩萨像和一佛二弟子四菩萨像。力士像都雕
造在窟门外两侧，不见天王像。天龙山第 9 窟是规模最大的摩
崖龛像，分上下两层。上层倚坐弥勒佛高达 7.5 米。佛像螺
发，脸庞丰圆，身着双领下垂式袈裟，倚坐于束腰须弥座上。
下层为三大士像，正中为十一面观音立像，左右分别为文殊和
普贤菩萨（图四九）。天龙山唐代造像雕刻水平很高，表现手
法细腻，具有很高的艺术欣赏价值。佛像多水波或旋涡纹发
髻，面相浑圆丰满，宽肩细腰，胸部及肢体丰满健美而不显臃
肿。佛身着僧祇支，外披袒右式偏衫或双领下垂式袈裟，袈裟
单薄，衣裙下摆遮覆于佛座上，衬托出佛座上的仰莲瓣，呈
"曹衣出水"之式。菩萨像富有活力，菩萨头束高发髻，眉眼
细长，樱桃小嘴，面相丰满圆润，双肩较宽，细腰窄臀，下身尤为

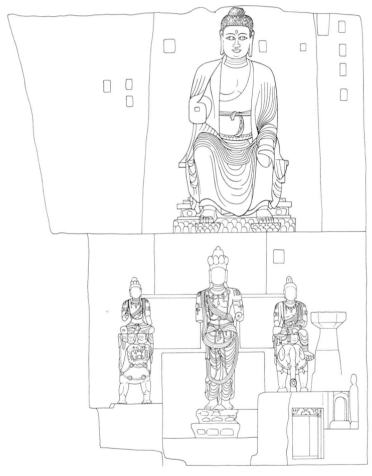

图四九 天龙山第9窟立面图

修长，整个身体扭成三道弯，显得婀娜多姿。菩萨上身斜缠天衣，末端绕过右肩下至胸前翻出。头两侧冠带如长长的飘带从双肩搭下，随着身体的扭动而飘然下垂，颇似唐代吴道子"吴带当风"的样式。菩萨下身穿长裙，裙子紧贴臀部和双腿，衣纹雕成"U"字形，圆形的衣褶表现出柔和的质感。除了菩萨作立姿以外，还有许多胁侍菩萨像盘坐或舒腿坐于仰覆高莲座。从天龙山造像的雕刻手法和样式看，其主要是受到来自长安造像样式的影响。

（七）太原西山大佛和童子寺大佛

晋阳西山大佛和童子寺大佛是历史上著名的两处大佛。《北史》卷八《齐本纪》记载：北齐后主"凿晋阳西山为大佛像，一夜燃油万盏，光照宫内"。可知西山大佛为北齐皇帝所造。唐圆仁《入唐求法巡礼行记》卷三记载了圆仁瞻礼童子寺大佛见到北齐碑刻一事，云："童子寺……于两重楼殿——满殿有大佛像——见碑文云：'昔冀州弘礼禅师来此山住，忽见五色光明云从地上空而遍照。其光明云中有四童子坐青莲座游戏，响动大地，岩巇颓落。岸上崩处，有弥陀佛像出现。三晋尽来致礼，多有灵异。禅师具录，申送请建寺。遂造此寺，因本瑞号为童子寺，敬以镌造弥陀佛像，颜容颙（然），皓玉端丽。趺坐之体高十七丈，阔百尺。观音、大势至各十二丈'云云。"《永乐大典》卷五二〇三引《太原县志》记载："童子寺，在县西一十里，天保七年（556 年）北齐弘礼禅师栖道之所，有二童子于山望大石俨若尊容，即镌为像，遂得其名，今废，偃碑存焉。"可知童子寺及大佛开凿于北齐天保七年（556年），是由来自冀州的弘礼禅僧主持雕凿的。《北齐书》卷四十《唐邕传》还记载了北齐天保十年（559 年）文宣帝到童子寺一事。唐显庆末年（660 年）高宗和武则天曾向两处大佛瞻礼膜拜，龙朔二年（662年）还特制袈裟两领，派宦官驰送太原，为大佛披挂袈裟[105]。按照唐人撰述，西山大佛高二百尺，约合59米；童子寺无量寿佛高一百七十尺，约合50米；十二丈的观世音和大势至菩萨约合35米。由此可知，这两处大佛是北朝时期最大的佛像。西山大佛的高度甚至超过了名闻天下的阿富汗巴米扬西大佛（高55米），其东大佛（高35米）也仅仅是童子寺胁侍菩萨像的高度。而且西山大佛和童子寺大佛均有确切的开凿年代，巴米扬两尊大立佛却没有开凿年代的依据。因此如此规模的大佛自然成为学者们努力寻访的目标。早在20年代就有学者到太原西山一带探查过，但一无所获。50年代，罗哲文也做过调查，亦难觅大佛的踪影，于是不无感叹地说：大佛"现在已经一无所存了"[106]。1980年，太原市文管会王剑霓在文物普查时终于在西山寺底村发现了西山大佛[107]。随后童子寺大佛亦被重新发现。1994年，李裕群详细考察了这两处大佛，发表了考察报告，并对其开凿年代、造像名谓、大佛的创凿与皇室的关系以及北齐大佛的渊源和对隋唐大佛的影响做了深入的探讨[108]。

　　西山大佛位于太原市西南15公里处蒙山之阳的"大肚崖"。大佛始凿于北齐天保末年（559年），完工于后主天统五年（569年）。大佛所在三面环山，略呈簸箕形。大佛即位居蒙山近山顶处的南面峭壁上，系利用较为陡直的崖面开凿而成，属于摩崖敞口式大龛。龛口南向，平面略呈半椭圆形，面宽29.6米，进深17米。龛内雕释迦坐佛一尊。大佛的风化崩塌情况较为严重，佛头已失，颈以下身体保存尚可。现存大佛坐高37米，颈至腹高22米，双肩宽18米。颈较粗短，其上阴刻三道肉纹线。双肩宽平，肥胖厚胸，腹部微鼓，身体颇显雄壮，双手施禅定印，结跏趺坐式。因风化剥落严重，服饰、衣纹已不可辨（图五〇）。90年代后期，当地有关部门曾做过一些清理工作，在大佛前发现了隋仁寿元年（601年）所建面宽五间的大阁建筑遗址。大佛东侧崖面镌刻有《金刚般若经波罗蜜经》碑，碑东侧有一洞窟。洞窟外立面为面宽一间的仿木建筑。有门柱、阑额及一斗三升式斗拱和人字形叉手。窟内平面方形，四角攒尖顶，无龛像，疑是禅窟。

童子寺大佛位于太原市西南约20公里处的龙山之北峰，周围的地理环境与西山大佛近似，南、北、西三面环山，呈簸箕形，童子寺即建在近山顶处东坡的一块面积较大的平地上，坐西朝东。大佛龛居寺院殿堂遗址之北，龛前不远处现存有高4.12米的北齐燃灯石塔一座。这是我国现存最早的燃灯石塔。童子寺大佛亦系利用陡直崖面开凿而成的摩崖敞口露顶龛。龛平面略作半椭圆形。大佛龛所在的岩体风化崩塌情况十分严重。主尊无量寿佛居燃灯塔正后方崖壁上，形象已不清。大佛右侧崖面上雕凿一身胁侍菩萨大像，应是大势至菩萨。头部及身体保存情况较大佛稍好些。现存菩萨头高6.6米，颈高1米，颈至腹高8米，这样其上身就高达15.6米。身体宽约12米。菩萨面部已崩毁，残存右腮及右耳垂，颈部较粗，双肩宽窄适中，上身似袒露，腹以下为泥沙所埋。佛左侧有观世音菩萨，但详细情况不明。大佛南侧还保存有五个北齐洞窟，均风化严重。

（八）其他石窟寺

1. 义县万佛堂石窟

万佛堂石窟位于辽宁省义县西北8公里处的福山南麓，在

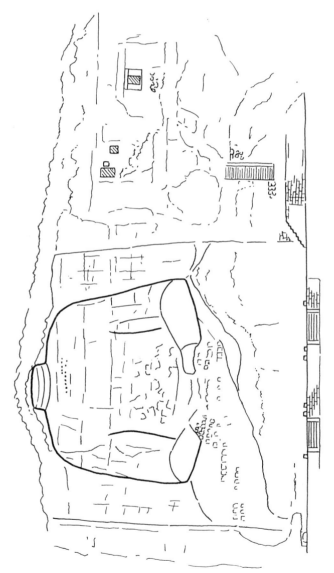

图五○　太原西山大佛立面图

大凌河北岸，分为东、西二区，现有洞窟十七个，造像五百余尊。石窟开凿于北魏孝文帝后期至宣武帝时期（约 494～510 年），其中有北魏营州刺史元景和慰喻契丹使韩贞开凿的洞窟及铭刻，是北魏时期比较重要的石窟之一。万佛堂石窟最早见于明清的方志中，20 世纪初以来，日本学者曾做过不少调查工作，如 1909 年松井等进行了最初的调查[109]。1927 年和 1935 年，八木奖三郎两次考察了石窟，对万佛堂的三个大窟及残存碑记做了简单介绍[110]。1932 年，关野贞等人对石窟进行了分区、编号、文字记录、摄影和西区石窟分布图的绘制工作，对北魏营州刺史元景开窟题记做了录文[111]。1933 年滨田耕作，1935 年和 1937 年村田治郎先后调查了万佛堂。村田在《义县の万佛堂石窟》一文中对日本学者以前的调查做了总结，指出万佛堂石窟与云冈石窟和下花园石窟似为同一系统的石窟[112]。1950 年，阎文儒对石窟进行了详细的调查、记录，发现西区第 6 窟经后代重妆的主尊坐佛原来为交脚弥勒佛像，并对石窟的造像特点、雕刻手法以及开凿年代做了探讨[113]。1980 年，曹讯发表了《万佛堂石窟两方北魏题记中的若干问题》一文，对题记中涉及的地名、官职、人名，特别是对元景的世系进行了细致的考证，指出元景乃是北魏明元帝拓跋嗣的曾孙、孝文帝的叔祖，从而揭开了元景身世之谜。这是研究万佛堂石窟的一篇重要文章[114]。1996 年，北京大学考古学系和义县文管所对石窟做了考古调查和全面测绘、记录与摄影工作，特别注意了洞窟的改造情况及北魏洞窟原有的洞窟形制。在此基础上，刘建华运用考古学方法对万佛堂石窟做了分期研究，并对万佛堂石窟与中原地区石窟的关系、龙城（今辽宁朝阳）与平城（今山西大同）佛教的关系等问题做了深入探讨。西区第 1 窟是万佛堂规模最大的洞窟，居窟群崖面的中心位置，且规模超过元景所开凿的第5窟，开窟功德主的身份自然要高于营州刺史元景。作者根据文献和在龙城发现的佛教遗迹，推测与龙城有深厚渊源的北魏冯太后家族可能是该窟的功德主[115]。这是一篇用考古学方法全面研究万佛堂石窟的重要论文。

　　由于大凌河泛滥和改道直接威胁到石窟，故万佛堂石窟崖体崩塌情况比较严重，洞窟的保存状况并不是太好，另外后代的重塑和改状，使有些洞窟面貌全非。万佛堂最重要的洞窟是西区第1窟，这是一座具前庭后室的中心柱窟。前庭左右壁后侧原雕有力士像。后壁开三个并列的窟门。主室平面为方形，覆斗顶。中心柱体分上下二层四面开龛，下层每面各开一大龛，龛内主尊佛像已毁，龛外两侧残留胁侍菩萨像的遗迹，可知为一佛二菩萨的组合。上层每面各一浅龛，龛内雕一结跏趺坐佛，龛外两侧为二胁侍菩萨像，菩萨两侧各有上下二层作半跪状的供养菩萨。其中中心柱南壁上层佛像双腿上雕出二法轮，佛两侧各雕一卧鹿，可知这龛佛像表现的是释迦牟尼初转法轮的场面。中心柱四角各雕一束腰须弥山，有盘龙缠山腰，山上各有一单层覆钵式塔，与中心柱共同构成一金刚宝座塔（图五一）。窟内左、右、后三壁开列龛。从这种上层四角设塔的做法中可以明显看到云冈第6窟的踪影，可见义县万佛堂亦受到云冈石窟的影响。但万佛堂中心柱的柱体形制与云冈略有不同，为方柱体，无塔檐式。这是新出现的形制，对北魏晚期洛阳地区石窟的形制有较大影响。第5窟为元景开凿的洞窟，北魏太和二十三年（499年）完工，但此窟大部分塌毁，平面形制不清，后壁和右壁均有大龛的残迹，其中右壁龛左侧尚保存有盘龙缠绕的束腰须弥山，山上有庑殿顶建筑。这种须弥

图五一 义县万佛堂西区第 1 窟主室中心柱南面立面图

山的形制与第 1 窟基本一致。窟顶为穹隆顶，有一朵大莲花及
飞天。第 6 窟改造情况比较严重，原为圆角方形平面，后壁正
中雕一尊交脚弥勒佛像，高达 3 余米，可知这是一座以弥勒为

主尊的洞窟。此外万佛堂主要流行方形三壁三龛窟，有的还附双耳室。造像题材有三佛、七佛、释迦多宝、维摩诘、交脚菩萨、思惟菩萨等。造像样式基本承袭了云冈石窟二期晚期和三期初期的造像风格，是"云冈模式"向东影响的典型实例。

2.太原龙山道教石窟

龙山道教石窟位于山西太原市西南20公里处的龙山东巅。共有九个洞窟，开凿于古昊天观遗址旁东、南两个崖面上。早期道教并无偶像崇拜，在佛教的影响下，大约到5世纪，出现了道教的造像。现发现的南北朝隋唐时期的道教造像包括石窟龛像主要在陕西和四川道教比较发达的地区，但这些道教造像大都与佛教龛像开凿在一起，单纯的道教石窟十分罕见。龙山道教石窟纯为道教徒所开凿，故它的意义不同一般。早在20年代，日本常盘大定就对石窟做过调查。50年代，罗哲文也曾调查了该石窟，但并没有引起足够的重视。90年代，张明远又对石窟进行了详细的调查，并就分期问题提出了自己的看法，认为：龙山道教石窟最早开凿于唐代，与昊天观的创建有关[116]。

龙山道教石窟可以分三部分，第4、5窟为一组，居崖面的主要位置；第1、2、3窟为一组，分上中下三层；第6、7窟为一组，居第5窟左侧；第8、9窟则分别居主体崖面两侧下方。其中第4、5窟年代最早，第4窟平面为弧角方形，平顶，三壁三龛式。龛内各造一铺造像，以天尊像为主尊，旁有弟子像胁侍。此三身主尊像应是道教所奉的三清像。第5窟仅正壁开一龛，内雕一天尊二弟子。两窟的造像特点一致，天尊均结跏坐式，有的手施禅定印，窟龛形制和弟子形态均与天龙山唐代洞窟相似，因此其开凿年代有可能早到唐代。第1、2、

3 窟均为宋披云所开凿。其中第 1 窟为主窟，窟平面呈圆形，正面开一龛，内雕一天尊像，窟内左右壁各雕十真人像。东壁有宋披云所刻唐吴尊师《玄纲论》，蒙古太宗六年（1234 年）完工。第 2 窟平面为方形，平顶。正壁雕三清像。窟门内两侧有公元 1236 年门人李志全、秦志安所刻祝文。第 3 窟正壁坛上雕侧卧的天尊一身，旁有二弟子像。第 6 窟正壁坛上雕一天尊像，左右壁各有一真人像。东壁有公元 1239 年门人李志全、秦志安赞"披云仙翁"文及"披云自赞"文，故疑窟内一铺三身为宋披云师徒三人像。第 7 窟门额上刻有"玄门列祖洞"。窟内正壁雕三身天尊像；左右壁现存各两身天尊。门左右两侧有公元 1236 年所刻《祖堂赞》。此二窟应系李、秦二人所开凿。根据上述窟内保存的开凿洞窟题记，可知龙山道教石窟为全真教宋披云一系所为。其开凿之际，正是宋披云遵丘处机遗命，与门人李志全、秦志安在山西平阳玄都观校刻道藏之前或其间（1237～1244 年）。此时游历太原应与他们搜寻亡佚之道藏有关，窟内所刻赞文亦可反映这一史实。因此龙山道教石窟是研究全真教以及道藏史的重要实物史料。

注　释

[1] 参见杭侃《云冈第 20 窟西壁坍塌的时间与昙曜五窟最初的设计》，《文物》1994 年第 10 期。

[2] 参见宿白《平城实力的集聚和"云冈模式"的形成与发展》，《中国石窟·云冈石窟一》，文物出版社 1991 年版。

[3] 双塔之制可能受南朝影响，《高僧传》卷十三《慧达传》记载：东晋京师长干寺有双塔。《南齐书》卷五十三《虞愿传》记载：宋孝武帝在湘宫寺建双塔，各五层。

［4］ 参见宿白《大金西京武州山重修大石窟寺碑校注》一文中注七、注八，《北京大学学报·人文科学》1956 年第 1 期。

［5］ 员海瑞《云冈石窟内容总录》、日本长广敏雄《云冈石窟第 9、10 双窟的特征》，刊于云冈石窟文物保管所编《中国石窟·云冈石窟》一、二，文物出版社 1991 年、1994 年版。

［6］ 参见《中国文物报》1994 年 1 月 16 日第 1 版《云冈窟前遗址发掘获重大成果》。

［7］ 北魏献文帝还与禅僧有密切的关系，唐法琳《辩正论》卷三记载献文帝"造招隐寺，召坐禅僧"。这与开凿鹿野苑石窟是一致的。

［8］ 李治国、刘建军《北魏平城鹿野苑石窟调查记》，《中国石窟·云冈石窟一》，文物出版社 1991 年版。

［9］ 见《国华》第 17 编等 197、198 号，东京，1906 年刊。

［10］ 参见沙畹《北中国考古图录》，巴黎，1915 年（E. Chavannes, *Mission Archeologique dans La Chine Septentrionale*, Paris, 1915）。

［11］ 该书 1915 年由（东京）佛书刊行会图像部出版。

［12］ 松本文三郎《佛像の美术史研究》，《哲学研究》第 1 卷第 1 号，京都，1916 年。《大同の佛像》，《艺文》第 9 卷第 6 号，京都，1918 年。关野贞《印度の佛教美术に就て》，《建筑杂志》第 34 卷第 400 号，1920 年。

［13］ 塚本善隆《支那佛教史迹研究·北魏篇》，东京，弘文堂 1912 年版。

［14］ 此书共四卷，伦敦，1925 年出版。

［15］ 该文后收入《陈垣学术论文集》第 1 集，中华书局 1980 年版。

［16］ 文刊《中国营造学社汇刊》第 4 卷第 3 期，1933 年。

［17］ 参见汤用彤《汉魏两晋南北朝佛教史》第十四章《佛教之北统》、第十九章《北方禅法净土与戒律》，中华书局 1983 年版。

［18］ 该文初刊于《北京大学学报·人文科学》版 1956 年第 1 期。后收入宿白《中国石窟寺研究》一书，文物出版社 1996 年版。

［19］ 宿白《云冈石窟分期研究》，《考古学报》1978 年第 2 期。

［20］ 宿白《平城实力的集聚和"云冈模式"的形成与发展》，《中国石窟·云冈石窟一》，文物出版社 1991 年版。关于云冈石窟的研究，可参见丁明夷《云冈石窟研究五十年》，《中国石窟·云冈石窟二》，文物出版社 1994 年版。

［21］ 参见姜怀英、员海瑞、解廷凡《云冈石窟新发现的几处建筑遗址》，《中国石窟·云冈石窟一》，文物出版社 1991 年版。1938 年，日本日比野丈夫、小野胜年等曾在第 9、10 窟窟前挖过探沟，但并没有弄清窟前建筑的形制与结

构，也没有注意到窟上部庑殿顶的残迹。参见水野清一、长广敏雄《云冈石窟》第 7 卷附录《云冈发掘记一》，1952 年版。

[22] 参见《中国文物报》1994 年 1 月 16 日第 1 版《云冈窟前遗址发掘获重大成果》。另见山西省考古研究所编《山西考古四十年》第六章云冈窟前遗迹，山西人民出版社 1994 年版。

[23] 张若愚《伊阙佛龛之碑和潜溪寺、宾阳洞》，《文物》1980 年第 1 期。

[24] 参见龙门文物保管所、北京大学考古学系《中国石窟·龙门石窟二》实测图，图中北洞与中洞颠倒了，文物出版社 1992 年版。

[25] Leprince Ringuet, *Voyage dans Les Provinces du Nord La Chine*, *Le Tour Du Monde*, 9 serie tome 20, 1902.

[26] 塚本靖《清国内地旅行谈》，《东洋学艺杂志》第二十五、二十六卷。

[27] Edourrd Chavannes, *Le Defile de Longmen dans Provinces Hounan Journal Asiatique* 1902.

[28] 关百益《伊阙石刻图表》，河南博物馆影印本，1935 年。书中主要介绍了龙门主要洞窟的名称、位置及造像内容。

[29] 沙畹《北中国考古图录》(E.Chavannes, *Mission Archeologique dan La Chine Septentrionale*, Paris, 1915)。

[30] 关野贞调查完后，写了《西游杂信》，发表于《建筑杂志》第三八四号。常盘大定则于 1921 年出版了《古贤の迹へ》。嗣后二人合作出版了《支那佛教史迹》(东京，佛教史迹研究会 1926 年版)，关于龙门石窟的部分在第二集中。

[31] 参见喜龙仁《五至十四世纪的中国雕刻》(Osvald Siren, *Chinese Sculpture – from the Fifth to the Fourteenth Century*, London, 1925)。喜龙仁看到了龙门石窟造像惨遭破坏后的景象。

[32] 参见袁希涛《洛阳龙门石窟石像记》，《东方杂志》第一七卷二三号，1920年。崔盈科《洛阳龙门之造像》，中山大学语言历史学研究所周刊第五集第五五期，1928 年。许同莘《龙门造像杂记》，《地学杂志》第一七卷第一期，1929 年。

[33] 参见刘敦桢《河南古建筑调查笔记》，《龙门石窟调查笔记》，《刘敦桢文集(三)》，中国建筑工业出版社 1987 年版。

[34] 参见水野清一、长广敏雄《龙门石窟の研究》，座右宝刊行会 1941 年版。

[35] 贺泳《洛阳龙门考察报告》，《文物参考资料》1951 年第 12 期。

[36] 王去非《关于龙门石窟的几种新发现及其有关问题》，《文物参考资料》1955

年第 2 期。

[37] 王去非《参观三处石窟笔记》，《文物参考资料》1955 年第 10 期。张若愚在《伊阙佛龛之碑和潜溪寺》（《文物》1980 年第 1 期）一文中也赞同王去非的观点。1978 年，龙门文管所拆除了宾阳洞清代所砌的拱券，在南洞窟门北壁发现了力士像及永徽元年（650 年）"驸马都尉、渝国公刘玄意敬造金刚力士"的铭记。刘玄意为唐太宗之女南平公主的丈夫，因此有可能也是为长孙皇后做功德而凿的，这样可以作为李泰开凿南洞大像的佐证。参见李文生《龙门石窟的新发现及其它》，《文物》1980 年第 1 期。

[38] 丁明夷《龙门石窟唐代造像的分期与年代》，《考古学报》1979 年第 4 期。

[39]《历代名画记》卷三《记两京外州寺观画壁》记载：东都"敬爱寺佛殿内菩萨树下弥勒塑像，麟德二年自内出，王玄策取到西域所图菩萨像为样"。

[40] 李玉昆《龙门石窟新发现王玄策造像题记》，《文物》1976 年第 11 期。

[41] 温玉成《龙门北朝纪年小龛的类型、分期与洞窟排年》，《中国石窟·龙门石窟一》，文物出版社 1991 年版。

[42] 宫大中《龙门石窟艺术》，上海人民出版社 1981 年版。

[43] 文刊《中国石窟·龙门石窟一》，文物出版社 1991 年版。

[44] 龙门石窟研究所编《龙门流散雕像集》，上海人民美术出版社 1993 年版。

[45] 参见贾峨、张建中编《石刻录》72，拓片 39，刊于《中国石窟·巩县石窟寺》，文物出版社 1989 年版。

[46] 沙畹《北中国考古图录》（E·Chavannes, *Mission Archeologique dan La Chine Septentrionale*），巴黎，1915 年。关于巩县石窟寺的图片共有二十七张。

[47] 参见常盘大定、关野贞《支那佛教史迹》第二集，东京，佛教史迹研究会 1926 年版，主要是图版的解说。关于石窟的开凿年代，作者根据现存明弘治七年（1494 年）《重修大力山石窟十方净土禅寺记》"自后魏宣帝景明之间，凿石为窟，刻佛千万像"的记载，认为是北魏宣武帝景明年间所凿。

[48] 喜龙仁在《五至十四世纪的中国雕刻》（Osvald Siren, *Chinese Sculpture – from the Fifth to the Fourteenth Century*, London，1925.）一书中认为：巩县石窟寺始凿于北魏晚期，造像样式表现出与早期风格不同的特点。对巩县石窟内壁脚处出现的各种神态怪异的神灵怪兽，作者认为是中国本土的产物，但为何进入佛教石窟内，很难作出解释。

[49] 参见刘敦桢《河南古建筑调查笔记》，《刘敦桢文集（三）》，中国建筑工业出版社 1987 年版。

[50] 河南省文化局文物工作队编著《巩县石窟寺》，文物出版社 1963 年版。

[51] Alexander Soper, *Imperial Cave – Chapels of the Northern Dynasties*：*Donors*,
Beneficiaries, *Dates*, Artibus Asiae 28, No. 4 (1966).

[52] 参见《世界の文化史迹》7《中国の石窟》所收《巩县石窟》，1969 年。

[53] 参见河南省文物研究所编《中国石窟·巩县石窟寺》安金槐序，文物出版社
1989 年版。

[54] 宿白《洛阳地区北朝石窟的初步考察》，《中国石窟·龙门石窟一》，文物出版
社 1991 年版。

[55] 参见河南省文物研究所编《中国石窟·巩县石窟寺》实测图 7，第 1 窟外壁
及外壁小龛图，文物出版社 1989 年版。莫宗江、陈明达《巩县石窟寺雕刻
的风格及技巧》插图 1，第 1 窟外壁立面图，刊于《中国石窟·巩县石窟寺》
一书中。

[56] 现存于北响堂山常乐寺 1920 年所立《重修武安鼓山响堂常乐碑记》记载：
"……不料，民国纪元冬（1912 年），鼓山顿遭恶劫蹂躏，石窟三堂等处又
毁大小石佛多尊"。石窟三堂当指北洞、中洞和南洞而言。

[57] 范寿铭主纂、顾燮光辑著《河朔访古新录》卷一至卷三，上海天华印务馆
1930 年版。

[58] 常盘大定、关野贞《支那佛教史迹》三，图版 75～107；评解三，东京，佛
教史迹研究会 1926 年版；常盘大定《支那佛教史迹踏查记》，东京，龙吟社
1938 年版。常盘大定、关野贞《支那文化史迹》第五卷，图版 87～120；解
说五。以上三书，均据 1921 年调查资料，内容出入不大。后者探讨了皇室
与石窟的关系。

[59] 刘敦桢《河北、河南、山东古建筑调查日记》，后收入《刘敦桢文集（三）》，
中国建筑工业出版社 1987 年版。刘氏将北响堂分为三大窟四小窟。文中缺
第三大洞（北洞）的记录。

[60] 马丰《赴磁县武安县南北响堂寺及其附近工作报告》，刊于《北平研究院院
务汇报》第 7 卷第 4 期。调查结束后，由何士骥、刘原滋编著《南北响堂及
其附近石刻目录》，北平研究院 1936 年版。

[61] 水野清一、长广敏雄所著《响堂山石窟》（京都，东方文化学院京都研究所
1937 年版）是迄今为止调查和研究响堂山石窟的惟一专著，影响较大。书
中还收录了可能出自于响堂山石窟的零散造像。

[62] 罗尗子《北朝石窟艺术》，上海，1955 年版。

[63] Alexander Soper：*Imperial Cave – Chapels of the Northern Dynasties*：*Donors*,
Beneficiaries, *Dates*, Artibus Asiae 28, No. 4 (1966).

[64] 邯郸市峰峰矿区文管所、北京大学考古实习队《南响堂石窟新发现窟檐遗迹及龛像》,《文物》1992 年第 5 期。宋赵明诚《金石录》卷三曾著录《隋滏山石窟碑》。

[65] 邯郸市文物保管所《邯郸鼓山水浴寺石窟调查报告》,《文物》1987 年第 4 期。

[66] 刘东光《响堂山石窟的凿建年代及分期》,《华夏考古》1994 年第 2 期。柴俊林《试论响堂山石窟的初创年代》,《考古》1996 年第 6 期。冈田健《北齐样式の成立とその特质》,《佛教艺术》第 159 号,1985 年。

[67] 李文生《响堂山石窟造像的特征》,《中原文物》1984 年第 1 期。张惠明《响堂山和驼山石窟造像风格的过渡特征》,《敦煌研究》1989 年第 2 期和第 3 期。

[68] 丁明夷《巩县天龙响堂安阳数处石窟寺》,《中国美术全集·雕塑编 13·巩县天龙山响堂山安阳石窟雕刻》,文物出版社 1989 年版。田村节子《响堂山石窟の现状》,《佛教艺术》第 153 号,1984 年。

[69] 曾布川宽《响堂山石窟考》,《东方学报》第 62 册,1990 年。

[70] 颜娟英《河北南响堂石窟寺初探》,《考古与历史文化——庆祝高去寻先生八十大寿论文集(下)》,台北,正中 1991 年版。

[71] 李裕群《邺城地区石窟与刻经》,《考古学报》1997 年第 4 期。

[72] 北洞窟门崩毁,崖面剥落严重,现明窗之上残留突出崖面的窟檐和覆钵式窟顶遗迹。可知原窟前仿木窟檐与中洞大体类同。

[73] 《金石录》卷三著录《北齐唐邕造像碑》武平三年五月,或为《唐邕刻经记》。全部录文可参见水野清一、长广敏雄《响堂山石窟》,京都,东方文化学院京都研究所 1937 年版。

[74] 邯郸市峰峰矿区文管所、北京大学考古实习队《南响堂石窟新发现窟檐遗迹及龛像》,《文物》1992 年第 5 期。

[75] 马丰《赴磁县武安县南北响堂寺及其附近工作报告》,《北平研究院院务汇报》第 7 卷第 4 期。

[76] 河南省古代建筑保护研究所《河南安阳灵泉寺石窟及小南海石窟》,《文物》1988 年第 4 期。

[77] 该书由文物出版社 1989 年出版。内附丁明夷《巩县天龙响堂安阳数处石窟寺》一文,对小南海石窟做了论述。

[78] 该书由河南人民出版社 1991 年出版。关于小南海石窟的介绍内容大体同简报。

[79] 丁明夷《北朝佛教史的重要补正——析安阳三处石窟的造像题材》,《文物》1988 年第 4 期。

[80] 刘东光《有关安阳两处石窟的几个问题及补充》,《文物》1991 年第 8 期。

[81] 李裕群《邺城地区石窟与刻经》,《考古学报》1997 年第 4 期。

[82] 颜娟英《北齐禅观窟的图像考》,《东方学报》第七十册,1998 年 3 月。

[83] 李玉珉《宝山大住圣窟初探》,《故宫学术季刊》1998 年第 3 期。

[84] 僧贤其人,僧史无传,其事迹见于《续高僧传》卷二十《僧伦传》和卷二十六《法楷传》。

[85] 河南省古代建筑保护研究所《河南安阳灵泉寺石窟及小南海石窟》,《文物》1988 年第 4 期。

[86] 三阶教徒开凿洞窟,雕刻其所奉经典,在陕西淳化唐代洞窟中也有发现。与大住圣窟相似,该洞窟有主尊造像。参见姚生民《淳化唐代刻经石窟》,《中国文物报》1997 年 2 月 23 日第 4 版。

[87] 《续高僧传》卷十六《僧稠传》。

[88] 《永乐大典》五二〇三引明洪武《太原志·太原县》寺观条记载:"天龙寺,在本县西南三十里,北齐置,有皇建中并州定国(寺)僧造石窟铭。"

[89] 关野贞《天龙山石窟》,《佛教学杂志》第 3 卷第 4 号,1922 年。关野贞的调查并不全面,共记录了十四个洞窟。现编第 1 窟及 18 至 21 窟,关野氏调查时并没有发现。

[90] 参见常盘大定、关野贞《支那佛教史迹》三,东京,佛教史迹研究会 1926 年版;常盘大定、关野贞《支那文化史迹》第八卷。两书内容一致,主要是图版解说。

[91] 山中定次郎《天龙山的记》,《天龙山石仏集》,山中商会 1928 年版。书中记录了调查经过和洞窟内容。

[92] 喜龙仁《五至十四世纪的中国雕刻》(Osvald Siren, *Chinese Sculpture from the Fifth to the Fourteenth Century*, pls. 206－229, 293－299, 485－501, London, 1925.)。

[93] 田中俊逸《天龙山石窟调查报告》,《佛教学杂志》第二卷第四号,315～383 页,大正十一年(1922 年)。

[94] 参见小野玄妙《大乘佛教艺术史的研究》五《天龙山石窟造像考》,金尾文渊堂 1944 年再版本。1926 年,杨志章将小野《天龙山石窟造像考》译成中文,发表于《学林杂志》第 2 卷第 4 期,1926 年。

[95] 王作宾《天龙山石窟佛像调查报告》,《古物保护委员会工作汇报》,北平大

学出版社 1935 年版。作者仅记录了东峰第 2 至 8 窟，西峰第 9 至 10 窟佛头被毁的情况。

[96] 温廷宽《我国北方的几处石窟寺》，《文物参考资料》1955 年第 1 期。

[97] 阎文儒《中国石窟艺术总论》第二章，天津古籍出版社 1987 年版。阎文儒、阎万石《天龙山石窟》，《并州文化》1981 年第 10 期。作者将天龙山二十四个洞窟分为东魏、北齐、隋、初唐、盛唐前期、盛唐后期、五代至元七个阶段，并叙述了各期造像的特征和风格。

[98] 史岩《天龙山石窟艺术序言》；傅天仇《天龙山石窟的雕刻艺术》，均载《天龙山石窟艺术》，太原图片出版社 1963 年版。

[99] Harry Vanderstappen and Marylin Rhie, *The Sculpture of T'ien Lung Shan*: *Reconstruction and Dating*, Artibus Asiae, Vol. ⅩⅩⅦ, 1965. 文中斯德本教授收集了能够复原的天龙山石佛头像的图片，可以参考。

[100] 参见玛丽琳·赖《天龙山唐纪年碑与第 21 窟》(Marylin Rhie M, *A Tang Period Stele Inscription and Cave* ⅩⅩⅠ *at Tien - lung Shan*. Archives Asian Art 28 (1974~1975).)。小野胜年也对该碑刻做了叙述，参见《右金吾卫将军勿部珣功德记についてちちち》，《史林》71：3（1985 年）。

[101] 林良一、铃木洁《天龙山石窟の现状》，《佛教艺术》第 141 号，1981 年。文章之后附有天龙山石窟造像概要表，表中对流散于国外的天龙山石窟造像做了标示。田村节子《天龙山石窟第十六窟、十七窟について》，《佛教艺术》第 145 号，1982 年。

[102] 铃木洁《天龙山唐朝洞窟编年试论》，刊于町田甲一先生古稀纪念会编《佛教美术史论丛》，东京，吉川弘文馆 1986 年版。

[103] 参见李裕群《天龙山石窟调查报告》，《文物》1991 年第 1 期；《天龙山石窟分期研究》，《考古学报》1992 年第 1 期。

[104] 颜娟英《天龙山石窟的再省思》，刊中央研究院历史语言研究所会议论文集之四《中国考古学与历史学之整合研究》，台北 1997 年版。

[105] 《法苑珠林》卷十四所引《冥报拾遗》。

[106] 罗哲文《太原龙山、蒙山的几处石窟和建筑》，《文物参考资料》1956 年第 4 期。

[107] 参见王剑霓《晋阳西山大佛找到了》，《地名知识》1983 年第 2 期。

[108] 李裕群《晋阳西山大佛和童子寺大佛的初步考察》，《文物季刊》1998 年第 1 期。

[109] 松井等《辽西调查の概况》，《史学杂志》第二十编第十号，1909 年。

［110］八木奖三郎《万佛堂》，《锦州省之古迹》，1929 年版。

［111］关野贞《满洲义县万佛洞》，《支那の建筑と艺术》，1941 年版。

［112］村田治郎《义县の万佛堂石窟》，《满洲の史迹》，1944 年版。

［113］参见阎文儒《辽西义县万佛堂石窟调查及其研究》，《文物参考资料》1951
年第 9 期。

［114］参见曹讯《万佛堂石窟两方北魏题记中的若干问题》，《文物》1980 年第 6
期。

［115］冯太后是十六国北燕（建都龙城）王冯跋弟冯朗之女，北魏文成帝之文明
皇后。冯氏家族笃信佛教，冯太后还在龙城建造了"思燕浮图"。参见刘建
华《万佛堂北魏石窟分期研究》，《考古学报》2001 年第 2 期。

［116］张明远《龙山石窟考察报告》，《文物》1996 年第 11 期；《龙山石窟历史分
期问题研究》，《敦煌研究》1999 年第 2 期。

六 西南川渝滇地区石窟寺的
发现与研究

西南地区的四川（包括重庆）是晚期石窟造像开凿的重要地区，石窟寺地点数以千计，造像数量巨大。石窟寺的开凿本是北方佛教的传统，而南方则注重寺院的雕塑。南北朝时期，川北地区是连接北朝长安和南朝西部重镇成都的交通要道，萧梁时期曾一度入北魏版图。萧梁末年，朝廷内乱，西魏乘机由川北进占益州。正是地缘上的优势，令川北地区受北朝石窟造像的影响较大，石窟寺的开凿年代也较早，如广元千佛崖和皇泽寺石窟就有北朝时期规模较大的洞窟。隋唐统一帝国建立以后，两京地区与益州佛教文化的交往日益频繁，北方石窟造像对四川的影响进一步加大，川北、川中等地都有宏大的石窟寺。特别是中原地区安史之乱后，随着经济中心南移，四川地区成为唐朝赖以生存的政治后方和经济基础。同时四川也成为晚期石窟寺开凿的中心，并逐步形成了区域特色，而且年代愈晚，地方特色愈显著。此外，云南的剑川石窟寺亦独具其地方特色。

（一）广元皇泽寺和千佛崖石窟

四川北部的广元是四川最早开凿石窟的地区。主要地点有皇泽寺石窟和千佛崖石窟二处。千佛崖石窟位于广元市城北5公里处，现存洞窟五十四个、龛八百一十九个、造像七千余躯[1]。皇泽寺石窟位于广元市西1公里处,现存窟龛五十个、大窟六个、造像一千二百零三躯[2]。与中原地区相比,川北石窟的开凿年代相对较晚,长期以来,并不为学术界所重视。早年的考察仅见于法国的色伽兰等人。1914年,他们沿金牛道入川至广元、巴中一带考察石窟寺[3]。50年代,学者开始注意川北石窟,如王家祐[4]、张明善、黄展岳对广元石窟也做了调查[5]。史岩则对千佛崖造像的始凿年代做了探讨,通过对天成龛和大佛窟造像风格的分析,认为,千佛崖始凿于北朝晚期,并非以前所论为唐开元年间韦抗始凿[6]。80年代以来,许多学者对川北石窟做了许多调查工作,出版了不少反映四川石窟(包括川北)的图录[7]。特别是1989年中国社会科学院世界宗教研究所佛教室和广元市文物管理所对广元石窟寺的联合调查,不仅发表了调查纪要,而且还对广元石窟各个时期的窟龛形制、造像题材等诸多问题进行了深入探讨,取得了丰硕的成果[8]。

广元石窟中开凿年代最早的是千佛崖大佛洞,约在北魏晚期。大佛洞为马蹄形窟,窟内雕一立佛二菩萨(图五二)。略晚于大佛洞的有三圣堂和皇泽寺第38、45窟。第45窟为中心柱窟,另两个窟为三壁三龛窟。龛内造像主尊为三佛。从洞窟形制和造像特点看,上述三种窟形均是北朝流行的,造像明显比较丰满,佛像身着双领下垂的袈裟,右肩有偏衫衣角,衣纹比较单薄,这种样式与麦积山北周塑像是一致的。由此可以看出,四川地区的早期石窟造像主要来源于长安及附近地区的石窟造像样式,故当属于北朝石窟造像系统。

广元石窟中隋代开凿的龛像并不多,以摩崖龛像为主。较重要的龛像有广元千佛崖北大窟(编号38窟)。该窟平面为马

图五二　广元千佛崖大佛洞菩萨像

蹄形，弧顶，正壁雕倚坐弥勒佛及二弟子像。广元皇泽寺五佛窟（编号51窟）约开凿于隋末唐初，平面亦为马蹄形，穹隆顶，环壁设低坛，坛上雕一佛二弟子二菩萨像。造像身后浮雕双树及人形化的天龙八部护法形象。造像样式明显沿袭了长安地区北周和隋代佛像的样式。

　　唐代龛像以圆拱龛居多，也有一些洞窟形制变化较少。开凿于武周万岁通天前的千佛崖莲花洞为横长方形，三壁三龛式。窟内中央设佛坛的佛坛窟比较多见，如广元千佛崖七佛窟（编号第8窟）、牟尼阁窟（编号第5窟）等。有的佛坛窟成组出现。如菩提瑞像窟（编号第33窟）和弥勒窟（编号第30窟）左右并列，大小相当，为一双窟。中心佛坛后部均有镂空的双树，双树与窟顶相连，构成大的背屏。这种形制颇具地方特色，与中原北方如敦煌莫高窟的背屏式洞窟有些类似，可能是模拟寺院殿堂的形制。唐代洞窟中也有中心柱窟，如千佛崖第22窟，但中心柱仅完成正壁龛和北壁龛。造像组合形式一般以一佛二弟子二菩萨二天王二力士像居多，许多龛内造像后部浮雕天龙八部护法像。三佛题材有释迦、弥勒和阿弥陀佛组成的三佛。广元千佛崖莲花洞正壁龛主尊为倚坐佛，北壁龛为密教主尊毗卢遮那（大日如来），南壁结跏趺坐佛，这种组合形式为以前石窟造像所未见。造像题材形式多样，以西方净土变题材最为流行，造像后部浮雕五十二菩萨[9]。与西方净土信仰相联系的观世音菩萨题材也较为流行，有许多单身观音像龛。中唐以后观无量寿经变开始流行，弥勒佛题材也较常见。初唐后期以后密教题材开始出现，盛唐以后则广为流行。密教题材主要有毗卢遮那佛、药师琉璃光佛和药师经变、圣观音、如意轮观音、四臂观音、十一面观音、救苦观世音等，唐末出现不空羂索观世音。盛唐时期开始流行北方毗沙门天王，且多以主尊龛像的形象雕出。另外地藏菩萨像也是四川石窟中较为流行的题材，而且往往与观世音组合在一起。

（二）巴中石窟

巴中位于古代的米仓道上，是川北石窟造像比较集中的地区，据调查共有十八处。重要的地点有南龛、水宁寺、北龛、西龛、东龛、石门寺等。除了早年法国色伽兰等人的考察外，直到50年代才有学者到巴中进行考察，如陈明达、陶鸣宽，他们简单地介绍了巴中石窟的情况[10]。进入80年代，学者们对巴中石窟做了较多的调查工作，并对巴中石窟的开凿年代、时代特点和部分题材进行了专题研究[11]。

南龛摩崖石刻造像主要分布在巴中城南南龛山之神仙坡、云屏石、观音岩等处，共一百七十六龛。水宁寺摩崖石刻造像分布于环绕水宁镇的水宁寺和水宁村千佛崖等处，现存造像三十九龛。西龛摩崖石刻造像地处巴中市城西1公里的凤谷山西龛村，现存造像九十一龛。其中西龛开凿年代较早，尚保存一些隋代龛像。与广元不同的是，巴中地区的龛形一般流行双重形或三重形，前者外龛为方形，内为圆拱形。后者外龛为方形敞口平顶，中间为二重檐屋形龛，上层檐还有鸱尾，内龛为圆拱形龛。有桃形龛楣。有的龛楣上刻饰佛像、伎乐天和宝塔。龛内雕像。造像组合一般为一佛二弟子二菩萨像，龛口雕二力士像，组成七尊式。有的则增加了二天王像，组合成九尊式。还有释迦坐佛与倚坐弥勒二佛组合。第21龛佛身侧雕菩提双树，壁面浮雕天龙八部护法、听法众生像以及三头六臂手托日

月的阿修罗。龛左壁镌有前蜀永平三年（913年）"检得大隋
大业五年（609年）造前件古像，永平三年院主僧傅芝记"的
题记，故第21龛可能开凿于隋大业年间，故此像就可能是川
北地区最早的天龙八部像了。另外还有观世音菩萨立像龛和阿
弥陀佛西方三圣像。

　　巴中地区的唐代龛像以装饰意味很强的重口龛居多，另外
还有大像龛和卧佛龛。西方净土变题材最为流行，除主尊阿弥
陀佛、观世音、大势至菩萨外，造像后部浮雕五十二菩萨[12]。
大量流行具有浓郁地方特色的用镂空的双树构成佛坛背屏、人
形化的天龙八部，北方毗沙门天王和身着袒右式袈裟的释迦双
头瑞像（图五三）等等。这些都是中原北方地区石窟造像所少
见的。同时巴中石窟也受到两京地区石窟造像的影响，如密教

图五三　巴中南龛双头瑞像龛

题材中的毗卢遮那、十一面观音、地藏菩萨像等都是中原地区所流行的，造像样式主要受到长安地区佛像的影响，而菩萨像则更与洛阳龙门石窟中的菩萨像相似。各种经变如观无量寿经变、药师经变与敦煌莫高窟的同类经变画十分相似，亦应来源于北方。

（三）大足石刻

　　大足石刻分布在四川东部大足县城（现属重庆市）西南、西北和东北的山区，石刻地点多达四十余处，造像五万余躯，是唐宋时期最重要的摩崖石刻造像群。保存较完整的有北山、宝顶山、石门山、石篆山、妙高山和南山等处，其中北山和宝顶山摩崖造像最为集中，规模宏大，雕刻精美，是大足石刻的代表作。由于地处交通不便的川东，20 世纪前半个世纪很少有学者到此考察。直到 1944 年，世界学院中国学典馆杨家骆从当地人那儿获知大足石刻可与云冈、龙门相媲美，于是发起组织了大足石刻考察团。1945 年，考察团一行十五人对大足境内的石刻做了比较详细的考察[13]。考察完成后，发表了考察记略，并提出大足宝顶山为密宗道场[14]，有的学者还对南北山各个时期石刻的风格及在中国雕刻艺术史上的价值做了阐述[15]。这是中国学者首次大规模调查和研究大足石刻造像，在学术史上具有重要意义。50 年代以来，中国美术家协会等单位和学者又进行了调查和研究，出版了《大足石刻》图录[16]，并对大足石刻的特点、年代展开了讨论[17]。特别是陈习删编著的《大足石刻志略》，是在 40 年代考察的基础上撰写的，对大足石刻进行了全面介绍，同时著录了相关的碑刻和文献资料，并高度评价了大足石刻的历史艺术价值。这是 50 年代比较全面论述大足石刻的专著[18]。80 年代以来，大足文物部门对全县进行了文物普查，又有新的发现。如 1987 年，在大足县西南宝山乡尖山子新发现了十个龛像，其中第 7 号弥勒龛有初唐高宗"永徽"年号，第 10 号龛有"乾封元年"（666 年）残存题刻，这样大足石刻的开凿年代便可上推至初唐。但也有学者认为：尖山子在初唐时属普州（安岳）辖境，而大足与昌州均始建于唐乾元元年（758 年）。因此，从历史意义上看，尖山子龛像应属于安岳石刻系统[19]。另外宋朗秋[20]、黎方银、王熙祥[21]、郭相颖[22]、刘长久[23]、陈明光等对大足石刻的分期、年代、造像题材以及宝顶山是否为密宗道场等问题进行了研究和探讨[24]。

北山造像在县城北约 2 公里的北山上，共有五处，其中佛湾规模最大，造像窟龛二百六十四个。佛湾造像最早由唐景福元年（892 年）昌州刺史韦君靖主持开凿，经五代至宋达到极盛。北山造像题材十分丰富，主要有降三世明王、千手千眼观世音菩萨、如意轮观音、数珠手观音、不空羂索观音、如意王菩萨、欢喜王菩萨等密宗题材。另外还有阿弥陀佛、救苦观音、地藏菩萨和药师佛等。宋代出现弥勒下生经变、地狱变、观无量寿变等经变雕刻以及十殿阎君、六圆觉菩萨等。

宝顶山造像在县城东北约 15 公里处的宝顶山，造像主要集中在大小佛湾两区。关于宝顶山造像的始凿年代有初唐、晚唐、南宋和明代诸种说法。较为可信的是依据明洪熙元年 (1425 年)《重修宝顶山圣寿院记》碑的记载，为南宋赵智凤于南宋淳熙六年（1179 年）创凿。两区造像是经过统一规划设计的，小佛湾开凿在先，大佛湾雕刻在后，历时数十年，故许多学者认为，宝顶山造像为密宗道场，两区均为摩崖造像。尤其是大型连续性的雕刻和庞大的群像，场面恢弘，是中国石窟中所仅见。造像题材以密宗为主，主要有华严三圣、广大宝楼阁、六道轮回图、毗卢道场、孔雀明王经变、释迦诞生和涅槃、千手千眼观音、柳本尊行化、地狱变、观无量寿变、父母恩重经变、十大明王等。这些题材杂糅了密宗、禅宗和儒家孝道等各种思想，是研究中国雕刻史和宗教思想史的重要资料。

南山主要为道教造像，石门山、石篆山则为三教合一的造像。

（四）安岳石窟

安岳县位居大足县西北，两县相邻。安岳县石刻众多，遍布全县。据近年的文物普查，摩崖造像多达二百一十七处，窟龛一千二百九十八个，造像二万余躯，这是居大足石刻之后石刻造像最多的地区。比较重要的石刻造像地点有：卧佛院、圆觉洞、毗卢洞、华严洞、玄妙观等。安岳石窟的调查工作大约从 50 年代开始，如张圣奘、吴觉非在调查的基础上对安岳石窟做了扼要介绍[25]。进入 80 年代，调查全面展开，并有不少新的发现[26]。最为重要的是 1982 年卧佛院新发现的巨型卧佛和石刻经文，引起学术界广泛的关注[27]。有的学者则对安岳石窟的开凿年代及其分期做了分析研究[28]。

卧佛院位于安岳县城北 40 公里处的卧佛村，共有一百三十九个窟龛，开凿于盛唐至五代时期。主要造像有释迦说法、涅槃经变、三身佛、弥勒佛、凉州瑞像和千手观音等。最为重要的是在此发现了十五座刻经洞窟，其中第 66、71 至 73 窟为经文与造像合造一窟。刻经为唐开元年间刊刻的，主要有《涅槃经》、《法华经》、《维摩经》、《大方便佛报恩经》等十余部，约四十余万字。这是研究佛教经典及其在当地流传状况的重要资料。圆觉洞位于县城东南2公里处的云居山上，共有窟龛一百零三个，开凿于盛唐至宋朝。主要为佛教造像，也有道家窟龛和佛道合开的窟龛。造像题材有释迦、西方三圣、三佛、七佛、地狱变、千手观音、明王、毗沙门天王和天尊像等。另外安岳的毗卢洞、华严洞、玄妙观、千佛斋摩崖造像等也有许多佛教和道教的龛像，主要题材有华严三圣、西方三圣、弥勒佛、药师经变、柳本尊十炼图和天尊像等，是安岳石窟重要的组成部分。

（五）剑川石窟

剑川石窟位于剑川县城西南30.4公里的石宝山，分为沙登箐、石钟寺和狮子关三区。其中，沙登箐区现存窟龛五处，石钟寺区现存九处，狮子关区现存三处。由于石窟主要分布在石钟山，所以通称石钟山石窟。石窟最早开凿于南诏王劝丰祐天启十一年（850年），大理国"盛德"前后（1176～1180年），剑川石窟的开窟达到了高峰。由于剑川石窟地处偏僻，交通不便，20世纪40年代以前鲜为人知。1939年李霖灿踏查石钟山，应是近代学人对这处石窟遗迹所做的第一次学术考察[29]。1951年宋伯胤受中央人民政府文化部文物局委派，对剑川石窟进行了全面调查。这次调查结果先以简报形式刊布，后以专书发行[30]。近年来，国内外学者又在此基础上做了多次报道和论述，如陈兆复编著的《剑川石窟》[31]、张楠的《南诏大理的石刻艺术》[32]。1999年，北京大学与云南大学共同组成“云南省剑川石窟联合考古队”，对剑川石窟进行了长达两个月的考古调查，在文字记录、龛像实测图、照相和墨拓的基础上，对剑川石窟进行了初步的分期研究[33]。

剑川石窟中最早开凿的是沙登箐区第1号摩崖。造像分上下两层，上层为浅浮雕龛，下层为深龛。造像题材比较单纯，有成组合的弥勒和阿弥陀佛，如第1至7龛内雕造两身佛像，右为倚坐弥勒佛，左为结跏趺坐的阿弥陀佛，阿弥陀佛像下阴刻有南诏天启十一年（850年）“敬造弥勒佛、阿弥陀佛”的题记。第1至2龛题材比较特殊，龛内雕出三身像，中央为倚坐弥勒佛，左侧为结跏坐的阿弥陀佛，右侧为持柳枝、净瓶的观世音菩萨像。另有一佛二弟子三身像、单身观世音菩萨立像。造像样式大体相同，佛像面相方圆，身着双领下垂式袈裟。观世音菩萨像头戴冠，面相方正，上身袒露，下身着裙；右手持柳枝，左手持净瓶。身体有扭动之感。南诏时期的造像题材和造像样式颇与北方北周至隋造像以及四川初唐摩崖造像相似。其来源应属汉地佛教造像系统。石钟寺区与狮子关区石窟的年代稍晚，为大理国时期开凿，故地方特色浓厚。如狮子关区第2号梵僧像，梵僧左侧浮雕一条狗；狮子关区第9号南诏国王及王后的“全家福”雕刻；石钟山第1、2号王者及诸大臣群像窟、第6号和甲子寺成组合的大黑天和毗沙门天王像；沙登箐区第2号阿嵯耶观音像等，都具有明显的地方特色。另外，石钟寺第3窟的地藏和第4窟的华严三圣、第6窟的八大明王可能与四川地区的佛教造像有密切关系。南诏和大理国时期的佛教十分兴盛，而剑川石窟为研究这一时期佛教的发展情况提供了珍贵的实物史料。

注　释

［1］ 广元市文物管理所、中国社会科学院宗教研究所佛教室《广元千佛崖石窟调查记》，《文物》1990 年第 6 期。

［2］ 广元市文物管理所、中国社会科学院宗教研究所佛教室《广元皇泽寺石窟调查记》，《文物》1990 年第 6 期。

［3］ 1914 年至 1917 年，色伽兰等三人考察了四川广元、巴中一带的石窟寺。参见《中国考古图录》（Victor Segalen, Gilbert de Voisins et Jean Lartique, *Mission Archeologique en Chine*（1914 *et* 1917），巴黎格特纳书店出版，1923～1924 年。

［4］ 王家祐《广元皇泽寺及其石刻》，《文物参考资料》1956 年第 5 期。

［5］ 张明善、黄展岳《四川广元县皇泽寺调查记》，《考古》1960 年第 7 期。

［6］ 史岩《关于广元千佛崖造像的创始时代问题》，《文物》1961 年第 2 期。

［7］ 员安志、侯正荣《四川广元皇泽寺石刻调查纪要》，《考古与文物》1985 年第 1 期。阎文儒《四川广元千佛崖与皇泽寺》，《江汉考古》1990 年第 3 期。《中国美术全集·雕塑篇》12《四川石窟雕塑》，人民美术出版社 1988 年版。该书中附有李巳生《四川石窟雕塑艺术》一文，概括地叙述了四川石窟的艺术特色。

［8］ 广元市文物管理所、中国社会科学院宗教研究所佛教室《广元千佛崖石窟调查记》；丁明夷《川北石窟札记——从广元到巴中》；罗世平《千佛崖利州毕公及造像年代考》；邢军《广元千佛崖初唐密宗造像析》，均刊于《文物》1990 年第 6 期。罗世平《广元千佛崖菩提瑞像考》，台湾《故宫学术季刊》九卷二期，1991 年。

［9］ 参见胡文和《四川唐代摩崖造像中的“西方净土变”》，《四川文物》1989 年第 1 期。

［10］ 陈明达《四川巴中、通江两县石窟介绍》，《文物参考资料》1955 年第 11 期。陶鸣宽《四川巴中南龛的摩岩造像》，《文物参考资料》1956 年第 5 期。

［11］ 参见员安志《四川巴中县石窟调查记》，《考古与文物》1986 年第 1 期。四川省文物管理委员会、巴中县文物管理所《四川巴中水宁寺唐代摩崖造像》，《文物》1988 年第 8 期。顾森《巴中南龛摩崖造像形成年代初探》，《美术史论丛刊》1983 年第 3 期。宁强《巴中南龛第 93 号毗沙门天王造像龛新探》，

《敦煌研究》1989 年第 2 期；《巴中摩崖造像中的佛教史迹故事初探》，《四川文物》1987 年第 3 期。巴中市文物管理所《巴中西龛石窟调查记》，《文物》1996 年第 3 期。罗世平《巴中石窟三题》，《文物》1996 年第 3 期。

[12] 参见胡文和《四川唐代摩崖造像中的"西方净土变"》，《四川文物》1989 年第 1 期。

[13] 这次考察团的成员组成、考察地点及考察后的整理工作等情况，可参见吴显齐《介绍大足石刻及其文化评价》，《新中华》复刊 3 卷 7 期，1945 年 7 月。

[14] 杨家骆《大足龙岗区石刻记略——世界学院中国学典馆大足石刻考察团考察记略一》，《大足宝顶区石刻记略——世界学院中国学典馆大足石刻考察团考察记略二》，《大足龙岗宝顶以外各区石刻记略——世界学院中国学典馆大足石刻考察团考察记略三》，分别刊于《文物周刊》第 20、21、22 期，1947 年。

[15] 傅振伦《大足南北山石刻之体范》，原载《民国重修大足县志》卷首附载《大足石刻图征初编》，后收入刘长久等编《大足石刻研究》一书，四川省社会科学出版社 1985 年版。

[16] 中国美术家协会四川石刻考察团《大足石刻》，文物出版社 1959 年版。四川美术学院雕塑系《大足石刻》，朝花出版社 1962 年版。

[17] 陈习删《宝顶雕像年代问题》，《文物参考资料》1956 年第 5 期。李正心《也谈宝顶山摩崖造像的年代问题》，《文物》1981 年第 8 期。东登《再谈宝顶山摩崖造像的年代问题》，《文物》1983 年第 5 期。

[18] 此为陈习删 1955 年完成的，同年，大足县政府油印 80 多册。80 年代，胡文和和刘长久对《大足石刻志略》作了校注，发表在刘长久、胡文和、李永翘编《大足石刻研究》一书中，四川省社会科学院出版社 1985 年版。

[19] 参见刘长久《中国西南石窟艺术》一书中《大足石窟研究综论》部分，四川人民出版社 1998 年版。

[20] 宋朗秋《大足石刻分期述论》，《敦煌研究》1986 年第 3 期。

[21] 黎方银、王熙祥《大足宝山佛湾石窟的分期》，《文物》1988 年第 8 期。

[22] 郭相颖《宝顶山摩岩造像是完备而有特色的密宗道场》，《社会科学研究》1986 年第 4 期。

[23] 刘长久《中国西南石窟艺术》，四川人民出版社 1998 年版。

[24] 陈明光《大足石篆山石刻"鲁班龛"当为"志公和尚龛"》，《文物》1987 年第 1 期。

[25] 张圣奘《大足安岳的石窟艺术》，《西南文艺》1953 年第 7 期。张圣奘认为：

从造像作风看，安岳石刻要早于大足石刻，安岳和大足可分为四个时期，其中第一期定为北周至唐景福元年（557？～892年）。认为安岳孔雀场的地狱变和妙高山的接迎佛具有北朝石刻浑厚的特征。显然，将安岳石刻定为北朝始凿尚缺少足够的依据。吴觉非《四川安岳县的石刻》，《文物参考资料》1956年第12期。

[26] 员安志《安岳石窟寺调查记要》，《考古与文物》1986年第6期。彭家胜《四川安岳卧佛院调查》，《文物》1988年第8期。白中培《安岳毗卢洞》，《四川文物》1987年第3期。王家祐《安岳石窟造像》，《敦煌研究》1989年第1期。傅成金、唐承义《四川安岳石刻普查简报》，《敦煌研究》1993年第1期。

[27] 陈兆复《在四川安岳县新发现唐代巨大卧佛和石刻经文》，《文汇报》1982年9月11日第2版。胡文和、李官智《安岳卧佛院唐代石经》，《四川文物》1986年第2期。胡文和《四川安岳卧佛沟唐代石刻造像和佛经》，《文博》1992年第2期。

[28] 傅成金《安岳石刻造像的数量与始造年代》，《四川文物》1991年第2期。刘长久在《安岳石窟艺术概论》（《中国西南石刻艺术》，四川人民出版社1998年版）中，对安岳石窟的窟龛形制做了分期，认为第一期唐代是安岳石窟的形成期，受广元、巴中等川北石窟的影响。第二期五代是安岳石窟自成体系的过渡期。第三期宋代是安岳石窟自成体系的极盛期。

[29] 李霖灿《剑川石宝山石刻考察记》，收入李霖灿《中国名画研究》上，台北，艺文印书馆1971年版；又李霖灿《南诏大理国新资料的综合研究》，台北，国立故宫博物院1982年版。

[30] 宋伯胤不但详细记述了剑川石窟当时的遗存，而且拍摄黑白照片一百一十五张，墨拓铭刻十九张。同时重新发现了狮子关"全家福"雕刻（现编狮子关区第3号）。参见宋伯胤《记剑川石窟》，《文物参考资料》1957年第4期；宋伯胤《剑川石窟》，文物出版社1958年版。

[31] 陈兆复《剑川石窟》，云南人民出版社1980年版。

[32] 张楠《南诏大理的石刻艺术》，云南省文物管理委员会编《南诏大理文物》，文物出版社1992年版。

[33] 北京大学考古学系、云南大学历史系剑川石窟考古研究课题组《剑川石窟——1999年考古调查简报》，《文物》2000年第7期。

七 江南地区石窟造像的发现与研究

　　南北朝时期，南北佛教存在着明显的差异，与北朝佛教提倡德业、重视禅观不同，南朝佛教偏重于义理，而且与魏晋玄学融为一体。崇尚清谈，讲经论学成为时尚。因此，江南佛寺以兴建规模宏伟的寺塔为主。《南史》卷七十《郭祖深传》记载：都下"佛寺五百余所，穷极宏丽"。南朝都城建康（今南京）就有很多南朝帝王所建的大寺院。至于开窟造像方面，与北朝大规模开凿石窟完全异趣，南朝摩崖龛像仅见于南京栖霞山石窟和浙江新昌摩崖龛像。到了五代至元朝，在杭州附近则出现了规模较大的摩崖造像群。

（一）南京栖霞山石窟

　　栖霞山石窟在南京城东北约 22 公里处。今栖霞山中峰西麓有六朝名寺栖霞寺，寺东南角有五代舍利塔，千佛岩即以舍利塔迄东为起点，经无量殿（三圣殿）向东一直到千佛岭，大小龛像即开凿于这一带崖面上。其中，南朝龛像主要集中开凿于无量殿及周围崖面上，而千佛岭、纱帽峰一带则均为后世续凿之龛像。1919 年，日本关野贞曾到此做过调查和记录[1]。1925 年，向达对石刻也进行了调查和统计，千佛岩共计大小窟龛二百九十四个、造像五百五十一尊[2]。但不幸的是，这些珍贵的南朝石刻在民国初年寺僧修缮时被抹上了一层水泥，

图五四　南京栖霞山无量殿
无量寿佛头部

使南朝造像的面貌无法展现在世人面前。因而长期以来，栖霞山石窟并没有引起学术界足够的重视。1989年，宿白到栖霞山和浙江新昌考察南朝石窟造像，发表了《南朝龛像遗迹初探》一文，对两处南朝龛像的营造始末、南方无量寿与弥勒信仰的转播、南方龛像与北方窟像的关系等问题做了深入的探讨[3]。1994年，南京市博物馆对栖霞山石窟做了比较详细的调查和初步编号[4]。近年来，部分被水泥覆盖的南朝龛像被揭露，露出南朝造像原貌。南朝龛像以无量殿所在大像龛为中心，龛平面略作横椭圆形，敞口式，龛壁前曾有连接岩面的木构建筑。龛内正壁设坛，坛上雕高约9.68米的无量寿佛坐像，佛面相近方圆，眼睛细长，身着双领下垂袈裟，裙摆覆于坛前，双手施禅定印，结跏趺坐式（图五四）。两侧壁分别雕有立于双层覆莲座上的观世音和大势至菩萨。佛和菩萨像虽经后代重妆，但衣裙下摆仍保留了原来的样式，如佛像下垂的裙摆、菩萨像长裙外撇的样式，都与北朝龙门石窟宾阳中洞相似。又如菩萨像的莲座为双层宝装莲瓣，表现了南朝莲座的特点。无量殿西侧为释迦多宝龛，平面略作横椭圆形，敞口式。龛内凿倒凹字形坛基，坛上雕像，正壁为释迦多宝，侧壁为二胁侍菩萨。佛像为结跏趺坐式，双手施禅定印，身着领部开口较低的通肩袈裟，右肩有一弧形线，即所谓偏衫衣边。这种服饰样式为龙门、巩县石窟北魏佛像所承袭。菩萨样式中最引人注目的是菩萨头戴高冠，联珠纹璎珞从双肩垂至腹部交叉，长长的饰带也从双肩垂下，披巾下摆已呈圆角，这种样式亦为南朝所流行。无量殿东侧有形制较大的五个龛，一般为马蹄形穹隆顶龛，也有三壁三龛窟。有的龛外雕二力士像。主尊造像为一佛二弟子二菩萨、一佛二弟子四菩萨、三结跏坐佛像。佛像一般内着僧祇支，外披双领下垂式袈裟，右肩上有偏衫衣角。有的身着通肩袈裟，裙摆披覆于须弥座上。大部分佛像身体较为健壮。菩萨像的发辫长垂于肩两侧，披巾交叉于腹部，璎珞从双肩垂下，交接于腹部的圆形装饰上，上身斜披僧祇支，下身着裙，裙摆外撇，足踩双层宝装莲座。这些龛属于南齐晚期雕刻。在无量殿之上有梁中大通二年（530年）龛。龛为马蹄形，穹隆顶，龛门上雕平梁和人字形叉手。这种做法与南朝墓葬是一致的。龛内正壁设坛，坛上雕一坐佛。无量殿西部还有数十个龛，其规模都较小，平面为马蹄形，穹隆顶。有成组双龛。一般为三壁设坛式。主尊题材有一坐佛、一坐佛二倚坐佛、一倚坐佛。单铺组合多一坐佛二弟子二菩萨二力士。开凿年代约在梁后期。根据陈江总《金陵摄山栖霞寺碑》记载：宋泰始中（465～472年）齐居士明僧绍曾隐居摄山，后与法师僧辩因岩构宇，别起梵居，创建栖霞寺。时有法度于山舍讲无量寿经，夜有金光照寺，于是发愿造无量寿佛龛像，而且做了规划设计。齐永明二年（484年）僧绍去世，其子仲璋"克荷先业，庄严龛像，首于西峰石壁与（法）度禅师镌造无量寿佛，坐身三丈一尺五寸，通座四丈，并二菩萨倚高三丈三寸"。此即无量寿佛龛。在开凿过程中曾得到齐皇室如文惠太子、豫章王、竟陵王等人的支持。因此此龛的开凿年代约在齐永明二年（484年）至建武四年（497年）间。唐高宗上元三年（676年）所立《摄山栖霞寺明徵君碑》记载法度"又造尊像十有余龛"。故左右两侧较大龛像有可能为法度所凿，雕刻年代亦约相当。

（二）新昌石城山摩崖龛像

宝相寺摩崖龛像，即剡溪石城山遗迹。宝相寺，初名隐岳寺，后改石城寺，位于浙江省新昌县西南南明山。寺院依山而建，内有五层木构高阁，连接山崖龛像。据文献记载，梁时大佛建成后，即修三层佛阁，庇护石佛。后世屡有重茸，现存五层高阁为1917年建造。阁内崖面开一敞口大龛，形制与南京栖霞山无量寿佛大龛类似。平面略作横椭圆形，前壁敞开，露顶。龛内正面凿佛座，座上雕大型佛像一躯。佛像经后世妆銮，全身贴泥饰金，原状已掩盖。现存佛像长颜广颐，短颈宽肩，身着双领下垂式袈裟，施禅定印，结跏趺坐式。据实测，佛座高2.4米，坐像身高13.23米。大佛竣工后，梁刘勰特撰《梁建安王造剡山石城寺石像碑》，详细记述了寺院的草创和大像雕造的缘起。按碑文记载：齐永明四年（486年）僧护游观石城隐岳寺，见寺北青壁高达数十丈，显现如佛光之形，于是发愿造弥勒像，"敬拟千尺，故坐形十丈"。齐建武中（494～498年）开始兴工雕造，不久僧护病故。梁天监七年（508年）僧祐律师受敕重新经营。天监十二年（513年）续凿工程开始，十五年（516年）竣工。据碑文记载：僧祐鉴于"护公所镌，失在浮浅，乃铲入五丈，改造顶髻，事虽仍旧，功实创新"。可知大佛从设计到雕凿营造实出自僧佑之手。原像的形制我们可以根据刘勰碑所记做出推断：大佛原为倚坐弥勒，发作螺髻，右手施无畏印，是弥勒龙华树下成佛、广度众生、共成佛道的形象。这与现存重妆之像差别很大。按北宋咸平五年（1002 年）僧辩端所撰《新昌石城山大佛身量记》记载，大佛已为结跏趺坐式，则改变坐式及原状应在北宋咸平以前。

弥勒大佛龛的西北还有两个左右毗连的大小岩洞，洞内满雕千佛，现称为千佛院。大洞沿后壁正中雕释迦坐像。该像右侧列千佛六区，左侧列千佛四区，每区纵排十小龛，横排十一小龛。每区正中约占九个小龛的位置雕一大龛，龛内一坐佛二菩萨，佛像均着通肩袈裟。左右千佛外侧各雕一护法像，两像头均残，颈饰桃尖形项圈，双肩上有一圆饼形装饰，披巾宽博，下垂于腹部交叉后再上绕双肘，沿身侧下垂，下身着裙，裙摆外撇。手或持金刚杵，或挂一剑。这种形象与北魏迁洛前后的北朝造像类似。因此不难推断，千佛院的雕造年代应在僧护开始经营大佛前，是石城山目前发现最早的雕刻。

（三）杭州西湖摩崖石刻

浙江杭州西湖周围地区是晚期摩崖造像比较集中的区域之一。主要地点有凤凰山慈云岭、天龙寺、南高峰、烟霞洞、飞来峰、紫阳山宝成寺等，一般为摩崖龛像，由于西湖周围有较多的天然洞穴，所以还有许多龛像是利用这些溶洞雕造的。造像的雕造年代从五代吴越国一直沿袭到元代。这些摩崖石刻年代较晚，地点分散，很少引起学术界的重视。50 年代，史岩对杭州南山区摩崖石刻做了初步的调查[5]。王伯敏对西湖飞来峰石刻进行了调查，并对它的石刻艺术做了概括[6]。1956年，由浙江省文物管理委员会王士伦主编，出版了《西湖石窟艺术》图录。1986年，浙江省文物考古研究所在前述图录的基础上做了增订，出版了《西湖石窟》一书，共刊登图片二百一十幅，并对各个时期的摩崖石刻做了简单叙述[7]。1990年，宿白结合杭州的元代摩崖石刻资料，对元代杭州藏传密教的传入和流行做了系统的研究[8]。1995年，常青对慈云岭五代摩崖石刻做了调查和初步研究[9]。

　　五代吴越国时期的摩崖龛像主要有凤凰山西部的慈云岭摩崖石刻，有二龛。主龛雕一铺七身像。主尊为阿弥陀佛、观世音、大势至菩萨，两侧各有一菩萨立像和天王像。龛外上部分别雕文殊、普贤骑狮、象像。主龛北侧龛为地藏菩萨像，地藏两侧各有一世俗女供养人。龛楣上刻六道轮回图。位于慈云岭西的天龙寺造像为乾德三年（965年）吴越国王钱弘俶所造，有二龛。第1龛为无量寿佛；第2龛为一铺七身，主尊倚坐弥勒佛，两侧为二弟子二菩萨二力士像。在凤凰山南麓的圣果寺有西湖周围规模最大的西方三圣像，阿弥陀佛高达6.2米，观世音、大势至菩萨像高达5.1米。另外灵隐寺前的飞来峰金光洞第10号龛有后周广顺元年（951年）滕绍宗所造阿弥陀佛西方三圣像。第15号龛有显德六年（959年）周钦所造阿弥陀佛像。飞来峰青林洞有建隆元年（960年）所造阿弥陀佛像。位于南高峰和青龙峰之间石屋岭南麓的石屋洞也开凿于五代后晋天福元年（936年）至显德三年（956年），洞内正壁开一大龛，内雕一佛二弟子二菩萨二天王像。其他壁面均雕小型五百罗汉像。烟霞洞在南高峰西侧翁家山南部山腰，洞前有五代广顺三年（953年）所建烟霞寺。洞内正壁三世佛及四身胁侍菩萨像以及十六罗汉像均为五代时期雕造的[10]。西湖周围五代时期摩崖造像的雕造都与皇室有关，反映了吴越国奉佛教为国教、热衷于修寺造像活动的事实。这一时期，造像题材比较单纯，比较突出的是阿弥陀佛西方三圣，表明西方净土信仰在这一地区十分流行。其次为倚坐弥勒佛和三世佛，另外还有十六罗汉像和密宗题材的地藏菩萨像。造像组合有单身佛像、一佛二菩萨二天王像、一佛二弟子二菩萨二天王像。造像特点为佛像螺发，面相略显丰圆，身着袒右式袈裟，右肩有偏衫衣角，或身着双领下垂式袈裟。菩萨像一般头戴冠，面相丰圆，披巾垂于腹下两道，上身似着衫，下身着长裙，长裙在膝部束起，与俗状相似。弟子像身着袒右式袈裟或双领下垂式袈裟。天王像为武士装束，身着甲胄，右手持长柄钺。西湖地区五代摩崖造像的题材和样式都与唐代相似，是中原地区唐代造像在江南地区的延续和发展。但也有一些地方特色，如菩萨下裙在膝部束起的样式在中原地区很罕见，手持长柄钺的天王像也为中原地区石窟造像所无。

吴越国灭亡后的两宋时期，杭州地区摩崖造像的雕造活动仍经久不衰，但造像中心转移到了飞来峰，另外有将台山石龙院和南观音洞、烟霞洞、宝石山大佛寺、凤凰山圣果寺等。特别是在北宋咸平年间（998～1003 年）雕造活动达到了高潮，南宋造像则比较少。其中飞来峰宋代石刻造像数量较多，内容丰富。两宋时期的造像题材远比吴越国时期的丰富。阿弥陀佛西方三圣仍是流行的主要题材，单身观世音菩萨像明显增多，反映了观世音菩萨的信仰十分流行。此外飞来峰青林洞口有乾兴元年（1022 年）胡承德所造卢舍那佛会的浮雕，画面人物众多，主尊为卢舍那佛，左右为文殊和普贤，还有天王、供养人和飞天。宝石山南麓大佛寺有北宋宣和年间（1119～1125年）僧人思净所凿半身大佛像。罗汉群像是这一时期造像的特色，反映了江南禅宗势力影响很大。其中十八罗汉像最为常见，飞来峰玉乳洞、将台山石龙院和凤凰山南麓圣果寺均有之。另外，飞来峰冷泉溪南岸的悬崖上有南宋时期雕刻的中国化的大肚弥勒佛和十八罗汉像，这是年代较早的大肚弥勒佛。飞来峰玉乳洞有北宋天圣四年（1026年）雕刻的禅宗六祖师像。飞来峰龙泓洞北壁的白马驮经、西行求法高僧像浮雕别具特色，雕刻年代为北宋咸平年间，表现了东汉永平年间（58～75年）两位印度高僧摄摩腾、竺法兰白马驮经来到洛阳，以及三国曹魏时中国第一位西行者朱士行和唐玄奘取经的故事。这是国内最早反映唐僧取经的浮雕。

至元十三年（1276年）二月元军攻入南宋首都临安，次年二月"诏以僧亢吉祥、怜真加加瓦并为江南总摄，掌释教"[11]。至元十八年（1281年）江南释教都总统杨琏真加改道观为佛寺，又拆毁南宋宫殿、陵寝，兴建塔寺。藏传佛教正式输入江南。元代龛像的雕造主要是在江南释教总统杨琏真加的主持下开凿的，元朝显贵、高僧也纷纷在此造像，杭州地区的开龛造像活动又达到了高潮。元朝与藏传佛教萨迦派渊源深厚，江南总摄释教的主要僧人多属帝师一系的萨迦派。因此西湖周围的元代造像及题材都明显具有萨迦派形象的特点。元代摩崖龛像主要集中在飞来峰，其他还有宝成寺、瓶窑南山等地点，造像数量较少。现存飞来峰最早的元代纪年龛像是杭州路僧录徐于元至元十九年（1282年）在飞来峰青林洞口开凿的毗卢遮那佛、文殊师利、普贤菩萨像"华严三圣"。时任江淮诸路释教都总统永福大师杨谨（杨琏真加）于元至元二十九年

（1292年），在飞来峰呼猿洞雕造了无量寿佛、文殊菩萨和救度佛母三身像以及阿弥陀佛、观世音、大势至菩萨像，在飞来峰冷泉溪南岸雕造了多闻天王像[12]。飞来峰的元代造像题材大多属藏密系统。除了上述毗卢遮那佛、"华严三圣"、阿弥陀西方三圣外，单尊阿弥陀佛较多，还有释迦如来、倚坐弥勒佛、汉式大肚弥勒佛等。紫阳山宝成寺正殿遗址后壁有成组合的三世佛，下有藏传佛教中常见的十字折角式须弥座。三世佛是13世纪以来藏传佛教寺院中供奉的主要佛像。东龛雕刻藏密所奉的麻曷葛剌佛，即大黑天。麻曷葛剌佛头部较大，面呈忿怒相，上身宽，下身短，双手抱一人头，左右肩外侧各挂一人头，作半蹲状。左侧为文殊骑狮像，颈下挂一串骷髅头，左手按一人头，右手持三叉戟。右侧为普贤骑象，右手按人头，左手持金刚杵。龛左侧有元至治二年（1322年）"朝廷差来官骠骑卫上将军左卫亲军都指挥使伯家奴……庄严麻曷葛剌圣相一堂"的题记。西龛的雕刻题材以菩萨和佛母较多，有观世音菩萨、大势至菩萨、杨柳枝观音、水月观音、数珠手观音、金刚萨埵菩萨（即普贤菩萨）、金刚手菩萨像等。佛母题材有救度佛母、大白伞盖佛母像、尊胜佛母、雨宝佛母等。护法形象有多闻天王、金刚像等。两宋时期流行的罗汉像已不见，这与中国化的禅宗受到压制有关。飞来峰比较特殊的题材是冷泉溪南岸出现杨琏真加像龛，龛内杨琏真加为藏僧形象，头戴藏式尖帽，身披袒右袈裟，半跏坐式，两侧各有一高僧手捧经盒。另外飞来峰冷泉溪南岸还有"平江路僧录范□真造密理瓦巴"像龛。密理瓦巴头已残缺，上身袒露，蹲坐于石台上，右侧有二侍女手捧壶和钵供养。

造像特点大多为"西天梵相"式，这种造像样式是尼泊尔著名工匠阿哥尼在萨迦派造像的基础上融入了尼泊尔造像风格而形成的。佛像为螺发，肉髻高大呈桃形，面相方形，肩宽腰细，身着袒右式袈裟。另有一种为汉式佛像，螺发，身着双领下垂式袈裟。观世音菩萨、大势至菩萨一般头戴化佛和宝瓶冠，结跏趺坐式。杨柳枝观音、数珠手观音则为立式。水月观音为半跏坐式，有的观音旁有善财童子和韦驮天。金刚萨埵菩萨（即普贤菩萨）头戴莲花宝冠，一手持三头金刚杵，一手持铃铎。佛母一般为多臂式，手持各种法器。比较特殊的是飞来峰冷泉溪南岸的塔龛内尊胜佛母像，三目，三面，八臂，一手托一佛像，余手持法器和结法印。

注　释

[1] 关野贞《西游杂信·摄山棲霞寺南朝石窟》，该文后收入《支那建筑与艺术》，1938 年版。

[2] 向达曾三次调查栖霞山石窟，撰有《摄山佛教石刻小纪》、《摄山佛教石刻补纪》，二文均收录于《唐代长安与西域文明》一书中，中华书局 1957 年版。

[3] 参见宿白《南朝龛像遗迹初探》，《考古学报》1989 年第 4 期。

[4] 近年来南京市博物馆对栖霞山石窟进行了详细的调查和编号。在第 13 龛又有新的发现。参见林蔚《栖霞山千佛崖的新发现》，《文物》1996 年第 4 期。原无量寿佛大龛已编号为第 14 龛。

[5] 史岩《杭州南山区雕刻史迹初步调查》，《文物参考资料》1956 年第 1 期。

[6] 王伯敏《西湖飞来峰的石窟艺术》，《文物参考资料》1956 年第 1 期。

[7] 浙江省文物考古研究所《西湖石窟》，浙江人民出版社 1986 年版。

[8] 参见宿白《元代杭州的藏传密教及其有关遗迹》，《文物》1990 年第 10 期。

[9] 中国社会科学院考古研究所浙江工作队《杭州慈云岭资贤寺摩崖龛像》，《文物》1995 年第 10 期。

[10]《两浙金石志》著录吴越国都指挥使吴延爽造像功德记。吴为文穆王钱元瓘恭懿夫人的兄弟，故史岩推测该洞造像的年代为后晋天福、开运年间（936～946 年），参见史岩《杭州南山区雕刻史迹初步调查》，《文物参考资料》

1956 年第 1 期。

[11]《元史》卷六《世祖纪》。

[12] 洪惠镇《杭州飞来峰杨琏真伽龛及其他》,《文物》1989 年第 3 期。洪惠镇
《杭州飞来峰"梵式"造像初探》,《文物》1986 年第 1 期。

八 西藏地区石窟寺的发现与研究

西藏地区是中国晚期石窟寺分布的主要区域之一，分布区域较广，其中西部阿里地区主要开凿石窟寺，日喀则、拉萨、山南、林芝、昌都地区多为摩崖造像。有关西藏地区石窟寺的调查和研究工作起步较晚，早年主要侧重于佛寺的调查，如30年代意大利杜齐（Giuseppe Tucci）曾先后八次到西藏中部和西部地区的寺庙与佛塔进行调查。1959年，中央文化部组织了西藏文物调查工作组，亦主要侧重于寺院及寺院遗迹的调查。80年代以来，文物部门加强了对本地区石窟寺的调查工作，在拉萨、日喀则、山南、林芝、昌都和阿里地区都发现了石窟寺，其中最重要的当数拉萨查拉路甫石窟和阿里东嘎皮央石窟。虽然这些调查工作是初步的，但为进一步研究西藏地区石窟寺的洞窟构造、造像样式、艺术特点以及它的渊源等问题，提供了实物资料。

（一）拉萨查拉路甫石窟

拉萨查拉路甫石窟位于布达拉宫西南0.5公里处的药王山东麓。明《贤者喜宴》记载："松赞干布又要……茹雍妃在查拉路甫雕刻大梵天等佛像……由是在崖上雕凿成转经堂。"据此可知这座石窟是由松赞干布的藏妃茹雍主持开凿的，这是西藏最早的石窟。1984年，西藏文管会文物普查队对该石窟及药王山其他摩崖造像做了调查。石窟坐西向东，依山而凿。洞窟形制为平面略呈方形的中心柱窟，围绕中心柱为券顶式的转经廊，类似于中原地区围绕中心柱的礼拜道。中心柱四面均雕刻佛像。东面为释迦佛及二弟子二菩萨，南北面雕一佛二菩萨，西壁雕一佛二弟子。转经廊南、北、西三面分上下雕刻造像，南壁共三十二尊，题材有释迦、阿弥陀佛、弥勒菩萨、藏传佛教宁玛派祖师喜饶扎巴像、金刚力士等。西壁共六尊，有三世佛、被宁玛派尊为祖师的印度僧人莲花生像。北壁共十九尊，有菩萨像和吐蕃时期的人物像，包括松赞干布、文成公主、尼泊尔的尺尊公主、松赞干布的大臣禄东赞和吞米桑布扎等。从造像题材可知查拉路甫石窟并不是一个时期雕刻完成的。吐蕃时期最早完成的是中心柱四壁，其次为传经廊三面下排造像。其他包含宁玛派祖师造像者应是 11 世纪以后续刻的。《西藏王统记》记载："（松赞干布）王又于札拉鲁浦修建神庙。此庙主神为吐巴札拉贡布（释迦现明王身之神像），其右旁自现舍利弗，左旁目犍连，又右弥勒，左观世音，主从共五尊。虽然在岩石已自然现出，但为未来众生培积德福，复由尼婆罗匠师将其刻缕更加显明。在转经堂岩壁上，所有雕刻均由藏民竣其功。"[1]现中心柱正壁五尊造像正与此条记载相合，当是石窟中最早雕凿的。而石窟中的造像样式明显具有印度和尼泊尔佛教艺术的特点，也与该文献记载的所谓"尼婆罗匠师"参与雕刻一事相吻合。因此，查拉路甫石窟是研究西藏早期佛教的传入，西藏与印度、尼泊尔佛教艺术以及与中原地区石窟的关系具有重要意义[2]。

　　除查拉路甫石窟外，拉萨市还有许多摩崖造像，雕造年代为元明时期。主要有药王山、帕邦喀、东嘎、尼塘哲朴、哲蚌寺、色拉寺、甘丹寺和红山造像[3]。药王山与布达拉宫所在的红山相连，摩崖分南崖、东崖和北崖三区，南崖有三千余尊，均直接依崖雕刻，造像题材有不动佛、强巴佛、佛母、依当贡佛、十一面八臂观音、十一面千手千眼观音、三世佛（释迦、弥勒、强巴佛）、三怙主（观音、文殊、金刚手）一佛二弟子、一佛二供养人、莲花生而夫人、持琵琶天王等。东崖以千佛为主，另有释迦说法图、一佛二弟子、无量寿佛、四臂观音、度母、莲花生、护法神和仲·敦巴等祖师像。北崖以千佛为主，千佛均为不动佛，其他造像有释迦、无量寿、尊胜佛母、度母、十一面千手千眼观音等。帕邦喀摩崖造像位于拉萨北郊乌都日南麓，有十四尊造像，在三怙主殿内后部崖面上雕刻三怙主，中尊为四臂观音，左侧为文殊与观音，右侧为金刚手，另有释迦、度母、强巴佛、罗桑却吉坚赞（扎什伦布寺寺主，四世班禅）。东嘎位于拉萨西9公里处的东嘎山麓，有造像二尊，为释迦佛和哲蚌寺创始人绛央曲吉（寺院为1417年建[4]）。哲蚌寺位于拉萨西10公里处，造像二十余尊，内有三怙主、释迦、尼塘哲朴等七尊造像，造像形体较大，题材为高达9.3米的释迦佛，这是西藏最大的摩崖造像。其次有无量寿、药师佛等。这些都是研究藏传佛教的重要资料。

（二）阿里东嘎、皮央石窟

阿里东嘎、皮央石窟是1992年西藏文管会和四川大学联合考察时发现的。其中阿里扎达县古格故城附近东嘎村和皮央村附近洞窟较为集中，数量多达一千余座，是国内最大的晚期石窟寺。另外，在扎达县东南还有吉日、岗察、芒扎三个地点，洞窟数量较少。根据石窟使用功能的不同，阿里地区石窟的主要窟形有礼佛窟（包括佛殿窟或佛坛窟）、僧房窟、仓库窟等，开凿于 11 至 16 世纪，是研究藏传佛教的重要实物资料[5]。

礼佛窟的形制可分为方形窟、方形佛坛窟、方形三壁三龛窟等，窟内均有壁画或塑像。方形窟均为单室窟，一般壁面绘有壁画，不开龛，有的在窟内两侧壁或后壁开龛。窟顶形制有斗四式套斗顶，共有四层相叠，窟内四壁前设有较窄的低坛基。也有穹隆顶式，年代稍晚的方形窟则出现两面坡的窟顶。方形佛坛窟一般在窟内中央设佛坛，有的坛上还残存佛塔塔基。窟顶形制有多种形式，有顶部为四重同心圆层层叠套的圆形套斗顶；有的顶部方形的四边绘制成坛城的四边，从而使整个窟顶像是一种坛城。除了佛坛外，有的洞窟后壁及左右壁后部开佛龛，龛内塑像。方形三壁三龛窟为单室，有长甬道，甬道凿成斜坡式，主室窟顶为纵券顶，左、右、后三壁各开一龛，后壁龛内残存供置佛像的遗迹。

禅窟的形制也有多种，有的为单室，有的为多室。窟顶一般有纵券顶和平顶等。比较典型的是皮央遗址山顶部第Ⅳ区第 10 号窟，其洞窟形制为三室，前室平面为横长方形，前室后部左右各有一小室，平面略呈圆形，其中右侧小室内的左右壁各开一个 1～2 平方米左右的耳室。这类洞窟窟内一般不绘壁画，亦无任何生活设施，但常常可以发现一些佛经、唐卡等与修行活动有关的遗物。

僧房窟的洞窟形制有单室、双室及多室多种类型。平面形制有方、长方形、圆形、椭圆形及不规则形等。窟顶有券顶、平顶等。窟内有灶、烟道、水井、灯龛、壁洞、睡炕等日常生活设施，而且有烟熏的痕迹。这类洞窟当用于僧人的生活起居。

仓库或厨房窟的规模较大，一般有前后室，平面圆形和方形等。窟内无灶洞、睡炕等生活设施，但有用土坯砌筑出的储藏用沟槽等。这类洞窟可能是作仓储使用的。另有一类洞窟，在窟内设多个灶坑，窟门上方有宽大的烟道，有的窟内还砌有大型储水池，可能是作为厨房使用的。

礼佛窟中的塑像一般都已不存，但保存了大量色彩鲜艳的壁画。早期壁画流行晕染法，主色调为青、蓝色，有较强的立体感。较晚的壁画一般采用单线平涂法，主色调为红、黄、绿色。壁画布局大致分为窟顶、四壁、门楣几部分，根据位置的不同绘制不同内容的壁画。套斗顶和覆斗顶中心一般绘出大莲花，平顶窟则先绘出套斗顶图案，中心再绘莲花。个别洞窟的整个窟顶绘成曼荼罗形式。窟顶中心再绘制藏密神像。有的窟顶还绘有各种动物，如龙、凤、狮子、牛、马、羊、鸭、雁、鹿、象、狮虎逐羊等。流行联珠纹对兽图案，如双龙、对鹿、对凤等。稍晚的洞窟两面坡的窟顶中央绘制梵文字母组成的图案，周边绘有凤鸟、孔雀、迦陵频迦、龙等图案。此外，窟顶还绘有各种几何形的装饰图案。四壁多分层绘制，上层主要位置都绘各种佛、菩萨、曼荼罗、护法神像以及各种说法、礼佛的场面。在这些图像的边侧绘有比丘、飞天、供养人。下层环壁一般绘有佛传故事画。有的壁面分成方格，每格内绘一幅佛传故事画，颇似连环画形式。窟门门楣上方多绘制供养人以及藏地所奉神像。年代稍晚的洞窟则出现藏传佛教"后宏期"各宗派的高僧像。

佛像的组合有一佛二弟子二菩萨像、三世佛、五方佛、七

佛、十方佛、三十五佛等。主尊有释迦佛（包括苦修像）、无
量寿佛、无量光佛、大日如来佛、不动佛、月明佛（达瓦珍玛
佛）、吉祥精华之光佛（白吉宁布朗瓦佛）等。大乘显教的佛
像多作佛装，有高肉髻，面呈卵形，身着袒右式袈裟，右肩有
偏衫衣角，坐式或立式。密教佛像一般多为菩萨装。此外还有
一种莲花佛，这是西藏西部藏传佛教艺术中比较特殊的佛像，
多绘制在莲花中。菩萨像中有文殊菩萨、观音菩萨、十一面观
音以及名号繁多的供养菩萨像。另外，各类女神像姿态优美，
形象生动，有度母、佛母以及金刚女、各式供养天女等，一般
头戴宝冠，颈佩项饰，身披披巾，上身或全身裸露，手结法印
或持法器。曼荼罗是藏传佛教最为重要的内容，一般都占据壁
面的中心位置。说法图都以佛像为中心，佛双手施说法印，结
跏趺坐于莲花台上，周有祥云、宝树环绕。佛像两侧为众弟子
听法。佛传故事多采用"十二相图"，主要表现释迦从乘象入
胎到涅槃的十二场面。护法神主要有各类明王和金刚像。东嘎
第 2 窟窟顶曼荼罗周边的护法神中有狮面人身、羊面人身、牛
面人身和鹿面人身等。这些兽面人身像可能与藏地固有的宗教
——苯教信仰有关。飞天头戴冠，身着天衣，或袒露上身，双
手持乐器或供品。供养人都为吐蕃贵族装束，男子一般头戴宽
沿帽，女子则梳发辫，发辫分成数股盘于头顶，身着大翻领长
袍，腰束宽带，足穿翘头长统靴。高僧像有噶当派世系的高僧
画像，如皮央第Ⅰ区第 351 窟。也有萨迦派世系的高僧画像，
如皮央第Ⅳ区第 32 窟窟内所绘萨迦派五祖贡嘎宁布（第一
祖）、扎巴坚赞（第三祖）、萨班·贡嘎坚赞（第四祖）等高僧。

　　阿里地区的石窟寺位于古格王国故都附近，它的开凿应与
古格王室与贵族有关。这一地区的石窟寺表现了浓厚的地方特

色，如壁画题材大都属藏密系统，尤其是反映藏地固有的苯教各种神祇和藏传佛教各宗派的高僧像，身着吐蕃贵族装束的人物在藏地寺院中也十分常见。同时阿里地区的石窟寺还明显受到外来文化的影响，如壁画的晕染法、对兽纹和环形联珠纹，都是西域及河西一带所流行的。这一切说明古格王朝在本民族传统艺术的基础上，大量吸收和融合了其他民族的先进文化，形成了具有地方特色的中国晚期石窟寺艺术。

注　释

[1] 宿白认为，《西藏王统记》所记主从五尊像与札拉鲁浦中心柱正壁一铺五身像相符，应是最早开凿的。参见宿白《西藏拉萨地区佛寺调查记》三、札拉鲁浦石窟寺，《藏传佛教寺院考古》，文物出版社 1996 年版。

[2] 西藏文管会文物普查队《拉萨查拉路甫石窟调查简报》，《文物》1985 年第 9 期。

[3] 陈建彬《西藏摩崖造像简报》，《考古与文物》1990 年第 4 期。

[4] 参见宿白《西藏拉萨地区佛寺调查记》哲蚌寺条，《藏传佛教寺院考古》，文物出版社 1996 年版。

[5] 西藏自治区文物局、四川联合大学考古专业《西藏阿里东嘎、皮央石窟考古调查简报》，《文物》1997 年第 9 期。彭措朗杰等编《中国西藏阿里东嘎壁画》，中国大百科全书出版社 1998 年版。

参 考 文 献

论著

1. Aurel Stein, *Ancient Khotan：Detailed Report of Archaeological Explorations in Chinese Turkestan*, Oxford：Clarendon Press, 1907.

2. 塚本善隆《支那佛教史迹研究》，东京，弘文堂 1912 年版。

3. Albert Grunwedel, *Altbuddhistische Kultstatten in Chinesisch－Turkistan*, Berlin：Georg Reimer, 1912.

4. Albert Le Coq, *Chotscho：Facsimile－Wiedergaben der Wichtigeren Funde der Ersten Koniglichen Preussischen Expeditions*, Berlin：Dietrich Reimer, 1913.

5. E. Chavannes, *Mission Archeologique dans La Chine Septentrionale*, Paris：Ernest Leroux, 1915.

6. 大村西崖《支那美术史雕塑篇》，佛书刊行会图像部 1915 年版。

7. Paul Pelliot, *Les Grottes de Touen-houang*, Paris：Geuthner, 1920－1926.

8. Aurel Stein, *Serindia：Detailed Report of Archaeological Explorations in Central Asia and Westernmost China*, Oxford：Clarendon Press, 1921.

9. Albert Le Coq, *Die Buddhistische Spatantike in Mittelasien*, Berlin：Dietrich Reimer, 1922－1933.

10. Victor Segalen, Gilbert de Voisins et Jean Lartique, *Mission Archeologique en Chine* (1914 et 1917), Paris：Geuthner, 1923－1924.

11. Osvald Siren, *Chinese Sculpture－from the Fifth to the Fourteenth*

Century, London , 1925.

12．常盘大定、关野贞《支那佛教史迹》7 卷，东京，佛教史迹研究会 1926 年版。

13．Aurel Stein, *Innermost Asia*: *Detailed Report of Archaeological Explorations in Central Asia* , *Kan－su and Eastern Iran* , Oxford：Clarendon Press，1928.

14．范寿铭主纂、顾燮光辑著《河朔访古新录》，上海天华印务馆 1930 年版。

15．松本荣一《敦煌画の研究》，东方文化学院东京研究所 1936 年版。

16．水野清一、长广敏雄《响堂山石窟》，京都，东方文化学院京都研究所 1937 年版。

17．水野清一、长广敏雄《龙门石窟の研究》，座右宝刊行会 1941 年版。

18．小野玄妙《大乘佛教艺术史の研究》，金尾文渊堂，1944 年再版本。

19．史岩《敦煌石室画像题识》，成都比较文化研究所石印本 1947 年版。

20 ．水野清一、长广敏雄《云冈石窟——西历五世纪における中国北部分窟院の考古学的调查报告》16 卷，日本写真印刷株式会社 1951～1956 年版。

21．向达《唐代长安与西域文明》，三联书店 1957 年版。

22．黄文弼《塔里木盆地考古记》，科学出版社 1958 年版。

23．宋伯胤《剑川石窟》，文物出版社 1958 年版。

24．敦煌文物研究所《敦煌莫高窟内容总录》，文物出版社 1982 年版。

25．李霖灿《南诏大理国新资料的综合研究》，台北国立故宫博物院 1982 年版。

26．敦煌文物研究所《中国石窟·敦煌莫高窟》5 卷，文物出版社

1982～1987 年版。

27. 汤用彤《汉魏两晋南北朝佛教史》，中华书局 1983 年再版本。

28. 唐长孺《魏晋南北朝史论拾遗》，中华书局 1983 年版。

29. 甘肃省文物工作队、庆阳北石窟寺文管所《庆阳北石窟寺》，文物出版社 1985 年版。

30. 潘玉闪、马世长《莫高窟窟前殿堂遗址》，文物出版社 1985 年版。

31. 敦煌研究院《敦煌莫高窟供养人题记》，文物出版社 1986 年版。

32. 张大千《张大千遗著莫高窟记》，台北 1986 年版。

33. 浙江省文物考古研究所《西湖石窟》，浙江人民出版社 1986 年版。

34. 甘肃省文物考古研究所《河西石窟》，文物出版社 1987 年版。

35. 宁夏回族自治区文物管理委员会、中央美术学院美术史系《须弥山石窟》，文物出版社 1988 年版。

36. 冯国瑞《麦积山石窟志》，1941 年陇南丛书编印社出版，1989 年天水报社印刷厂重印版。

37. 甘肃省文物工作队、炳灵寺文物保管所编《中国石窟·炳灵寺石窟》，文物出版社 1989 年版。

38. 河南省文物研究所编《中国石窟·巩县石窟寺》，文物出版社 1989 年版。

39. 新疆维吾尔自治区文物管理委员会、拜城县克孜尔千佛洞文物保管所、北京大学考古学系编《中国石窟·克孜尔石窟》3 卷，文物出版社 1989～1996 年版。

40. 龙门文物保管所、北京大学考古学系编《中国石窟·龙门石窟》2 卷，文物出版社 1991～1992 年版。

41. 云冈石窟文物保管所《中国石窟·云冈石窟》2 卷，文物出版社 1991～1994 年版。

42. 新疆维吾尔自治区文物管理委员会、库车县文物保管所、北京大学考古学系编《中国石窟·库木吐喇石窟》，文物出版社 1992 年版。

43. 云南省文物管理委员会编《南诏大理文物》，文物出版社 1992 年版。

44. 国家文物局教育处编《佛教石窟考古概要》，文物出版社 1993 年版。

45. 阎文儒、常青《龙门石窟研究》，书目文献出版社 1995 年版。

46. 宿白《中国石窟寺研究》，文物出版社 1996 年版。

47. 宿白《藏传佛教寺院考古》，文物出版社 1996 年版。

48. 北京大学考古学系、克孜尔千佛洞文物保管所编《新疆克孜尔石窟考古报告》，文物出版社 1997 年版。

49. 宁夏回族自治区文物管理委员会、北京大学考古学系编《须弥山石窟内容总录》，文物出版社 1997 年版。

50. 石璋如《莫高窟形》，台湾中央研究院历史语言研究所，台北 1996 年版。

51. 敦煌研究院编《中国石窟·安西榆林窟》，文物出版社 1997 年版。

52. 天水麦积山石窟艺术研究所编《中国石窟·麦积山石窟》，文物出版社 1998 年版。

53. 常青《彬县大佛寺造像艺术》，北京现代出版社 1998 年版。

54. 刘长久《中国西南石窟艺术》，四川人民出版社 1998 年版。

55. 彭措朗杰等编《中国西藏阿里东嘎壁画》，中国大百科全书出版社 1998 年版。

56. 敦煌研究院、甘肃省博物馆《武威天梯山石窟》，文物出版社 2000 年版。

论文

1. 夏鼐《漫谈敦煌千佛洞和考古学》，《文物参考资料》1951 年第 2 卷第 5 期。

2. 梁思成《敦煌壁画中所见的中国古代建筑》，《文物参考资料》1951 年第 2 卷第 5 期。

3. 福山敏男《敦煌石窟编年试论》，《佛教艺术》第 197 号，大阪，1953 年。

4. 武伯伦《新疆天山南路的文物调查》，《文物参考资料》1954 年第 10 期。

5. 王去非《参观三处石窟笔记》，《文物参考资料》1955 年第 10 期。

6. 史岩《甘肃酒泉文殊山的石窟寺院遗迹》，《文物参考资料》1956 年第 7 期。

7. 史岩《麦积山石窟北朝雕塑的两大风格体系及其流布情况》，《美术研究》1957 年第 1 期。

8. 刘慧达《北魏石窟中的"三佛"》，《考古学报》1958 年第 1 期。

9. 阎文儒《新疆天山以南的石窟》，《文物》1962 年第 7、8 期合刊。

10. Harry Vanderstappen and Marylin Rhie, *The Sculpture of T'ien Lung Shan*: *Reconstruction and Dating*, Artibus Asiae, Vol. 27, 1965.

11. Alexander Soper, *Imperial Cave - Chapels of the Northern Dynasties Donors*, *Beneficiaries*, *Dates*, Artibus Asiae, Vol. 28, 1966.

12. 刘慧达《北魏石窟与禅》，《考古学报》1978 年第 3 期。

13. 丁明夷《龙门石窟唐代造像的分期与年代》，《考古学报》1979 年第 4 期。

14. 延安地区文化馆姬乃军《延安地区的石窟寺》，《文物》1982 年第 10 期。

15. 初师宾《石窟外貌与石窟研究之关系——以麦积山石窟为例略谈石窟艺术断代的一种辅助方法》，《西北师院学报》1983 年第 4 期。

16. 甘肃省博物馆《甘肃泾川王母宫石窟调查报告》，《考古》1984 年第 10 期。

17. 董玉祥、臧志军《甘肃武山水帘洞石窟群》，《文物》1985 年第 5 期。

18. 刘玉权《敦煌莫高窟、安西榆林窟西夏洞窟分期》，《敦煌研究论文集》，甘肃人民出版社 1982 年版。

19．梁志祥、丁明夷《新疆库木吐喇石窟新发现的几处洞窟》，《文物》1985 年第 5 期。

20．冈田健《北齐样式の成立とその特质》，《佛教艺术》第 159 号，1985 年。

21．丁明夷《北朝佛教史的重要补正——析安阳三处石窟的造像题材》，《文物》1988 年第 4 期。

22．晁华山《克孜尔石窟的洞窟分类与石窟寺院的组成》，北京大学考古学系编《纪念北京大学考古专业三十周年论文集》，文物出版社 1990 年版。

23．张宝玺《河西北朝中心柱窟》，《1989 年敦煌石窟研究国际讨论会文集·石窟考古》，辽宁美术出版社 1990 年版。

24．曾布川宽《响堂山石窟考》，《东方学报》第 62 册，1990 年。

25．广元市文物管理所、中国社会科学院宗教所佛教室《广元皇泽寺石窟调查记》，《文物》1990 年第 6 期。

26．广元市文物管理所、中国社会科学院宗教所佛教室《广元千佛崖石窟调查记》，《文物》1990 年第 6 期。

27．丁明夷《川北石窟札记——从广元到巴中》，《文物》1990 年第 6 期。

28．颜娟英《河北南响堂石窟寺初探》，《考古与历史文化——庆祝高去寻先生八十大寿论文集》（下），台北，正中 1991 年版。

29．刘东光《有关安阳两处石窟的几个问题及补充》，《文物》1991 年第 8 期。

30．李裕群《天龙山石窟分期研究》，《考古学报》1992 年第 1 期。

31．胡文和《四川安岳卧佛沟唐代石刻造像和佛经》，《文博》1992 年第 2 期。

32．常青《炳灵寺 169 窟塑像与壁画的年代》，北京大学考古学系编《考古学研究（一）》，文物出版社 1992 年版。

33．邯郸市峰峰矿区文管所、北京大学考古实习队《南响堂石窟新发现窟檐遗迹及龛像》,《文物》1992 年第 5 期。

34.丁明夷《记两处典型的龟兹石窟——森木塞姆与克孜尔尕哈石窟》,新疆龟兹石窟研究所编《龟兹佛教文化论集》,新疆美术摄影出版社 1993 年版。

35.杭侃《云冈第 20 窟西壁坍塌的时间与昙曜五窟最初的设计》,《文物》1994 年第 10 期。

36.晁华山《新疆焉耆锡格星石窟》,《十世纪前的丝绸之路和东西文化交流——沙漠路线考察乌鲁木齐国际讨论会》,新世界出版社 1996 年版。

37.张明远《龙山石窟考察报告》,《文物》1996 年第 11 期。

38.西藏自治区文物局、四川联合大学考古专业《西藏阿里东嘎、皮央石窟考古调查简报》,《文物》1997 年第 9 期。

39.李裕群《邺城地区石窟与刻经》,《考古学报》1997 年第 4 期。

40.徐苹芳《中国石窟寺考古学的创建历程——读宿白先生〈中国石窟寺研究〉》,《文物》1998 年第 2 期。

41.李玉珉《宝山大住圣窟初探》,《故宫学术季刊》1998 年第 3 期。

42.颜娟英《北齐禅观窟的图像考》,《东方学报》第七十册,1998 年 3 月。

43.樊锦诗、刘玉权《莫高窟唐前期洞窟的分期》,文刊敦煌研究院编《敦煌研究文集·敦煌石窟考古编》,甘肃民族出版社 2000 年版。

44.李崇峰《敦煌莫高窟北朝晚期洞窟的分期与研究》,文刊敦煌研究院编《敦煌研究文集·敦煌石窟考古篇》,甘肃民族出版社 2000 年版。

后　记

中国石窟寺考古是中国考古学的一个重要分支和组成部分，是伴随着中国考古学的成长、发展而逐渐确立的。中国石窟寺考古的调查和研究工作大约经历了四个发展阶段：第一，20世纪初至30年代，由于历史的原因，这些工作大多是由外国人进行的。第二，30至40年代，中国的学术机构和学者们开始从事石窟寺的调查和研究工作。第三，50至60年代，这是中国石窟寺考古学的草创时期。第四，70年代以后，这是中国石窟寺考古学的繁荣时期。全面总结20世纪中国石窟寺考古发现与研究的历程，对于在21世纪进一步加强这方面的研究工作是大有裨益的。

为了适合不同层次读者的需要，本书首先对佛教的传入、石窟寺的发展历程、石窟寺的区域特色、石窟寺考古学的研究方法以及石窟寺的发现与研究概况做了简单的介绍。然后分新疆、中原、南方、西藏等不同地区分别重点介绍和评述了各区主要石窟寺的发现与研究概况，并对这些石窟的特点做了扼要叙述。这些石窟寺在各区中都具有代表性，可以反映中国石窟寺各个区域的特色与发展脉络，以便读者对中国石窟寺有一基本的了解。

由于中国石窟寺分布地区广，数量众多。时至今日，仍有新的石窟寺地点被不断发现。因此本书不可能囊括中国石窟寺考古发现的全部。20 世纪，特别是建国后的五十年，在石窟寺研究方面取得了丰硕的成果，学者们从各个层面、多种角度展开研究，可谓硕果累累。但由于本书篇幅的限制，亦不可能一一详尽介绍。敬请读者见谅。

图书在版编目（CIP）数据

古代石窟／李裕群著．--北京：文物出版社，2003.10
（2023.6 重印）

（20 世纪中国文物考古发现与研究丛书）

ISBN 978-7-5010-1494-1

Ⅰ. 古… Ⅱ. 李… Ⅲ. 石窟-美术考古-中国 Ⅳ. K879.2

中国版本图书馆 CIP 数据核字（2003）第 058938 号

20 世纪中国文物考古发现与研究丛书

古代石窟

著　　者：李裕群

封面设计：张希广
责任印制：张道奇
责任编辑：张庆玲
重印编辑：吕　游
出版发行：文物出版社
社　　址：北京市东城区东直门内北小街 2 号楼
邮　　编：100007
网　　址：http://www.wenwu.com
经　　销：新华书店
印　　刷：河北鹏润印刷有限公司
开　　本：850mm×1168mm　1/32
印　　张：9　插页：1
版　　次：2003 年 10 月第 1 版
印　　次：2023 年 6 月第 3 次印刷
书　　号：ISBN 978-7-5010-1494-1
定　　价：40.00 元